인간은
필요 없다

HUMANS

인간은
필요 없다

NEED NOT

제리 카플란 지음 | 신동숙 옮김

APPLY

한스미디어

캠린 페이지 카플란에게

당신의 꿈을 실현시키길 바라며

턱밑까지 다가온 인공지능 시대의 모습을 매우 구체적이고 실감 나게 묘사한 책이다. 인공지능을 앞세운 4차산업혁명이 '네오 러다이트(Neo Luddite)'가 되어 우리 일자리를 앗아가는 과정이 투쟁과 갈취가 아니라 서서히 스며드는 잠식과 점유로 나타날 것이란다. 진화의 역사에서 캄브리아기 대폭발 후에 생물체제(bauplan)가 오히려 단순화된 것처럼 인공지능으로 인해 기술이 다양성을 상실하며 하나의 인조노동자와 융합되고 있다. 경제가 성장할 것은 분명해 보이는데 그 부를 어떻게 배분할 것인지가 숙제이다. 산업혁명 때처럼 방관할 수는 없다며 저자가 제안한 제도 중에서 두 가지가 눈에 띈다. 미래의 노동을 담보로 하여 돈을 빌리는 '직업대출(job mortgage)'과 모두 주주가 되어 이른 나이부터 연금 계좌를 보유하는 '전 국민 주주화'는 당장이라도 실행 가능해 보인다. 우리 아이들의 미래가 지금 우리 손에 달려 있다.

─최재천(이화여대 에코과학부 석좌교수, 생명다양성재단 이사장)

신기술로 부의 엄청난 증대가 기대되는데, 그에 따른 성장은 과연 누구를 위한 것일까? 제리 카플란은 『인간은 필요 없다』에서 미래에는 노동보다 자산을 통해서 재산이 더 많이 증대된다고 설득력 있게 주장하면서 더욱 공평한 미래를 만들 독특한 전략적 제안을 내놓는다.

─로렌스 H. 서머스(전 미국 재무부 장관, 하버드대학교 명예 학장)

인공지능 시스템이 가져다준 혜택이 널리 나누어지는지 어떻게 확인할 수 있겠는가? 카플란은 깊은 지식을 바탕으로 다가오는 인공지능 혁명을 꾸밈없이 설명하고, 문제 발생 가능성이 있는 측면을 완화할 방법에 대해서도 논한다. 책을 읽다 보면 밤이 깊어가는 줄 모르고 바로 눈앞으로 닥쳐올 미래에 관한 생각에 빠져들게 된다.

—리드 호프먼(링크드인 공동창업자 겸 회장,
세계적인 비즈니스 팟캐스트 〈마스터스 오브 스케일〉 진행자)

과학 기술 분야를 이끄는 사상가가 저술한 『인간은 필요 없다』는 예언적이며 주목하지 않을 수 없는, 지금 시대에 딱 맞는 내용을 다룬 책이다. 기업가, 과학자, 정책 입안자, 인공지능 기계들의 가능성과 위험을 염려하는 모든 사람에게 꼭 읽어보라고 권하고 싶다.

—페이페이 리(스탠퍼드대학교 AI 연구소 소장)

인공지능은 우리가 살고 일하는 방식을 바꾸어 놓을 것이다. 그러나 인공지능을 어떻게 사용할지는 우리에게 달려 있다. 제리 카플란같이 유능하고 경험 깊은 학자로부터 이 새 시대를 헤쳐나갈 조언을 얻을 수 있어서 참으로 다행이다.

—존 도에르(벤처캐피탈 회사 클레이너 퍼킨스 코필드&바이어스 파트너)

알고리즘과 로봇을 지원하는 현대 인공지능이 어떻게 일자리를 위협하고 부의 불평등을 증가시킬 수 있는지에 대한 실리콘밸리 기업가이자 AI 전문가의 흥미롭고 놀라운 통찰력이 돋보인다.

—〈더 이코노미스트〉 '올해의 책' 선정

앞으로 몇 년 동안은 인공지능과 관련된 논쟁이 심화될 것이다. 이러한 논쟁에서 소외되지 않기 위해 기초 지식을 탄탄히 다지기를 원하는 사람이라면 상당히 읽을 가치가 있다.

—제임스 월턴(〈더 가디언〉)

독창성과 열정이 반짝이는 책! 그동안 많은 사람이 비슷한 문제를 제기했지만 제리 카플란은 독보적인 솔루션을 제시했다.

－〈더 이코노미스트〉

제리 카플란는 그동안의 기술 낙관주의와 디스토피아, 양쪽의 일반적인 주장을 비켜가며 일자리 감소에 대한 실용적인 솔루션을 제공한다.

－엠마 제이콥스(〈파이낸셜 타임스〉)

우리 시대의 중대한 문제를 이해하기 위해 꼭 읽어야 할 책으로, 전례 없이 발전하는 기술과 현명하게 어우러져 살아갈 방법을 전한다.

－재론 레이니어(『디지털 휴머니즘』, 『미래는 누구의 것인가』 저자)

인공지능이 흔히 할리우드 영화에 등장하는 개념으로만 알려진 세상에서, 대단히 현실적이고 깊이 있는 분석을 내놓음으로써 이 중요한 기술에 대해 다 함께 토론할 거리를 안겨준다.

－론 무어(〈스타트랙〉, 〈배틀스타 갤럭티카〉 작가 겸 연출)

인공지능은 엄청난 부를 창조해내고 있지만 그에 따른 경제적 풍요를 모두 함께 나눌 법적 장치는 없다. 제리 카플란이 현명하게 설명했듯, 앞으로의 위대한 도전은 이런 신기술을 모두를 위한 번영에 활용하는 일이다.

－에릭 브린욜프슨(『제2의 기계 시대』, 『머신 플랫폼 크라우드』 공동 저자)

십여 년 전에, 인공지능이 몰고 올 영향에 관한 책을 쓰는 과정에 착수했다. 책에서 나는 인공지능의 발전으로 인간이 사는 방식과 일하는 방식에 대대적인 변화가 나타날 것이라고 설명했다. 그리고 자동화의 새 물결이 모든 산업 분야에 밀려들면서 많은 직업이 사라지고, 일에 필요한 기술이 바뀌고, 경제적 불평등이 심화할 것이라고 경고했다.

그로부터 십 년이 흐르고 전 세계적으로 유행병을 앓고 난 뒤, 우리는 이런 영향을 사방에서 확인하고 있다. 예전에 노동자들이 바글거리던 물류창고와 제조업 공장은 이제 주로 기계와 로봇으로 운영된다. 식당에서는 손님들이 직접 전자 주문기로 음식을 주문해야 하는 경우가 흔해졌다. 신문사들은 노련한 경력 기자들을 온라인 클릭을 유인하는 짧은 기사를 써내는 계약직 기자들로 대체하고 있다. 의료 영상 자료와 검사 결과는 의사가 검토하기 전에 컴퓨터 식별 과정을 거치는 경우가 흔하다. 많은 근로자가 풀타임 정규직의 안정된 일자리를 파트타임 '긱(gig)' 일자리에 빼앗겼다. 그런가 하면 부의 집중이 유례없이 극에 달해서, 세계 곳곳에서 불만과 정치적 혼란이 일고 있다.

돌이켜보면, 이런 부분에서는 내 예측이 옳았다. 하지만 잘못 짚었던 부분도 몇 가지 있다.

나는 과거에 자동화의 물결이 일었던 때처럼 인공지능이 사람들을 실직의 위기로 내몰 것으로 예측했지만, 노동시장이 상당히 역동적이고 탄력적이라는 사실을 계산에 넣지 못했다. 노동자에 대한 수요와 요구되는 기술이 모든 부문에서 끊임없이 바뀌고 있어서, 일자리와 노동자의 수 사이에 대략적인 균형이 유지되고 있다. 또 인구 고령화로 가까운 미래에는 노동력의 규모가 감소하게 된다. 게다가 자동화가 이루어지면서 상품과 서비스의 가격이 낮아져서 전반적인 수요가 증가하고, 결과적으로 고용주는 더 많은 근로자를 고용하게 될 것이다. 물론 이때 필요한 일자리는 사라진 일자리와는 차이가 있겠지만 말이다.

그런데 이런 상황은 지금 이 시대를 사는 노동자들에게 꼭 이롭지만은 않다. 자동화가 너무 빠른 속도로 진행되면 노동자들이 갖춘 기술이 고용주의 요구에 부합하지 않을 수도 있다. 따라서 경력자 재교육에 더 많이 투자하겠다는 의지와 태도 변화가 필요하다. 아울러 이 책에서 자세히 설명했듯 경제적 불평등을 줄이는 문제에도 더 많은 관심을 기울여야 한다.

이런 문제들은 머지않아 매우 시급히 해결해야 할 사안이 될 것이다. 최근 인공지능 기술의 발전은 불과 몇 년 전까지만 해도 전문가를 포함한 모든 사람이 예상하지 못했던 방식으로 화이트칼라 직업에 변화를 일으키고 있다. 이른바 '생성형 인공지능(Generative AI)' 기술은 예술가, 작가, 사진작가, 음악가, 디자이너, 컨설턴트, 고문, 교사, 변호사, 의사, 조직 간부는 물론이고 심지어 이런 시스템을 설계하고 구축하는 소프트웨어 엔지니어까지, 지금껏 자동화할 수 있다고 전혀 상상하지 못했던 직업군에 영향을 줄 것이다.

필시 앞으로 다가올 몇 년 동안은 엄청난 변화가 나타나서, 인간의 통찰력·창의력·지성이 필요하다고 생각했던 과업을 기계로도 수행할 수 있게 되고, 그것도 똑같은 방식이 아니라 훨씬 빠르고, 값싸고, 많은 경우 더 뛰어나게 해내게 될 것이다.

이 책은 인공지능 기술 발전에 따른 자동화의 폭풍을 헤쳐나가는 데 필요한 기본 바탕이 되어줄 것이다. 미래의 도전에 직면할 때 부디 여기서 다룬 내용을 유념하기를 바란다!

2023년 4월 23일
제리 카플란

나는 낙천주의자다. 그러나 본성이 낙천적이라기보다는, 미국 정부의 의도 탓에 그렇게 된 측면이 크다.

　러시아가 1957년 최초의 인공위성 스푸트니크(Sputnik)를 발사하면서 미국에 굴욕을 안기자 미국 정부는 과학 교육을 국가적 최우선 과제로 삼았다. 냉전이 최고조에 달했던 상황에서 존 F. 케네디(John F. kennedy) 의원은 미사일 발사 기술 격차를 없애겠다는 약속을 대통령 선거 주요 공약으로 내세웠다. 새로이 부각되는 이 중대한 무대에서 주도권을 빼앗긴다는 것은 생각조차 할 수 없는 일이었다.

　내 또래 남자 아이들은(애석하게도 여자 아이들은 그렇지 못했다) 과학 혁명이야말로 교활한 러시아 사람들을 밟고 올라설 수단이며 영구적인 평화와 번영의 길이라는 말을 귀에 딱지가 앉도록 들었다. 우주선이나 광선총으로 세계를 구하고 사랑하는 여자를 쟁취하는 이야기가 등장하는 〈어메이징 스토리즈*Amazing Stories*〉나 〈판타스틱 어드벤처*Fantastic Adventures*〉 같은 공상과학 잡지들은 손때 묻어 여기저기가 접히고 너덜너덜해졌다.

열 살 때 우리 가족은 뉴욕으로 이사를 왔는데, 내 눈에 비친 뉴욕은 〈오즈의 마법사The Wizard of Oz〉에 나오는 오즈의 나라였고, 1964년 세계박람회는 에메랄드 시티였다. 나는 버스터 브라운 페니 로퍼(구두의 앞닫이에 동전을 넣게 되어 있는 로퍼 신발-옮긴이)에 10센트 짜리 한두 개를 끼워 넣고, 그랜드 센트럴 역에서 IRT노선 지하철을 타고 유니스피어와 모노레일, 그리고 디즈니의 애니마트로닉스(Animatronics: 영화 제작 등에서 동물로봇이나 사람로봇을 실제처럼 보이게 하는 전자 공학 기술-옮긴이) 로봇들이 흥겹게 소리 맞춰 "크고 위대하고 아름다운 내일"을 알리는 GE(제너럴 일렉트릭) 전시장에 가서 빛나는 상상 속의 미래를 체험하고 왔다.

공상 과학의 세계는 나와 성장 과정을 함께해온 것 같다. 내가 미적분이나 공간기하학과 씨름하고 있을 때 〈스타트랙Star Track〉이 나를 위로하고 격려했다. 커크 함장이 우등생이었다는 사실에 자극을 받기도 했다. 영화 〈2001: 스페이스 오디세이2001: A Space Odyssey〉는 인류 운명의 신비가 펼쳐지는 새로운 차원으로 내 시선을 끌어올렸다. 영화 속 인공지능 컴퓨터 HAL 9000의 붉은색 둥근 빛에 매료된 나는 앞으로 무엇을 해야 할지 결심이 섰다.

그로부터 10년 뒤, 나는 시카고대학교에서 역사와 과학철학을 전공하고 펜실베이니아대학교에서 컴퓨터 박사 학위를 받은 뒤, 스탠퍼드대학교 인공지능 연구소(SAIL) 연구원으로 부임했다.

처음 도착했을 때, 내가 죽어서 천국에 왔나 싶었다. 스탠퍼드 캠퍼스 서쪽 나지막한 언덕 꼭대기에 덩그러니 서 있는 다 쓰러져가는 연구실에는 차림새가 꾀죄죄한 천재들과 기이한 귀재들이 모여 웅성댔다. 복도에서는 이따금 괴상한 전자 음악이 흘러나왔다. 주차장 주위에는 로봇들이 이리저리 어슬렁거렸다. 날씨 로봇에게도 정신이 있을 수 있는가를 놓고 논리학자와 철학자들이 논쟁을 벌였다. 연구소 설립자이자 인공지능(AI: Artifical Intelligence)이라는 용어를 만든 존 맥카시(John Macarthy)는 뾰족하게 긴 수염을 쓰다듬으며 복도를 왔다 갔다 했다. 반원형 모양의 뻥 뚫린 공간은 외계의 발전된 문명과의 첫 만남을 기다리는 듯했다.

그러나 천국에 사는 사람들도 정신없이 바빠질 수 있다. 세상을 변화시키고 엄청난 부를 획득할 기회가 찾아왔다는 소식이 실리콘밸리(Silicon Valley)에 퍼졌다. 그전에는 프로젝트 기금을 마련하기 위해 우리가 발로 뛰어다녀야 했지만, 이제는 새로운 부류의 자본가인 벤처 투자자들이 불룩한 돈다발을 들고 연구실을 찾아다녔다.

나는 여러 스타트업에 몸담으며 30년이라는 시간을 보낸 뒤, 기업가적인 열정을 거두어들이고 은퇴했다. 그러나 아직은 조용히 삶을 마무리할 준비가 되어 있지 않다는 사실을 이내 깨달았다. 그러던 중 새로운 기회의 문이 열렸다. 스탠퍼드 인공지능 연구소에 다시 발을 들여놓은 것이다. 그러나 이번에는 연구원이 아니라 넓고 거친 사업계에서 잔뼈가 굵은 나이 지긋한 전문가가 되어 돌아왔다.

놀랍게도 연구실은 옛날과는 완연히 다른 모습이었다. 일하는 사람들의 밝고 열정적인 분위기는 변함없었지만, 전에 있었던 공동의 목표라는 개념이 없었다. 연구 분야가 다수의 세부 전문 분야로 나뉘어서, 여러 학문 분야 간 소통이 더 어려워졌다. 연구원 대부분이 다음 단계 신기술에만 완전히 몰두해 있어서 다들 큰 그림은 보지 못하는 듯했다. 인공지능 분야의 본래 목적인 '지능의 기본적인 성질을 발견하고 컴퓨터를 활용한 전자적 형태로 재생산하는 것'은 정밀한 알고리즘이나 기발한 시제품에 자리를 내주었다.

그래서 나는 연구소의 본래 정신을 다시 불붙여 보겠다는 생각으로 인공지능의 역사와 철학에 관한 수업을 개설했다. 그런데 그 주제를 깊이 파고들수록 머지않아 수면 위로 모습을 드러낼 중요한 문제들이 속속 눈에 들어왔다.

어린 시절부터 워낙 관련 영화를 많이 보아온지라 행복한 결말을 결코 장담할 수 없음은 잘 알고 있었다. 최근 인공지능 분야의 발전은 이미 사회에 엄청난 영향을 미칠 태세를 갖추었는데, 우리가 과연 변화를 멋지게 이행할지 아니면 상처투성이로 남을지는 아직 미지수다.

스탠퍼드 인공지능 연구소의 총명하고 열성적인 연구원들과, 전 세계 여러 다른 대학들, 연구소와 기업의 연구 동료들은 윤리적 측면에서 맨해튼 프로젝트(Manhatan Project: 제2차 대전 중 미국 육군의 원자탄 개발 계획-옮긴이)에 상응하는 21세기 프로젝트에 매달려 있다. 그리고 원자 폭탄 개발이라는 극비 계획에 투입된 사람들과 마찬가지로, 자신들이 진행하는 일이 우주에서 우리가 누구이며 우리의 제자리는 어디인지에 관한 개념이 뒤바뀔 정도로 인간의 삶과 생계수단을 통째로 변화시킬 엄청난 잠재력이 있다는 사실을 인식하는 사람은 아주 소수에 불과하다. 복도를 터벅터벅 걸어 다니며 이름과 주소에 맞게 우편물을 나누어주는 작고 귀여운 로봇을 만드는 것과, 농장을 경영하고, 연금 기금을 운영하고, 직원을 채용하거나 고용하고, 읽을 뉴스거리를 고르고, 보도 내용을 샅샅이 살펴서 체제를 위협하는 의견을 추려내고, 전쟁에 나가 싸우는 등 엄청나게 복잡한 기능을 수행할 인공지능 기술을 다루는 것은 아주 다른 문제다.

물론 아직까지는 그 모두가 공상 속의 과학이다. 지난 수십 년간 그런 내용을 다룬 영화가 많이 나왔지만, 실제 세계에서 끔찍한 일이 벌어진 적은 없다. 그렇다면 뭐가 문제인가? 왜 벌써부터 그렇게들 야단스럽게 염려하는 걸까?

미래에 오신 것을 환영합니다

간단히 말하자면, 지난 50년 동안의 노력과 수십억 달러의 연구비를 투입한 끝에 인공지능의 비밀이 서서히 밝혀지고 있다. 뚜껑을 열어보니 인공지능은 사실 인간의 지능과 아주 똑같지는 않았다. 적어도 현재로서는 그렇게 받아들여지고 있다. 그렇다고 문제될 것은 없다. 컴퓨터 학자 에츠허르 데이크스트라(Edsger Dijkstra)가 남긴 말 중에 이런 구절이 있다. "기계가 생각을 할 수 있느냐고 묻는 것은 잠수함이 항해를 할 수 있느냐고 묻는 것과 마찬가지다." 이성 친구를 주선해주는 웹사이트나 잔디를 깎는 로봇이 사람과 똑같은 방식으로 일을 수행하는지 여부는 상관이 없다. 그저 사람들이 할 수 있는 것보다 주어진 일을 더 빨리, 정확하게, 더 적은 비용으로 해낸다는 점이 의미 있다.

컴퓨터 기술의 진보에 힘입어 최근 로봇 공학(robotics), 지각(perception), 기계학습(machine learning: 자신의 동작을 스스로 개선할 수 있는 슈퍼컴퓨터의 능력-옮긴이) 분야가 발전을 거듭하고 있는데, 그런 발전에 따라 인간 능력에 필적하거나 한층 뛰어난 시스템들의 토대가 마련됐다. 앞으로 전례 없는 경제적 번영과 여가의 시대를 맞이할 공산이 커졌지만, 그 변화 과정은 상당히 길고 잔혹할지도 모른다. 그에 맞게 경제 체제와 규제 정책을 적절히 조율하지 못하면 장기간 사회적인 대혼란을 겪을 가능성도 있다.

경고의 징후는 여기저기서 포착된다. 고도로 발달한 현대 사회의 2대 재앙인 지속적인 높은 실업률과 소득 불균형의 심화는 경제가 지속적으로 발전하는 와중에도 전 세계적인 골칫거리로 남아 있다. 그런 문제들을 짚고 넘어가지 않는다면 풍요와 안락의 부작용으로 빈곤이 널리 퍼지는 사태가 불거질지 모른다. 그러므로 나는 이 책에서 과학 발전이 어떻게 그런 변화를 부채질할 것이며, 그 변화는 우리 사회에 어떤 도전적인 문제를 불러올지를 소개하려고 한다. 또 정부의 간섭을 줄이면서 발전을 증진시킬 자유시장의 해법 몇 가지를 제안할 것이다.

인공지능 연구는 두 분야에서 크게 발전하고 있다. 첫 번째 분야는 경험에서 배우는 시스템으로, 이미 상당 부분 효율적으로 활용되고 있다. 인간은 받아들일 수 있는 경험의 범위와 규모가 제한되어 있지만, 이 시스템들은 무궁무진한 모범 사례를 눈 깜짝할 사이에 꼼꼼히 검토한다. 게다가 우리에게 익숙한 시각·청각적 정보, 문서화된 정보뿐 아니라 컴퓨터나 네트워크를 통해 전달되는 보다 이질적인 데이터 형식까지 이해할 수 있다. 인간이 눈을 수천 개나 갖고, 아주 먼 거리의 소리까지 들을 수 있으며, 출판된 모든 글을 다 읽을 수 있다면 얼마나 대단해질지 한번 상상해보라. 그다음 한 걸음 속도를 늦춰서 습득한 모든 정보를 여유 있게 시험해보고 깊이 생각할 수 있다면 어떨까? 그것이 바로 이런 시스템들이 작용하는 방식이다.

우리가 다양한 센서들로 대기환경, 교통흐름, 바다 물결의 높이 등 물질세계의 방대한 데이터를 취합하고 그에 더해 온라인 검색, 블로그 포스트, 신용카드 거래 정보 등 사람들이 남긴 컴퓨터 데이터를 모으면, 이 시스템들은 그 속에서 일정한 패턴을 찾고 인간의 지적 능력으로 이해하기 힘든 깊은 내용을 파악한다. 그러니 어찌 보면 이 시스템에 초인간적인 지능이 있다고 표현해도 타당할 듯하지만, 사실 그런 판단은 옳지 못하다. 적어도 현재 예측 가능한 미래까지는 말이다. 이 기계들은 의식이 없고, 자아 성찰이 불가능하며, 독립적인 개체로서의 열망이나 욕구가 전혀 없다. 다시 말해 이 시스템들에는 흔히 말하는 '정신(minds)'이 없다. 그럼에도 이들은 정해진 임무에는 믿기 힘들 정도로 뛰어난 능력을 보이는데, 대체 어떤 방식으로 일을 처리하는지는 인간으로서는 완벽히 이해하지 못한다. 대부분의 경우 인간처럼 단순한 존재들이 알아듣게 설명할 방법이 말 그대로 없기 때문이다.

이 연구 분야에는 보편적으로 통용되는 이름이 없다. 무엇에 중점을 두고 어떤 접근법을 쓰는지에 따라 과학자들은 기계학습(machine learning), 신경망(neural network), 빅데이터(big data), 인지체계(cognitive system), 유전알고리즘(genetic algorithm) 등 다양한 이름으로 부른다. 나는 앞으로 이 분야의 모든 연구를 통틀어 간단히 '인조지능(synthetic intellect)'이라고 지칭할 것이다.

인조지능이 프로그램되는 방식은 통상적인 방식과는 다르다. 다양한 툴과 모듈을 활용해 형태를 잡고, 목표를 설정하고, 수집해둔 사례를 제시한 다음, 자유롭게 풀어둔다. 프로그램이 어떤 방향으로 흘러갈지는 예측불가능하며, 제작자의 통제 능력 밖에 있다. 인조지능은 곧 우리 자신에 대해 각자의 부모보다도 더 잘 알고, 우리가 취할 행동을 우리 자신보다 더 잘 예측하며, 우리 스스로가 깨닫지 못하는 위험을 미리 알고 경고한다. 인공지능이 어떻게 작용하는지, 그리고 흔히 예상하는 컴퓨터의 능력보다 월등히 뛰어난 이유에 대해서는 추후에 자세히 설명하겠다.

새로운 시스템의 두 번째 분야는 센서와 작동장치의 결합에서 출발한다. 이 시스템은 보고, 듣고, 느끼고, 자신을 둘러싼 환경과 교류할 수 있다. 이 시스템을 하나로 통합하면 우리가 흔히 아는 '로봇'이 되지만, 반드시 그렇게 시스템을 일괄적으로 묶을 필요는 없다. 사실 단일 개체로 통합시키는 작업은 대체로 그다지 바람직하지 못하다. 다양한 센서들은 가로등 꼭대기, 사람들이 쓰는 스마트폰 등 환경 전반에 널리 퍼져 있는 경우도 있으며, 그렇게 관찰한 정보들은 멀리 떨어진 곳에 위치한 서버 팜(server farm: 컴퓨터 서버와 운영 시설을 한 곳에 모아 놓은 곳-옮긴이)에 저장되었다가 계획 수립에 활용된다. 계획은 원격 기기를 조종하는 방법으로 직접 수행되기도 하고, 적절한 행동 방향을 유도하는 등의 간접적인 방식으로 실행되기도 한다. 이런 행동의 결과가 즉각적으로 감지되고 그에 따라 계획이 지속적으로 수정되는 경우가 많다. 예를 들면 손으로 어떤 물체를 집으려고 할 때의 움직임이 이에 해당한다.

운전자들을 위한 내비게이션 프로그램 역시 그런 시스템의 일종이다. 내비게이션 프로그램은 보통 GPS를 활용해 운전자의 위치와 속도를 추적 관찰하면서 길을 안내하고, 운전자의 정보를 다른 운전자들과 공유함으로써 교통 상황을 파악하여, 모든 이들이 더 효율적으로 경로를 찾을 수 있게 돕는다.

이들이 맡는 일은 사람들이 반복적인 일상으로 여기는 물리적인 작업이기 때문에, 가장 뛰어난 시스템들도 믿기 힘들 정도로 단순해 보일 것이다. 이 시스템들은 상식이나 일반 지능이 없지만 그래도 혼란스럽고 역동적인 환경에서 엄청나게 다양한 분야의 일을 쉴 없이 수행할 수 있다.

지금까지는 자동화라고 하면 정해진 작업 현장에서 특정한 목적을 위한 맞춤형 기기들이 반복적인 단일 임무를 수행하는 것을 주로 의미했다. 하지만 이 새로운 시스템들은 밭일을 하고, 집 페인트칠을 하고, 보도를 청소하고, 빨래를 하고 세탁물을 정리하는 등 이곳저곳에서 일하게 된다. 이들은 파이프를 놓고, 곡물을 수확하고, 집을 지으면서 사람들과 함께 작업하기도 하고, 화재를 진압하고, 교량 안전상태를 점검하고, 해저를 탐험하고, 전쟁에 나가 싸우는 등 위험하거나 접근하기 힘든 장소에서 홀로 임무를 수행하기도 한다. 나는 앞으로 이런 통합 시스템을 '인조노동자(forged laborer)'라고 지칭할 것이다.

물론 '인조지능'과 '인조노동자'라는 두 가지 유형의 시스템들은 자동차를 수리하고, 외과 수술을 하고, 고급 음식을 요리하는 등의 수준 높은 지식이나 기술을 요하는 물리적인 작업에 한데 어우러져 일하기도 한다.

이론상으로는, 그런 기기들을 구비할 능력이 되기만 한다면 사람들은 힘들고 단조로운 일에서 해방될 뿐 아니라 훨씬 능률적이고 유능해질 것이다. 맞춤형 '전자 대리인(electronic agent)'은 개인적인 취향을 높이고, 우리 대신 협상 자리에 나서며, 미적분을 가르칠 수도 있다. 그러나 그런 시스템들이 전부 사람들을 대신해서 일하지는 않을 것이다.

인간은 빨리 성공할 수 있는 방법이라면 사족을 못 쓴다. 컴퓨터 과학자 재론 래니어(Jaron Lanier)가 깊은 혜안에서 '사이렌 서버(siren server)'라고 이름 붙인 것들은, 개개인의 욕구에 맞춘 단기적인 유인책을 상황별로 제공해서, 장기적인 관점에서 전혀 흥미가 없는 일을 하도록 사람들을 설득할 것이다.[1] '한정판매'나 '총알배송'이라는 참기 힘든 유혹에 눈이 멀어, 지금껏 소중히 간직해온 생활 방식이 점진적으로 붕괴되고 있다는 사실을 느끼지 못할지 모른다. 오늘 밤에 온라인으로 전기밥솥을 주문하면 내일 바로 배송받을 수 있게 되었지만, 그로 인해 집 근처 소매점들이 점차 문을 닫고, 이웃들이 일자리를 잃는 결과는 가격으로 계산되지 않는다.

이 시스템들이 어떤 노래를 듣고 어떤 칫솔을 사야 할지 추천해주는 것은 이해할 만하다. 그러나 이 시스템이 스스로 행동할 수 있게 허용하는 것 혹은 요즘 유행하는 말로 자율권을 주는 것은 다른 문제다. 이들은 우리가 소화할 수 없는 방대한 양의 데이터를 활용하며 우리가 지각할 수 없는 시간의 척도로 작동하기 때문에, 전력망을 차단하고, 모든 항공기의 이륙을 보류하며, 신용카드 수백만 장을 무효화 하는 등, 눈 깜짝할 사이에 상상하기 힘든 규모로 우리 사회를 파괴할 수도 있다.

그런 엄청난 일을 저지를 수 있는 시스템을 도대체 누가 개발하겠느냐고 생각하는 사람이 있을지 모르겠다. 두 군데 이상의 주요 송전선에서 동시다발적인 합선이 일어나는 경우처럼 흔치 않은 사건이 생길 경우에 대비해서 보호 장치를 설계하는 것은 비교적 단순한 대비책이다. 그런데 백 년에 한 번 나올까 말까 하는 그런 큰 사건들이 어쩐 일인지 갈수록 빈번히 발생하고 있다. 단순한 대비책으로 해결할 수 없는 큰 사건이 생기면, 피해가 말 그대로 빛의 속도로 발생하기 때문에 인간이 중추적인 역할을 맡아 상황에 따른 결정을 검토할 시간이 없다. 무시무시하게 들릴지 모르지만, 만일 러시아가 핵미사일을 발사하면 행동 방침을 논할 시간이 적어도 몇 분이라도 있겠지만, 원자력 발전소가 사이버 공격을 당해서 통제력을 잃으면 그 즉시 사태가 벌어진다. 그래서 기계들이 우리를 보호하리라 믿는 것 외에는 우리에게 달리 선택의 여지가 없다.

사람의 손길이 미치지 않는 사이버 공간에서는 목표가 상충되는 둘 이상의 자율적인 시스템이 언제 서로 대치할지 아무도 알지 못한다. 상충되는 전자 시스템 간에 싸움이 벌어지면 그 규모와 속도는 자연 재해에 맞먹을지 모른다. 그저 가상의 상황을 말하는 것이 아니다. 그런 사건이 발생해서 혹독한 결과에 이른 적이 이미 있다.

2010년 5월 6일, 미국 증시는 알 수 없는 이유로 9퍼센트(다우존스 공업주 평균 주가로 치면 1,000포인트)나 폭락했는데, 그 대부분이 채 몇 분도 안 되는 시간 내에 벌어졌다. 수백만 노동자들의 은퇴 자금을 비롯한 사람들의 소중한 자산인 1조 달러 이상의 돈이 일시적으로 증발된 것이다. 주식시장에 나가 있던 전문가들은 믿을 수 없다는 듯 머리를 긁적이며 멍하니 서 있었다.

미국 증권거래위원회가 6개월 가까이 걸린 조사 끝에 진상을 규명했는데, 그 조사 결과는 사람들을 안심시키는 내용과는 거리가 멀었다. 주식 보유자를 대신해 주식을 사고파는 컴퓨터 프로그램들이 상충되면서 통제 범위를 벗어난 것이 원인이었다. 초단타매매(컴퓨터 프로그래밍을 이용해서 빠른 속도로 대규모의 매수나 매도 주문을 순식간에 여러 차례에 걸쳐서 내는 주식 거래-옮긴이)의 어둡고 비밀스런 세계에서 이 시스템들은 순간적으로 발생되는 소액의 이윤을 거두어들이고, 상대방의 거래 전략을 알아내서 이용한다.[2]

이런 컴퓨터 타짜를 만든 사람들은 서로 다른 프로그램들이 상호 간에 미칠 영향을 미처 예측하지 못했다. 프로그램 개발자들은 지난 데이터 이력을 활용해서 프로그램 모형을 만들고 테스트하기 때문에, 동등한 능력을 갖춘 다른 시스템의 존재나 행위에 대해서는 예견할 수 없다. 대규모 시스템들이 충돌하면서 생긴 이번 사건은 언뜻 보기에는 우연한 사건처럼 보였지만, 결국 그 전모가 밝혀지면서 금융 시스템의 근본인 공정함과 안정성에 대한 사람들의 믿음을 흔들어 놓았다. 경제학자들은 이 낯설고 새로운 현상에 '시스템적 리스크

(systemic risk)'라는 소박한 이름을 붙여서, 마치 페니실린 주사를 한 방 맞고 푹 자고 나면 회복할 수 있는 증상처럼 들리게 만들었다.

그러나 근본 원인은 그보다 훨씬 불길했다. 행동의 결과가 세계에 미칠 영향을 전혀 고려하지 않고 오로지 소유주의 사적 이익만을 대변하는 무형의 전자 대리인의 등장을 의미했기 때문이다. 컴퓨터를 활용한 시스템인 이 전자 대리인들은 보이지 않는 곳에서 활동하고 형태가 없어서 그 존재를 인식하거나 능력을 가늠할 도리가 없다. 그러니 차라리 로봇 강도한테 당하는 편이 나을지 모른다. 적어도 덮쳐 오고 도망가는 모습을 볼 수라도 있으니 말이다.

2010년의 '플래시 크래시(flash crash: 갑작스런 붕괴라는 뜻으로, 앞서 언급한 2010년 주식 폭락 사건을 계기로 '주식시장의 심각한 폭락'을 뜻하는 말로 자리 잡았다-옮긴이)'를 정부 기관에서도 예의주시했을 테지만, 유사한 기술이 다른 영역에 적용되는 것을 늦추려는 노력은 전혀 기울이지 않았다. 우리가 어떤 제품을 구입하거나, 웹사이트를 방문하거나, 인터넷에 후기를 남길 때면 언제든, 다른 누군가를 위해 일하는 눈에 안 보이는 전자 대리인 집단이 우리를 주시한다. 끝없는 아수라장을 용감하게 헤집고 들어가려는 기업들에게 프로그램이나 데이터 형태로 된 무기를 판매하려는 사업체가 우후죽순 생겨나면서 일순간에 관련 산업이 형성되었다. 이 책 중반부에서 그중 한 가지 예로, 인터넷 사용자가 웹페이지를 열 때마다 광고를 내보낼 권한을 놓고 벌어지는 엄청난 패싸움에 관한 이야기를 소개할 것이다.

자율권을 손에 쥔 강력한 대리인의 등장은 진지한 도덕적 질문들을 제기하게 한다. 우리가 공유 자원을 나누는 방식은 대개 말로 표현되지 않는 사회적 관습에 따른다. 간단한 몇 가지 예를 들면, 내가 사는 동네에서는 차를 지속적으로 옮겨대면서까지 장기간 주차하는 차량이 많지 않으리라는 계산에서 두 시간까지는 무료로 주차를 할 수 있다. 그러나 차에 스스로 이동 주차하는 기능이 생긴다면 어떻게 될까? 혹은 내가 소유한 로봇이 영화관 티켓 판매소에서 나 대신 줄을 서도 관습적으로나 윤리적으로 문제가 없을까?

불과 몇 년만 지나면 거리를 활보하게 될 '자율주행차(self-driving car)'들은 더욱 심각한 쟁점을 불러일으킨다. 학식 깊은 사상가들이 수천 년 동안 고민해온 도덕적인 질문을 이 기계들은 단숨에 결정해야 하기 때문이다. 차 한 대가 겨우 드나드는 비좁은 다리를 내 차가 건너고 있는데 건너편에서 아이들을 가득 채운 통학 차량이 갑자기 다리에 올라섰다고 가정해보자. 두 대가 지나갈 길이 없으니 둘 중 한쪽은 뒤로 물러서야 한다. 그렇다면 상대편 차량에 탄 아이들을 생각해서 내가 양보하기로 결정할 차를 구입해야 옳을까? 새 차를 고를 때 연비를 고려하듯이 앞으로 자율주행차를 구입할 때 차량의 공격성이 주요한 고려 사항이 될 가능성은 없을까? 이같이 결정하기 힘든 도덕적인 문제는 더 이상 철학자들의 사색거리에 그치지 않고 금세 우리 현실세계 법정의 문을 두드릴 것이다.

개개인의 대리인 노릇을 하는 인조지능과 인조노동자의 등장은 수많은 현실적인 문제들을 몰고 올 것이다. 내가 물건을 사오라고 내 소유의 로봇 여러 대를 보냈다면 '고객 1인당 한 개씩'이라는 상점의 문구는 어떻게 해석해야 할까? 내 로봇이 나를 위해 거짓말을 해도 괜찮을까? 추수감사절 저녁 식사 때 스무 살짜리 딸아이에게 포도주를 따라주라고 내가 로봇에게 지시한다면(미국에서는 법적으로 음주가 허용되는 연령은 만 21세이다-옮긴이) 로봇이 나를 경찰에 신고해야 할까?

사회는 개개인이 어느 정도 자유 결정권을 행사할 수 있다는 가정 하에 법과 제도를 만든다. 개를 산책시키는 로봇이 '잔디에 들어가지 마시오'라는 표지판의 지시사항을 지키느라 아이가 개에게 물어뜯기고 있는데도 아이를 구하지 않는다면 어떤 기분이 들겠는가? 심장마비로 쓰러진 사람을 한시 빨리 병원에 데려가야 하는데 자율주행차가 안전 속도를 고집하면 어떻겠는가? 정부 기관들은 사회의 더 넓은 이익과 개인들의 요구 사이에 어떻게 균형을 잡아야 할까에 대해 머지않아 큰 고민에 빠질 것이다.

그러나 그런 문제들은 인공지능을 활용한 시스템이 등장하면서 제기될 경제적 위험에 비하면 아무것도 아니다. 오늘날 사무직 근로자들과 생산직 근로자들은 머지않아 인조노동자와 인조지능에게 일자리를 뺏길 위협에 직면할 것이다. 미래에는 놀랄 정도로 많은 정신적·육체적 생산 활동이 새로운 기기와 프로그램들로 대체된다. 자동화된 기기나 프로그램을 구입하면 되는데 굳이 사람을 고용할 이유가 없기 때문이다.

칼 마르크스(Karl Marx)가 옳았음이 느껴지는 순간이다. 자본(그리고 그 이익을 추구하는 수단인 경영진)과 노동 간의 피치 못할 투쟁은 노동자로서는 손해 보는 일이다. 그런데 마르크스는 관리자든, 의사든, 대학 교수든 모든 사람이 결국은 노동자라는 사실은 제대로 인식하지 못했다. 마르크스는 경제학자로서 산업 자동화로 자본이 노동을 대체하리라고 예견했지만, 인조노동자들에까지 생각이 미치지는 못했다. 그래서 저급 노동자와 높은 급료를 받는 관리자들 사이에 벌어지는 인간 대 인간의 갈등이라는 그의 논리는 잘못된 길로 들어선다. 진짜 문제는 앞으로 부자들이 고용할 노동자는 없거나 있더라도 극소수에 불과하리라는 사실이다.

이상하게 들리겠지만 미래는 자산 대 사람의 투쟁이 될 것이다. 축적된 자원이 건설적인 목표를 위해 쓰이거나 생산적으로 이용되지 못하기 때문이다. 앞으로 자세히 설명하겠지만, 지금 같은 추세라면 수혜자는 소위 상위 1퍼센트에 해당하는 사람들이 될 터이다. 그런데 누가(또는 무엇이) 그 자산을 소유할 수 있는가를 주의 깊게 다루지 않으면, 고대 이집트에서 독재 통치자 개인의 기분을 맞추려고 전 사회 자원을 피라미드에 쏟아부었듯이 그 1퍼센트의 수혜자가 0퍼센트로 줄어들 가능성도 실제로 있다. 어려움에 처한 오늘날의 경제는, 유례없이 많은 사람들을 배 밖으로 밀어내면서 사람들 없이 항해할지 모를 위험에 처했다. 마지막 남은 사람에게 전등을 꺼 달라고 전해 놓아야 할까? 그냥 두어도 저절로 꺼질 테니 굳이 그렇게 부탁할 필요도 없다.

그런데 그보다도 더 큰 위험 요인이 있다. 사람들은 인공지능에 대해 생각할 때 보통 온순한 하인 또는 악의적인 지배자인 로봇들, 혹은 요새로 둘러싸인 벙커에 묻힌 거대한 컴퓨터 두뇌 같은 미래를 그린다. 꾸며낸 어색한 표정의 인조인간이 우리 화를 돋우는 일은 벌어지지 않는다. 그런 상상은 무엇이든 의인화하는 인간의 편견과, 수많은 할리우드 영화들이 잘못된 길로 사람들을 이끌어온 데 기인한다. 사실 진정한 위험은 곤충 떼처럼 조직화된 자그마한 인조노동자 집단과, 실체 없이 원거리 클라우드 서버 내에 상주하는 인조지능의 광범위한 확산에 있다. 보거나 지각할 수 없는 위험을 걱정하기는 힘들다. 무엇이라 설명하기 힘들게 상황이 악화하는 듯 느껴질지 모른다. 옛날 산업혁명 초기 러다이트(Luddite: 19세기 산업혁명 때 기계가 일자리를 빼앗을지 모른다는 염려 속에 기계 파괴 운동을 일으킨 직공단원-옮긴이)들은 그들 대신 일을 차지한 방적기를 박살냈다지만, 만일 상대가 스마트폰 애플리케이션이라면 대체 어떤 식으로 대항해서 싸울 수 있겠는가?

오늘날 정책 입안자들은 지속적인 높은 실업률과 경제 불평등의 근본 원인을 찾기 위해 머리를 쥐어짜고 있지만, 가속화하는 기술 발전이 그 원인 중 하나라는 사실은 상대적으로 주목을 덜 받고 있다. 앞으로 살펴보겠지만 정보 기술의 발전은 이미 엄청난 기세로 산업과 일자리를 파괴하고 있는데, 그 속도가 워낙 빨라서 노동시장이 도저히 적응할 방법이 없기 때문에 앞으로 전개될 상황은 무척 심각하다. 발전된 기술은 완전히 새로운 방식으로 노동을 자본으로 대체하고, 그렇게 새로 창출되는 부는 부유한 사람들에게 불공평하게 많이 배분된다.

이런 설명에 반박하는 사람들은 생산성이 향상되면서 부가 증가하고, 우리가 가진 배를 모두 물에 띄울 수 있게 될 것이며, 욕구와 필요가 다양해지면서 그와 관련된 새로운 일자리가 생길 것이라는 주장을 편다. 물론 그 말도 맞다. 전체적이나 평균적으로 따져 봤을 때 말이다. 그러나 더 깊이 생각하면, 그렇다고 우리 형편이 꼭 나아진다고는 볼 수 없다. 지구 온난화와 마찬가지로 노동시장은 변화 속도가 문제이지 변화 자체가 문제는 아니다. 현재 노동자들은 그런 새로운 일자리에 필요한 기술을 습득할 시간은 물론 기회도 없다. 어마어마한 부를 거머쥔 소수의 상위 집권층이 가장 큰 몫을 독차지하고 나머지 사람들은 상대적으로 가난하게 살아가는 상황이라면, 전 구성원의 평균 소득이 얼마인지는 의미가 없다. 부가 증대되면서 호화로운 요트를 모두 물에 띄울 수 있게 되겠지만 그러는 동안 작은 나룻배들은 모두 가라앉을 것이다.

이 책의 처음 몇 장에 걸쳐서, 현재 진행 중인 정책 토론을 재구성하는 데 필요한 기본적인 개념과 아이디어를 내놓을 것이다. 컴퓨터에 대한 사람들의 생각 대부분이 왜 틀린지 지적함으로써 베일 밑에 가려진 부분을 알기 쉽게 설명할 것이다. 지금 어떤 일이 벌어지고 있는지 정확히 알지 못하면 미래에 무슨 일이 벌어질 가능성이 높은지를 인식하기 힘들다.

그다음에는, 법률 제도의 규제 범위를 확대하여 자율적인 시스템이 그들 행동에 책임을 지도록 만드는 방법 등, 심각하고 중요한 사안들에 대한 실질적인 해결책을 제시할 것이다. 그러나 경제적인 결과는 우리가 앞으로 고심해야 할 훨씬 심각한 문제다. 가장 확실하고 간단한 해결책인 부자에서 가난한 사람으로 부를 재분배하는 방법은 현재 정치 환경에서는 실현 가능성이 없다. 그뿐 아니라 그런 방법은 문제의 근본 원인을 해결하지 못하고, 단순히 끓어넘치지 않도록 냄비를 젓는 기능밖에 하지 못한다. 그래서 보다 근본적인 구조적 문제를 다루기 위해 자유시장에 적합한 체계를 제시할 것이다.

실업은 상당히 심각한 문제가 될 것이다. 그런데 실업 문제는 놀랍게도 일자리 부족 때문보다는 일자리가 요구하는 기술의 진보 때문에 발생한다. 기술의 발전 속도가 노동자들이 적응하는 속도보다 훨씬 빠르므로, 교육 방식에 대대적인 변화를 주지 않으면 노동자들이 기술 발전을 따라잡지 못한다. 먼저 학교에 다니고 그다음 일을 찾는, 교육에서 노동으로 이어지는 순차적인 시스템은 일생을 거의 똑같은 일을 하면서 보낼 것으로 예측했던 시절에는 별 문제가 없었다. 그러나 앞으로는 그런 기대를 품을 수가 없다. 구할 수 있는 일의 종류가 너무 빨리 바뀌어서, 겨우 한 분야에서 선두에 섰다고 생각하면 어느새 시대에 뒤떨어진 기술이 되어버린다. 중세시대 도제와 견습생 제도에 뿌리를 둔 현재의 직업 훈련 시스템은 대대적으로 현대화할 필요가 있다.

나는 이 문제에 대한 해법으로, 주택대출을 받을 때 토지를 담보로 제공하듯 미래의 노동(근로 소득)을 담보로 내놓는 새로운 금융제도인 '직업대출(job mortgage)'을 제안한다. 다만 일자리를 잃으면 다른 일자리를 찾을 때까지는 대출 상환금 납부가 일시적으로 유예된다.

그런 체계하에서는 고용주들과 학교들의 협조를 유도하는 정책이 활용된다. 고용주들은 예비 근로자가 특별한 기술을 체득할 경우 고용하겠다는 내용을 담은 법적 효력 없는 동의서를 작성하는데, 이때 고용주는 최종적으로 고용 약속을 이행하면 정부에서 급여세(payroll tax: 종업원에게 지급된 임금 총액을 기초로 고용주에게 과하는 세금-옮긴이)를 일정 금액 감면받는다. 주택대출 기관들이 대출 심사 평가를 하듯 직업대출을 해 주는 기관들은 이 동의서를 활용해 대출을 심사한다. 그리고 목표하는 일자리에 필요한 기술이 아니면 학생들이 등록하지 않을 테니, 교육 기관들은 대출 보증을 선 고용주들이 요구하는 특정 기술에 맞게 커리큘럼을 만들게 될 것이다. 예비 근로자가 특정 일자리를 반드시 수락해야 한다는 제한은 없다. 다른 분야에서 더 나은 조건을 제시한다면 예비 근로자는 그쪽을 선택해도 된다. 그렇더라도 적어도 시장에서 가치 있는 기술을 배워두었으므로 근로자에게는 득이 된다. 사실상 이 제도는 자유시장 질서를 지키면서, 노동시장에 새로운 형태의 피드백과 유동성을 형성시킬 것이다.

그런데 앞으로 직면할 가장 큰 사회적 도전은 갈수록 커지는 소득 불균형을 어떻게 다스리느냐의 문제이다. 그래서 나는 정부에서 인증하는 객관적인 기준으로 기업의 소유 구조를 평가하자고 제안할 것이다. 나는 이 기준에 '공익 지수(PBI: Public Benefit Index)'라는 이름을 붙였다. 공익 지수는 사회를 더 안정적으로 유지하기 위한 여러 수단의 기초가 될 것이다. 사업 이익을 얼마나 많은 수의 주주들이 나누어 갖는지를 기준으로 법인세를 매기면, 더 많은 대중들이 자산을 중심으로 움직이는 경제에 참여하도록 이끌 수 있다. 그러나 평범한 서민들이 어떻게 이런 자산을 매입할 수 있을까? 사실 사람들은 이미 연금이나 사회보장제도 등으로 생각하는 것보다 훨씬 많은 자산을 이미 보유하고 있다. 피신탁자가 대신 재산을 운용하는 불투명한 시스템 때문에 그저 인식하지 못하는 것뿐이다. 그러므로 사람들이 자기 둥지 안에 있는 재산을 명확히 보고 통제할 수 있도록 하고, 공익 지수가 높은 회사에 자산을 맡기면 혜택을 주는 제도를 마련해야 한다. 그렇게 되면 부차적으로 사회적인 안정을 얻게 된다. 자기 자신 역시 기업의 주식을 소요한 주주라는 사실을 인식하면 폭동을 일으키거나 백화점을 약탈하고 싶은 마음은 거의 안 들 것이다.

소득 불공평 문제를 해결하겠다고 무조건 부자에게 거두어 가난한 사람들에게 나눠 줄 필요는 없다. 경제는 지속적으로 성장하고, 그 성장은 갈수록 더욱 빨라질 가능성이 높다. 그러므로 우리가 미래 성장분에 따른 이득을 더 넓게 나누어 줄 수만 있다면 소득 격차는 자연스럽게 서서히 줄어들 것이다. 세금 혜택, 자산 투명성, 공익 지수를 기초로 개개인이 투자 자산 분배에 더 큰 영향력을 행사하는 방법 등, 신중히 고려해 마련한 정책을 펴면, 부의 집중이라는 밀물에 배가 뒤집히는 사태를 막을 수 있을 것이다.

그렇다면 왜 우리가 뽑은 지도자들은 상황을 더 잘 평가하고 올바른 정책을 펴 나가지 못하는 걸까? 잘 보이지 않으면 조종하기 힘들고, 분명하게 표현할 수 없는 사안은 논의하기 힘들기 때문이다. 합리적인 해결책은 둘째치고라도, 기술 발전이 가속화하면서 앞으로 어떤 일이 전개될지에 관한 뚜렷한 개념과 사례를 다룬 공개적인 담론이 현재 제대로 펼쳐지지 못하고 있다.

18세기 말에서 19세기 초에 걸친 산업혁명 때처럼 자연스럽게 흘러가는 대로 내버려두는 것은 위험한 도박이다. 1인당 소득은 극적으로 상승했지만, 경제 체제가 변화하는 그 긴 기간 동안 사람들이 변화로 인해 겪은 고통은 실로 막대하다. 폭풍우가 다가오는 것을 못 본 체할 수도 있다. 폭풍우가 휩쓸고 지나간 뒤에 결국 모든 것은 제자리를 찾아가겠지만 그 '결국'은 상당히 긴 시간이다. 지금 미래를 내다보고 조치를 취하지 않으면, 선택받은 소수 행운아들을 제외한 우리 후손들이 50여 년이나 그 이상의 세월을 가난과 불평등 속에 살아야 할 처지에 놓일지 모른다. 누구든지 복권을 사놓고 당첨자가 발표될 때까지 기대에 부풀어 지낸다. 그러나 지금 우리는 당첨 결과가 발표될 때까지 마냥 넋 놓고 기다릴 수만은 없다.

실리콘밸리 기업가들에게 성배(聖盃)는 관련 산업 전반의 붕괴다. 산업이 존재해야 큰돈을 벌 수 있다. 그런데 현실은 어떤가. 아마존(Amazon)은 책 소매 시장을 좌지우지한다. 우버(Uber)는 택시 산업을 약화시켰다. 판도라(Pandora)는 라디오를 대체하는 수단이 되었다. 그런데 그 결과로 발생하는 생계수단과 재산의 붕괴에 대해서는 거의 관심을 갖지 않는다. 관심을 갖거나 배려하는 데 대한 장려책이 전혀 없기 때문이다. 그리고 여러 연구소에서 진행되고 있는 새로운 아이디어에 대한 기대감에 투자자들의 심장 박동은 더욱 빨라진다.

내가 이 책에서 목표하는 바는, 이 모든 어려움을 슬기롭게 헤쳐 나갈 수 있도록 독자들이 지적인 도구, 윤리적 기초, 심리적 토대로 갖출 수 있게 돕는 것이다. 우리가 마지막 남은 백 원짜리 동전으로 가진 자들의 평탄한 삶에 동참할 기회에 도박을 거는 절망적인 영세 서민으로 삶을 마무리할지 아니면 자유로운 사상을 펴는 예술가, 운동선수, 학자가 되어 우리가 창조한 것들로부터 애정 어린 보호를 받을지는, 앞으로 일이십 년 동안 펼쳐질 공공정책에 크게 좌우될 것이다.

물론 재능 있고 사려 깊은 학자들이 이미 여러 저서를 통해 최근 기술 발전의 위험을 경고해왔다. 매력적인 이야기 형태로 풀어나간 책도 있고,[3] 경제학자로서의 분석 기술을 적용한 책도 있다.[4] 갈수록 심각해지는 우려를 모두들 한목소리로 표명해왔는데, 그에 기술 분야에 정통한 기업가로서의 의견을 보태는 것이 내가 이 책을 통해 바라는 목표다.

상황이 이렇게 심각하고 난처하지만, 나는 여전히 우리 미래를 낙관한다. 나는 우리가 영원한 평화와 무한한 번영의 미래를 만들 수 있다고 확신한다. 그리고 미래 세계는 영화 〈터미네이터Terminator〉보다는 〈스타트랙〉에 가까워질 거라고 믿는다. 앞으로 신기술의 쓰나미가 자유, 편리, 행복의 놀라운 시대를 휩쓸고 올 텐데, 그 과정을 순탄하게 지나가려면 반드시 진보의 핸들을 꽉 움켜쥐고 있어야 한다.

자, 그럼 이제부터 미래 세계로 출발해보자. 그 시작은 과거의 한 시점이다.

CONTENTS

컴퓨터에게
낚시 가르치기

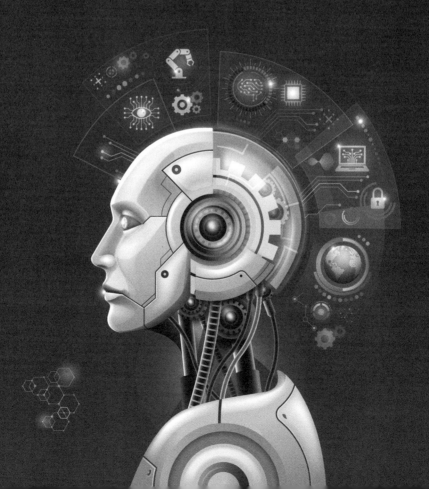

HUMANS
NEED NOT
APPLY

1960년 무렵, IBM은 문제가 생겼음을 인식했다. 그로부터 4년을 거슬러 올라간 1956년 여름, "인간 지능의 모든 측면을 그대로 재현하는" 기계를 만들 방법을 논의하기 위해 학계 전문가들이 한자리에 모였다. "능력 있는 과학자들이 한데 모여서 여름 내내 연구에 몰두하면 관련 문제를 해결할 중대 방안이 한두 가지 이상 나오지 않겠느냐"는 주최 측의 대담한 기대하에, 의욕 충만한 젊은 과학자들이 조지왕조 양식의 첨탑과 우거진 정원이 위풍당당하게 자리한 다트머스대학(Dartmouth Colleage) 캠퍼스에 모여 두 달간 머리를 맞댔다.[1] 그다지 큰 합의를 이끌어 내지는 못했지만 참가자들은 학회를 주최했던 수학자 존 맥카시가 제안한 '인공지능'이라는 용어를 채택하기로 만장일치로 결정했다. 다들 희망에 잔뜩 부푼 분위기였다.

각자 연구소로 돌아가면서 기대했던 목표를 거의 달성하지 못했다는 사실에 신경을 쓰는 사람은 거의 없는 듯했다. 오히려 새로 개척한 분야에 대한 열의를 표현하는 데 여념이 없었다. 학자들의 그 같은 기대에 찬 전망은 〈사이언티픽 아메리칸Scientific American〉, 〈뉴욕 타임스The New York Times〉 같은 잡지들에 속속 소개되었다.[2]

학회를 주도했던 사람 중에는 IBM에서 초창기 인공지능 연구를 주도했던 왓슨 연구소(Watson Reserch Lab)의 대표 과학자 나다니엘 로체스터(Nathaniel Rochester)도 있었다. 그의 연구팀에서는 체스를 두고 수학적 정리를 증명해내는 컴퓨터 프로그램 개발에 매진했다. 그런데 그가 개발한 프로그램에 대한 소문이 널리 퍼지면서 전혀 예기치 못했던 불만이 터져 나왔던 것이다.

문제를 제기하고 나선 쪽은 일 잘하기로 유명한 IBM의 영업 조직이었다. 당시 IBM 영업 인력들은 기업과 정부에 최신 데이터 처리 장비를 판매하는 데 전력을 기울였다. 어떤 부정적인 반응에도 응수하는 특유의 영업 기술과 공격적인 판매 전략으로 명성이 자자했던 영업 사원들은 구매 결정권을 쥔 고객사의 윗선에서 인공지능 기술 발전에 촉각을 기울이고 있다는 소식을 본사에 보고해왔다. 문서를 작성하고 청구서를 보내는 하급 직원들의 업무를 컴퓨터가 대체하는 것은 상관없지만, 지금 구입하려는 그 IBM 컴퓨터가 언젠가는 관리자인 자신들의 일자리를 위협할지 모른다고 염려한다는 것이었다.

그런 문제가 불거지자 IBM 내부에서는 인공지능 연구를 중단하고 로체스터가 이끄는 연구팀을 해체해야 한다는 제안이 나왔다.[3] 자신들의 자리 역시 위태로워질지 모른다는 판단 때문이었는지 IBM 경영진은 그 제안을 받아들여 연구팀을 해체했음은 물론이고, 영업 사원들에게 "컴퓨터는 프로그램 된 기능만 수행할 수 있다"는 간략한 답변으로 고객의 우려에 대응하도록 지시했다.[4]

초기 인공지능 연구가 직면한 문제

"프로그램 된 기능만 수행할 수 있다"는 그 간단한 설명은 20세기 후반에 널리 전파되면서 대단한 문화적 파장을 미쳤다. 전선이 깔린 바닥 층과 특수 냉방 설비를 갖춘 '전산실'에 들어앉은 희끄무레한 판도라 상자를 바라보는 사람들의 우려를 교묘히 잠재웠기 때문이다. 이 전자두뇌들은 그저 어떤 명령이든 묵묵히 따르는 순종적인 하인일 뿐이라니, 그렇다면야 두려워할 이유가 있겠는가!

문제를 처리 가능한 덩어리로 잘라서 단계별로 차근차근 처리하는 '구조화 프로그래밍(structured programming)' 기술에 익숙한 프로그래머들로서는, 그 시절에는 물론 지금이라도 그런 설명에 금세 동의할 터다. 그 당시 컴퓨터는 한정된 메모리에 데이터를 입력하고, 명령을 불러오고, 데이터를 처리하고, 결과를 저장하는 독립된 기기였다. 컴퓨터 두 대를 연결하는 네트워킹이라는 개념은 생소했으며, 다른 곳에서 만들거나 저장해둔 정보에 접근할 방법은 더더욱 없었다. 프로그램 대부분은 "이걸 처리하고, 다음에는 저걸 해라"는 식의 순차적이고 반복적인 지시 사항으로 구성되었다.

그 시절 인공지능 프로그램은 높고 이상적인 목표를 추구했음에도 불구하고 결국 그런 한정적인 인식 체계를 강화하는 데 일조했다. 초기 인공지능 연구는 창시자의 연구 방향을 답습해서 논리적 공리를 통해 결론을 도출하는 수학적인 증명에만 치중했으며, 보드 게임을 하고, 논리를 증명하고, 퍼즐을 푸는 등의 논리적 분석과 계획에 관한 연구가 주를 이루었다. 실세계의 난잡한 데이터를 방대하게 끌어모으느라 고생할 필요가 없다는 장점 역시 그런 식의 연구를 부추겼다.

시대적인 맥락에서 보면 그 같은 연구 방향은 컴퓨터의 사용 영역이 넓어지면서 당연히 거쳐야 할 단계였다고 볼 수 있다. 컴퓨터는 맨처음에는 2차 세계대전 중 군대에서 탄도학 계산 등에 쓰였던 다목적 계산기로 알려졌다. 이후 IBM은 '전자 칼'이었던 컴퓨터를 숫자뿐 아니라 글자, 단어, 문서까지 처리하는 '쟁기 날'로 성공적으로 변신시켰다. 초창기 인공지능 과학자들은 거기서 한 발 나아가, 이미 존재하는 기호든 아니면 체스를 두기 위해 특별히 고안된 기호든 관계없이 모든 종류의 기호를 포함한 데이터를 처리하는 데까지 영역을 넓혔다. 추후에 이런 인공지능 연구 방식은 '기호 체계(symbolic systems)' 접근법이라는 이름으로 불린다.

그런데 인공지능 연구 초기 과학자들은 이내 문제에 직면했다. 컴퓨터라는 발명품이 기대만큼 다양하고 흥미로운 과제를 처리해내지 못할 것처럼 비쳤기 때문이다. 난해한 계산이론 분야를 연구하는 학자들은 속도가 아주 빠른 컴퓨터를 만들어내더라도 문제가 결국 해결되지 못하리라는 사실을 알고 있었다. 컴퓨터가 제아무리 빠르더라도 '조합 확산(combinatorial explosion: 문제풀이를 위한 검색과정에서 가능한 선택의 수가 폭발적으로 증가하는 것-옮긴이)' 문제가 해결될 리는 만무했다. 실세계의 문제를 순차적으로 분석해 해결하는 경우, 택지개발로 넓은 지역에 주택이 새로 꽉 들어차면 도시의 상수도 압력이 떨어지는 것과 마찬가지 이치로 컴퓨터의 처리 능력이 쇠잔하는 현상이 반복되었다.

샌프란시스코에서 뉴욕까지 차로 가는 가장 빠른 길을, 가능한 모든 경로를 일일이 계산해서 찾는다고 상상해보자. 그러자면 계산이 끝나지 않아 출발도 하기 힘들 것이다. 그런 연유로 오늘날 지도를 활용한 길찾기 애플리케이션은 그런 방식을 활용하지 않는다. 추천 경로가 가장 효율적인 경로가 아닌 경우가 간혹 발생하는 이유는 바로 그 때문이다.

이처럼 문제들이 갈수록 복잡해짐에 따라, 인공지능 연구에서 논리적인 프로그래밍 방식을 적용하려는 시도는 앞으로 다가올 수십 년 안에 종적을 감출지 모른다. 그 대신 체험적 연구법, 즉 '경험 법칙'이라고 흔히 일컬어지는 방식을 활용해서 문제를 처리 가능한 크기로 줄여가는 연구가 더욱 발전할 것이다. 이 연구방식은 기본적으로는 주어진 능력을 최대한 활용해 답을 구하지만, 한계에 가까워지면 효과가 없으리라 판단되는 잠재 해결책을 고려하느라 시간을 허비하지 않고 건너뛰는 쪽으로 선회한다. 이 과정은 '검색과정 가지치기'라고 불린다.

그런 프로그램에 지능이 과연 어디에 있다고 보아야 하는가를 놓고 막대한 논쟁이 벌어지기도 했다. 이에 대해 '발견적 프로그래밍(heuristic programming)'을 연구하는 과학자들은 지능이 기계적인 방식으로 검색하거나 논리적인 전제를 꿰어 맞추는 데 있는 것이 아니라 바로 가지치기 과정에 사용되는 법칙에 존재한다는 사실을 밝혀냈다.

그런 법칙은 문제 영역 전문가들(예를 들면 체스 선수나 의사들)에게서 나온다. 전문가들을 인터뷰해서 그들의 기술을 인공지능 프로그램에 도입하는 프로그래머들은 '지식 기술자(knowledge engineer)'로, 그들이 만든 프로그램은 '전문가 시스템(expert system)'으로 불린다. 이런 연구가 올바른 발전 방향임은 틀림없지만, 지금까지 개발되었던 프로그램들 중에 현실 세계의 실질적인 문제를 해결할 만큼 완벽한 것은 아직 거의 없었다.

신경망 프로그래밍의 등장

그러다 보니 자연스럽게 이런 의문이 든다. 전문성의 본질은 무엇인가? 전문성이란 어디에서 나오는가? 컴퓨터 프로그램이 자동적으로 전문가가 될 수 있을까? 그러려면 무엇보다도 연습을 많이 하고 관련 사례를 많이 접해야 할 것이다. 경주용 자동차 운전자라고 차를 최대 출력까지 순간 가속하는 기술을 가지고 태어나지는 않으며, 음악의 대가라고 바이올린을 들고 태어나지는 않으니 말이다. 그런데 경험을 통해 배우는 컴퓨터 프로그램을 어떻게 해야 만들 수 있을까?

인공지능을 연구하는 일부 비주류 학자들은 연구 초기부터 줄곧 인간의 두뇌 기능을 모방하는 방법이 효과적일 것이라고 생각했다. 그들은 "이걸 처리하고, 다음에는 저걸 해라"는 단순 지시가 컴퓨터 프로그램을 짜는 유일한 방식은 아님을 인식하고, 그와는 달리 보다 유연한 접근 방식을 활용하는 인간의 두뇌에 주목했다. 하지만 애석하게도 당시에는 인간의 두뇌에 대해서 알려진 바가 거의 없었다. 아는 것이라고는 두뇌 속에는 뉴런(neuron)이라 불리는 복잡하게 서로 연결된 세포들이 많은데, 뉴런은 화학 신호나 전기 신호를 서로 주고받는 것처럼 보인다는 사실뿐이었다.

그래서 과학자들은 두뇌 구조를 컴퓨터로, 적어도 아주 기초적인 형태로나마 시뮬레이션했다. 그들은 구조상 뉴런과 비슷한, 반복 순환하면서 다수의 입력을 수용하고 출력하는 프로그램을 다량으로 만들었다. 그다음 하부 층의 출력이 상부 층의 입력으로 이어지는 연결망을 만들었다. 그 연결에는 보통 수적(數的)인 가중치(weight)가 있는데, 가중치가 0이면 연결이 안 된 것이고, 100은 단단히 연결되었다는 뜻이었다. 이 프로그램의 핵심은 네트워크의 최하위 층에 전달된 예시 데이터에 맞춰서 가중치를 자동으로 조절하는 방법에 있었다. 과학자들은 예를 최대한 많이 제시하고, 그다음 크랭크를 돌려서

자리가 잡힐 때까지 시스템 전반의 가중치를 늘려갔다.[5]

인공지능을 의인화하는 추세에 따라 과학자들은 이런 프로그램을 '신경망(neural networks)'이라고 불렀다. 그러나 이는 그저 프로그래밍의 한 가지 방식일 뿐, 이 프로그램들이 실제로 두뇌와 같은 방식으로 기능하는지 여부는 주요 쟁점이 아니다.

인공지능의 서로 다른 접근법인 기호 체계와 신경망의 가장 중대한 차이점은, 기호 체계에서는 프로그래머가 문제의 담화 영역을 구성하는 기호와 논리적인 규칙을 미리 규정해야 하는 데 반해, 신경망은 단순히 프로그래머가 예를 충분히 제시하기만 하면 된다는 점이다. 신경망은 문제를 '어떻게' 풀어야 할지 컴퓨터에게 말하는 대신, '무엇'을 해주었으면 좋겠는지 예를 제시하는 방식이다. 그야말로 대단해 보일지 모르겠지만, 사실 현실에서는 제대로 효과를 발휘하지 못했다. 적어도 연구 초기에는 말이다.

신경망 연구 초기에 적극적으로 활동했던 프랭크 로젠블랫(Frank Rosenblatt)은 코넬대학교에서 1957년에 진행한 연구에서, 뉴런을 모방한 프로그램에 '퍼셉트론(perceptron)'이라는 이름을 붙였다.[6] 그는 충분한 훈련 과정을 거치면 퍼셉트론 네트워크가 입력의 단순한 패턴을 인식할 수(분류할 수) 있다는 사실을 밝혔다. 다만 기호 체계 프로그램들과 마찬가지로, 이 연구 역시 정형화된 간단한 문제를 해결하는 데 그쳤다는 한계가 있었다. 로젠블랫은 자신의 연구가 경쟁 학자들, 그중에서도 특히 MIT 연구원들의 심기를 불편하게 만들었다고 주장하지만 그 주장의 진위를 판단할 수 없음은 물론이고, 이 접근법에 근본적인 잠재성이 있는지 여부도 평가하기 힘들었다.

이런 문제가 해결되지 않은 채 표류하는 걸 막기 위해 MIT의 저명한 과학자 두 명이 논문을 발표했다. 그리고 이 논문이 널리 읽히면서 학계의 주목을 끌었다. 이 논문은 특정한 방식에 한정된 경우 가장 낮은 단계에서 최소한 한 개 이상의 퍼셉트론이 그다음 단계의 모든 퍼셉트론과 연결되어 있지 않을 때는 퍼셉트론 네트워크가 일부 입력을 구별해낼 수 없었다는, 자못 중대해 보이는 허점을 밝혀냈다.[7] 하지만 실제는 그 주장과는 다소 차이가 있었다. 실제 상황에서 그보다 약간 더 복잡한 네트워크들은 그런 문제를 쉽게 극복했다. 그러나 과학과 공학이 늘 합리적인 방향으로만 전개되는 것은 아니어서, 퍼셉트론의 한계를 공식적으로 증명할 수 있다는 주장이 나왔다는 사실만으로 연구 방법 전체가 의심에 휩싸였다. 결국 그 즉시로 연구 지원금 대부분이 끊겼고, 더 이상의 발전도 없었다.

컴퓨터 처리 속도의 혁명적인 변화

이쯤에서 인공지능 분야에 친숙한 독자들은 이런 케케묵은 옛 이야기에 슬슬 따분함을 느낄지 모르겠다. 이 이야기의 끝은 1990년대와 2000년대 들어 훨씬 설득력 있는 결과를 제시하며 옛 기술이 부활하고 궁지에 몰렸던 연구가 결국 꽃을 피우는 것으로 마무리된다. 이 프로그램들은 기계학습과 빅데이터라는 이름으로 이미지가 쇄신

되고, 고성능 아키텍처, 기술, 통계학의 활용 덕분에 한층 개선되어, 사진에 나오는 물체, 대화 구절에 쓰인 단어, 패턴이 나타나는 여러 형태의 정보를 인지하는 데까지 발전했다.[8]

그러나 이 이야기는 단순히 '과학자들이 어떤 아이디어를 제시했는데, 그 아이디어가 처음에는 찬밥 신세였다가 결국 크게 환영받았다'는 것 이상의 의미가 있다. 짚고 넘어가야 할 중대한 배경이 있기 때문이다. 오늘날에는 기계학습 연구가 각광받지만 당시에는 그보다 기호 체계 연구가 주를 이루었는데, 20세기 후반에 기계학습 분야 연구가 미흡했던 이유가 있다. 바로 정보기술 전반, 그중에서도 특히 컴퓨터들이 달라졌다는 사실이다. 조금 달라졌거나 많이 달라졌다고 설명할 수 있는 정도가 아니라 너무나도 엄청나게 달라져서 50년 전과 지금은 근본적으로 다른 부류라고 보아도 좋을 정도다.

그 변화의 규모는 너무 막대해서 적절한 비유를 찾기조차 힘들다. '기하급수적인 성장'이라는 표현은 상당히 빈번히(그리고 아주 모호하게) 쓰이기 때문에, 사람들 대부분이 그 의미를 정확히 알지 못한다. 기하급수는 서로 이웃하는 항의 비(比)가 일정한 급수를 뜻하는데, 정의 내리기는 쉽지만 인간의 머리로 그 의미를 정확히 받아들이기는 어렵다. 기하급수적으로 늘어나는 수의 예를 들자면 100, 1,000, 10,000(10의 기하급수), 혹은 32, 64, 128(2의 기하급수) 등이다. 이런 식으로 계산하다 보면 눈 깜짝할 사이에 상상도 못할 정도로 엄청난 수가 된다. 앞서 예를 든 10의 기하급수의 80번째 항은, 우주 전체에 존재하는 모든 원자 개수를 추정한 수치보다도 크다.

지난 세기 후반만 보더라도, 처리 속도, 트랜지스터의 밀도, 메모리 같은 컴퓨터의 중요한 기준이 약 18개월에서 24개월마다 2배씩 늘어나는 기하급수적인 발전 속도를 기록했다(2제곱에 해당한다). 컴퓨터 혁명 초기에는 그토록 오랫동안 꾸준히 이 기계의 능력이 기하급수적으로 늘어나리라고는 아무도 예측하지 못했다. 인텔의 공동창업자 고든 무어(Gordon Moore)가 1965년에 처음으로 이런 흐름을 읽어냈는데, 그간 고작 몇 차례 기대보다 소폭 하락한 경우가 있었을 뿐 그 추세는 오늘날까지 그대로 이어지고 있다.[9] 지난 수십 년간 관련 학자들이 경고해온 것처럼 실제로 내일 당장 그 발달이 멈출 지도 모른다. 그러나 아직까지는 발전이 쉼 없이 계속되어왔다.

우리 개개인도 분명 의식하지 못하는 사이 이 놀라운 성과를 몸소 경험해왔다. 아마 맨 처음 구입했던 스마트폰은 당시로서는 획기적인 8기가바이트(GB)짜리 대용량 메모리를 탑재한 제품이었을 것이다. 그리고 2년 뒤 신형 스마트폰으로 바꾸었다면 그때는 메모리가 16기가이었을 테고, 그다음에는 32기가, 그리고 64기가바이트까지 업그레이드되었을 것이다. 세상은 크게 달라지지 않았는데 휴대폰을 세 번 바꿀 동안 메모리가 8배나 늘었다니, 그것도 거의 비슷한 비용을 지불하고 말이다. 만일 자동차 연비가 6년 전보다 8배나 좋아져서 1리터(l)로 86킬로미터(km)를 갈 수 있다고 상상하면 훨씬 크게 와 닿을지 모른다.

이제 앞으로 다가올 일에 대해 생각해보자. 향후 10년간 2년에 한 번씩 휴대폰을 최신 기종으로 교체한다면 10년 뒤에는 메모리가 2테라바이트(약 2,000기가바이트)가 될 것으로 예측해도 무리가 없다. 같은 비율로 자동차 연비가 좋아진다고 가정하면 1리터로 2,600킬로미터를 달릴 정도가 된다. 1갤런(gal: 약 3.78리터)이면 뉴욕에서 로스앤젤레스까지 왕복 주행하고도 남아서 애틀랜타까지 내려갈 수 있다.

연비가 이 정도라면 얼마나 많은 변화가 일어날지 한번 상상해보라. 휘발유 값이 사실상 무료가 되고, 원유 굴착은 거의 중단될 것이다. 항공사와 운송회사는 최고 성능을 내는 최신 엔진을 도입하려고 앞다투어 나서고 택배, 화물 운송, 항공권, 소비재 비용이 모두 엄청나게 하락할 것이다. 그만큼 맹렬한 속도의 변화가 바로 현재 컴퓨터 업계에서 진행 중인 셈이며, 그 부차적인 영향이 전 세계 사업과 노동 시장에 변혁을 불러일으키고 있다.

그러니 우리가 쓰는 휴대폰 메모리가 언젠가는 2,000기가바이트가 될지도 모른다. 그 의미를 어떻게 받아들여야 할까? 넓은 관점에서 생각해보자. 우리 두뇌에는 뉴런이 약 1,000억 개 있다. 컴퓨터 메모리 20바이트가 뉴런 한 개 정도의 성능이 된다고 단순히 비교할 수는 없겠지만, 그래도 어느 정도인지는 대략 감이 잡힐 것이다. 앞으로 10, 20년 내 스마트폰이 사람 두뇌만큼의 처리 능력이 될 것으로 예상되거나, 최소한 그럴 가능성이 상당하다는 말이다. 지금으로서는 그런 능력을 대체 무엇에 사용할지조차 상상하기 힘들지만, 그런 일이 우리 앞에 벌어질 가능성은 충분하다.

내 자식 세대들에게는 이런 이야기가 그저 '좋았던 시절'에 대해 떠드는 노인의 두서없는 넋두리로 들릴 터이다. 그러나 나로서는 스스로 직접 경험했던 일이다. 스탠퍼드대학교 연구원으로 있었던 1980년 겨울 방학에 나는 스탠퍼드 국제연구소(SRI International) 소속 연구원들이 데이터베이스에 영어로 던진 질문에 답변하는 프로그램을 개발하는 작업을 도왔다. 시스템의 언어 능력은 오늘날에 비하면 아주 기초적인 수준에 불과했지만 연구팀 리더 개리 헨드릭스(Gary Hendrix)는 이 모의연구로 벤처 자금을 끌어모아 '시만텍(Symantec)'이라는 재치 있는 이름의 회사를 설립했다.

나는 조용한 우리 집 지하실에 꼬박 2주간 틀어박혀서 그 프로젝트 작업의 일환으로 변환 가능한 데이터베이스 아키텍처를 구상했다. 개리는 당시 최고급 퍼스널 컴퓨터였던 애플Ⅱ를 내게 빌려줬다. 이 놀라운 기계는 플로피 디스크에 정보를 저장했으며, 메모리를 최대 4만 8,000바이트까지 지원했다. 그와 비교하자면 내가 요즘 가지고 다니는 휴대폰은 메모리가 64기가바이트인데, 음질이 CD 정도 되는 노래라면 약 12일 동안 들을 분량을 저장할 수 있다. 내 휴대폰은 메모리 용량이 애플Ⅱ보다 글자 그대로 백만 배는 큰데, 가격은 비교도 안 될 정도로 싸다.

백만 배라는 숫자는 어느 정도를 의미할까? 달팽이가 기어가는 속도와 궤도를 도는 국제 우주 정거장의 속도가 얼마나 차이가 날지 한번 생각해보라. 사실 그 둘 사이의 속도 차는 백만 배의 절반인 50만 배에 불과하다. 그런데 내가 지금 이 글을 타이핑하고 있는 컴퓨터는 1980년에 스탠퍼드 인공지능 연구소가 소장했던 모든 컴퓨터들을 합한 것보다도 처리 능력이 월등하다.

머신러닝의 잠재력에 눈을 뜨다

현재와 과거의 컴퓨터 처리 능력과 메모리는 비교라도 할 수 있지만, 네트워크의 발전은 실질적인 비교가 사실상 불가능하다. 1980년에는 현실 세계에 활용되는 네트워크의 개념이 거의 존재하지 않다시피 했다. IP주소의 기반인 인터넷 프로토콜(Internet Protocol)도 1982년 이전에는 표준화조차 되지 않았다.[10] 그런데 오늘날은 휴대폰으로 전화를 걸거나 문자 메시지를 보낼 때마다 입증되듯, 말 그대로 수십억 개 기기가 데이터를 즉각적으로 공유한다. 인터넷에 연결된 기기에 저장된 데이터는 거의 모든 종류를 아우르고, 엄청나게 막대한 양이며, 갈수록 증가하고 있다.

그렇다면 이런 변화는, 그간 비교적 성공적으로 진행되어온 인공지능의 다양한 연구 방식에 어떤 영향을 미쳤을까? 어떤 기술이든 양적 차이가 충분히 크게 벌어지면 어느 순간에는 질적인 차이가 뒤따르기 마련이다. 겉보기에는 날마다 꾸준히 발전하거나 매해 크리스마스에 선물을 받듯이 규칙적으로 발전해온 것처럼 보일지 모르지만, 컴퓨터 역시 양적 격차가 질적인 차이를 낳는 방식으로 진화해왔다. 과거와 현재의 컴퓨터 능력이 이토록 엄청난 차이를 보이기 때문에 프로그래밍의 기술적 접근 역시 달라져야 한다. 달팽이 경주시키듯 우주선을 다룰 수는 없는 노릇이니 말이다.

인공지능 연구 초기의 기호 체계 접근법은 그 시대 컴퓨터 수준에 맞춘 연구방법이었다. 당시에는 컴퓨터가 읽을 만한 데이터가 극히 적었으며 방대한 양의 데이터를 저장할 방법도 없었기 때문에, 과학자들은 전문가들과 인터뷰를 하면서 수고스럽게 얻어 낸 정보를 일일이 입력해 넣어야 했다. 처리 능력이 제한적이어서 보다 야심찬 계획은 실현할 길이 없었기 때문에, 해결책을 찾는 적절한 알고리즘을 만드는 쪽에 중점을 두었다.

기호 체계 접근법의 대안으로 대두한 신경망 연구는(오늘날에는 '기계학습'이라는 용어로 더 많이 불린다) 주어진 예를 통해 배우는 것을 목표로 하는데, 이 접근법으로 의미 있는 결과를 내기 위해서는 초기 컴퓨터들이 감당할 수 없는 수준의 막대한 메모리와 데이터가 필요했다. 프로그램에 입력할 예가 충분치 않았을 뿐더러, 만일 충분했다고 하더라도 시뮬레이션 메모리 용량이 너무 작아서 아주 간단한 패턴밖에 배울 수 없었던 것이다.

그러나 세월이 흐르면서 상황이 바뀌었다. 요즘 컴퓨터들은 그야말로 뉴런 수십억 개에 해당할 뿐 아니라, 인터넷 덕분에 배움의 기초가 될 엄청난 양의 예를 손쉽게 구할 수 있다. 반대로 귀찮고 힘든 과정은 사라졌다. 전문가들을 일일이 인터뷰해서 데이터를 구하고, 그 데이터를 지금과 비교하면 말도 못하게 느리고 빈약한 메모리 모듈과 프로세서에 입력해 넣을 필요도 이제 거의 없다.

기술 혁명과 관련한 중요한 세부 요소들은 놓치고 지나가기 쉽다. 지금으로서는 전문적인 기계학습 프로그램이 어디까지 이를 수 있는지에 대한 한계가 없는 듯하다. 예시 데이터의 양은 날마다 증가하고 있으며, 구할 수 있는 예의 증가 속도에 발맞추어 프로그램들이 발전을 거듭하고 있다. 현재의 기계학습 시스템은 필요한 내용을 부호화하고 일일이 가르쳐주거나 문제를 푸는 방법을 지시하는 인간의 그늘에서 벗어났으며, 인간이 풀기 힘든 문제를 척척 풀어내면서 창조자인 인간의 능력을 순식간에 넘어서고 있다. '물고기 한 마리를 주면 하루를 먹여 살리지만, 물고기 잡는 법을 가르치면 평생을 먹여 살린다'는 오래된 속담을 살짝 손보면 기계에도 동등하게 적용할 수 있다. '컴퓨터에게 데이터를 주면 그 효력이 1,000분의 1초 동안 유지되지만, 그러나 컴퓨터에게 검색하는 법을 가르치면 1,000년간 유지된다.'

컴퓨터가 무엇을 알고 있으며 어떻게 문제를 풀어내는지 밝혀보겠다는 생각에서 프로그래머들이 컴퓨터의 정교한 구조를 아무리 파헤쳐보더라도, 어떤 사람이 무슨 생각을 하는지 알아보려고 그 사람의 뇌를 들여다보고 알아내는 것 이상은 파악하기 힘들다. 프로그램들 스스로도 자신이 어떤 방법으로 어떻게 해내는지 설명하는 데에는 재간이 없다. 프로그램들은 그저 답을 찾아낼 뿐이다. 그런 의미에서 이 프로그램들은 스스로 직관을 개발하고 본능에 따라 행동하는 것으로 널리 받아들여진다. 즉 컴퓨터에 대한 요즘 사람들의 견해는 "프로그램된 일만 할 수 있다"는 과거의 헛된 믿음과는 엄연히 차이가 난다.

IBM에서 이미 오래전에 인공지능의 잠재력을 알아보고 회사의 큰 과업으로 삼았다는 것은 기분 좋은 소식이다. IBM은 2011년 퀴즈쇼 〈제퍼디!*Jeopardy!*〉에서 세계 챔피언 켄 제닝스(Ken Jennings)를 이기면서 그 분야에서의 전문성을 입증했다. IBM은 이 승리를 보다 넓은 연구 계획에 모조리 쏟아붓고 있으며, 그 특징을 잘 살린 '인지 컴퓨팅(cognitive computing)'이라는 용어를 창안했다. 그리고 실제로 이를 중심으로 회사 전체를 재정비하고 있다.

왓슨이라는 이름의 IBM 프로그램이 메모리 4테라바이트로 2억 페이지에 해당하는 내용에 접속할 수 있다는 사실은 눈여겨볼 가치가 있다.[11] 이 책을 쓰고 있는 시점에서 3년이 지나면, 4테라바이트(TB) 메모리는 인터넷 서점 아마존에서 150달러면 살 수 있을 것이다. 그로부터 2년이 더 지나면 동일한 메모리 가격이 75달러 정도로 떨어질 가능성이 높다. 아니면 10년을 기다리면 5달러까지 떨어질 것이다. 어찌 되었든 왓슨의 후손이 우리가 소지한 스마트폰 속으로 들어올 날이 머지않아 보인다.

로봇에게
뒤따라오는 법
가르치기

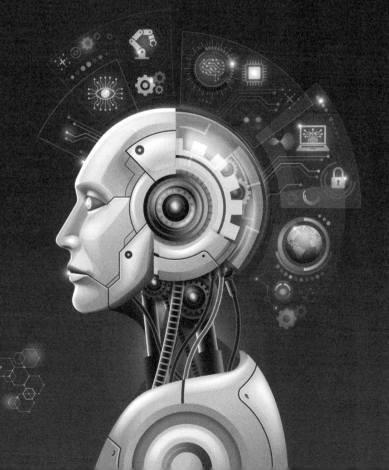

HUMANS
NEED NOT
APPLY

 1972년 보스턴 근처의 한 실험실에서 일어났던 일은 아마도 로봇이 최초로 미친 듯 날뛴 사건으로 기록될 수 있을 것이다. MIT 인공지능 연구소 소장이었던 마빈 민스키(Marvin Minsky)는, 언젠가는 의사가 멀리서 로봇 팔을 움직여서 수술을 할 수 있으리라는 제안을 내놓았다. 그러나 그 아이디어를 실험하려면 컴퓨터로 조정되는 팔이 실제로 있어야 했다. 그래서 그는 스탠퍼드에 있는 동료 존 매카시(John McCarthy)에게 연락을 했고, 존 매카시는 프로젝트 진행을 도울 연구 조교를 그에게 보냈다. 젊고 유능한 기계 공학자 빅터 샤이먼(Victor Scheinman)은 신속하게 프로토타입을 만들었는데, 그 프로토타입은 처음으로 상업적 성공을 거둔 로봇 팔 PUMA(programmable universal manipulator for assembly)의 기초가 되기도 했다.[1]

이론은 대단했지만, 현실은 그에 훨씬 못 미쳤다. 팔은 무겁고 움직이기가 힘들었으며, 쓰러지지 않도록 테이블에 볼트로 고정시켜두어야 했다. 그런데 어느 날, 프로그래밍 오류 때문이었는지 팔이 앞뒤로 왔다 갔다 하기 시작했다. 그러더니 점차 가속이 붙어서 테이블이 심하게 떨리기 시작했고, 팔이 요동칠 때마다 테이블이 앞뒤로 흔들리면서 실험실을 가로질러 나아갔다. 그때 실험실에는 작업에 열중하던 한 불운한 대학원생이 있었는데 그는 처음에는 로봇이 근접해 오는 걸 전혀 눈치채지 못했다. 그 사실을 알아차렸을 무렵에는 이미 너무 늦어버려서, 한쪽 구석에 갇히고 말았다. 그는 바닥에 웅크린 채 무시무시한 기계가 매몰찬 움직임으로 다가오는 것을 쳐다보면서 살려달라고 고함을 질렀다. 역사에 길이 남을 순간이 될지 몰랐던 찰나, 동료가 실험실로 뛰어 들어와 컴퓨터 작동장치를 멈춤으로써 광란의 순간은 막을 내렸다.[2]

AI 극장과 초기 로봇의 발전

사람들이 인공지능과 로봇의 관계를 인간 두뇌와 체력의 관계와 비슷하게 생각하는 것도 이해할 만하지만, 사실 그런 추측에는 상당한 위험이 따른다. 인공지능 분야에서는 사람들의 관심을 끌고 자금 지원을 늘리기 위해, 물체를 인간과 비슷한 형체나 행동으로 의인화하고자 하는 인간의 본능을 부당하게 이용해왔다. 그런 경향은 기계들의 외양이나 행동이 인간과 비슷하며, 기계들도 사회적인 관습을 이해하고 받아들일 수 있다고 오인하도록 만든다. 이런 시스템들이 어떻게 작용하는지 깊이 이해하지 못하기 때문은 물론, 인간이 결과를 해석하는 유일한 기준이라고 생각하기 때문에, 인공지능 기술이 인간처럼 받아들여지는 마음을 뿌리치기는 힘들다. 하지만 실제로 인공지능은 인간의 형상과는 거리가 멀다.

제퍼디 퀴즈쇼에 나갔던 IBM의 왓슨은 그런 관행을 잘 드러내는 예다. 기술적인 측면만 놓고 보자면 답변을 할 때 차분한 설교조로 '말하는' 시스템을 만들어야 할 이유가 없었으며, 머리처럼 생긴 모형에 불빛이 빙글빙글 돌아서 마치 기계에게 정신이 있어서 문제를 골똘히 생각하는 것처럼 만들 이유도 굳이 없었다. 그런 기능들은 눈부신 기술에 더해진 부차적인 장식에 지나지 않았다. 왓슨이 문제 힌트를 전혀 듣고 있지 않았다는 사실을 아는 사람은 거의 없었다. 사회자 알렉스 트레벡이 문제를 제시하기 시작할 때 이미 문제 내용이 문자 형태로 컴퓨터에게 전송되기 때문에, 경쟁하는 참가자들은 사회자의 말이 끝날 때까지 기다려야 하는 데 비해 왓슨은 유리하게 먼저 문제를 풀어나갈 수 있었다. 그러나 왓슨이 유리할 수밖에 없었던 더 큰 이점은 정답 버튼을 재빨리 누르는 능력에 있었다. 왓슨은 문제 제시가 끝났다는 신호를 받자마자 1,000분의 1초도 안 되어서 정답 버튼을 누를 수 있었는데, 인간의 능력으로는 도저히 따라갈 수 없는 속도였다. IBM이 이 로봇에 왓슨이라는 이름 대신 기술적인 분위기가 느껴지는 이름을 붙이고 고도로 발전된 데이터 검색 시스템이라고 있는 그대로 설명할 수도 있었지만, 만일 그랬다면 왓슨처럼 텔레비전에서 사람들의 이목을 사로잡지는 못했을 것이다.

불필요하게 기계를 의인화하는, 널리 퍼진 이런 관행을 나는 'AI 극장'이라고 부르는데, 이런 현상에는 눈에 보이지 않는 대가가 든다. 인터넷을 '사이버 공간'이라고 부름으로써 인터넷은 법과 규제에서 벗어난 독립된 영역임을 넌지시 비쳐서, 대중에게 혼란을 불러일으키고 결과적으로 중요한 정책 안건이나 논쟁에 방해가 되는 것과 마찬가지다.

그러니 인간을 닮은 기계 부속물이 작업 현장에 모습을 드러내기 시작했을 때, 이 기계들이 함부로 사람을 치지 않는 등의 사회적인 규제를 어느 정도 비슷하게 지키며 행동하리라 사람들이 기대했던 것도 당연해 보인다. 게다가 앞서 설명한 것처럼 컴퓨터는 프로그램된 기능만 한다고 알려져 왔으니 더욱 그랬을 터이다.

초기 로봇들은 일반적으로 신호에 맞춰 기계적인 동작을 반복했다. 그래서 로봇이 진행하는 방향에 끼어들기라도 하면 호되게 맞거나 더 심각한 피해를 당할지도 모르는 일이었다. 미국 노동부 산하 직업안전보건국(OSHA)은 작업현장 안전과 관련해서 로봇들을 단순한 기계가 아니라 새로운 부류의 발전된 기계로 분류하도록 했다. 그래서 MIT에 있는 연구실을 포함한 모든 연구실과 공장에서는 로봇의 주위에 밝은 색 테이프를 바닥에 붙여서, 특별한 예방조치가 마련되어야만 접근할 수 있는 '위험 지역'임을 표시했다. 위험이 벌어질 가능성이 있는 장소에는 영화에 흔히 등장하는 빨간색 대형 'OFF' 버튼이 설치되었다.

산업 로봇들은 수십 년간 상당한 진화를 거듭했는데, 발전된 영역은 주로 제어능력의 정밀성, 힘, 내구성, 무게와 가격 감량 같은 측면들이었다. 로봇을 현장에 투입하려면 전반적인 작업 환경을 항상 로봇 중심으로 설계해야 한다. 통상적으로 로봇들은 주위 환경을 보고, 듣고, 느끼지 못하기 때문에 주위 환경이 단순하고 예측 가능해야 한다. 산업 로봇 팔이 정해진 순간 정해진 위치에 볼트가 있을 것으로 예측하고 있다면 반드시 그렇게 되어야지, 그렇지 않으면 전 공정을 처음부터 다시 시작하는 불상사가 생긴다. 골프 초보자에게 허용되는 멀리건(최초의 티샷이 잘못되면 벌타 없이 다시 한 번 치도록 봐주는 것-옮긴이)은 공장 작업 현장에서는 통하지 않는다.

부엌에서 쓰는 식기세척기가 지금처럼 설계된 이유도 그와 같은 조건 때문이다. 세척기의 회전 날개가 세제를 분사한 다음 주위에 마구잡이로 물을 뿌리기 때문에, 접시와 컵을 넣을 때는 주의를 기울여서 정해진 위치에 놓아야 한다. 로봇이 사람 각자의 요구에 맞출 수 없기 때문에 사람이 로봇에 맞추어야 하는 것이다.

융합기술과 인조노동자의 등장

나는 로봇을 다룰 때 잠재적인 위험에 노출되지 않도록 늘 교육받아왔기 때문에, 어느 날 스탠퍼드 인공지능 연구소에서 한 대학원생이 로봇과 모의 칼싸움을 벌이는 장면을 보고 상당히 놀란 적이 있다.[3] 이 기계 펜싱 선수는 상대의 움직임을 놓치지 않고 예의주시할 뿐 아니라 자신의 움직임을 미리 계획해서 치명적인 공격을 가하기 직전에 멈출 수 있었다. 나도 나중에 직접 시연을 해보았는데, 로봇 팔은 줄 없는 꼭두각시 인형처럼 내가 움직이라고 지시할 때까지 충실히 기다리다가 내가 인도하는 대로 여러 자세를 취했다.

그런 움직임이 가능해진 이유는 발전된 네 가지 기술의 융합 덕분이다. 그중 두 가지, 즉 컴퓨터 능력의 놀라운 성장과 기계학습 기술의 발전은 이미 설명했다. 그 세 번째 기술 발전은 산업에서 활용되는 로봇의 디자인이다. 새 디자인은 경량 소재와 정교한 제어 기술을 사용하기 때문에 주위에 피해를 일으킬 가능성이 훨씬 적으며, 예기치 못한 장애물(예를 들면 사람의 신체 일부)과 맞닥뜨렸을 때 즉각적으로 대응할 수 있다.

그러나 진정한 큰 발전은 기계 인지 분야에서 나왔다. 지난 십여 년간 시각 영상을 해석하는 프로그램들은 느린 속도로 꾸준하게 발전해왔다. 그런데 카메라가 갈수록 정교해지고 가격 또한 저렴해진 데다가 기계학습 기술이 응용되면서 관련 분야 기술이 최근 급격히 발달했다. 요즘 나오는 프로그램들은 사진이나 동영상을 보고 사물이나 사람, 행동 등을 재빨리 인식한 뒤, "젊은 사람들 여러 명이 프리스비 놀이를 하고 있다"와 같이 장면을 상당히 정확하게 묘사할 수 있다.[4] 카메라 뷰파인더가 얼굴을 인식하는 기능은 이런 기술의 초기 형태에 해당한다.

이와 동일한 기본 기술들은 물론 모든 종류의 센서에 적용할 수 있다. 소리를 듣고 노래를 인식할 수 있고, 레이더와 수중 음파 탐지기로 바다에 떠 있는 배의 종류를 분류할 수 있으며, 심지어는 심전도나 초음파로 심장 질환을 진단하기까지 한다.

그 같은 네 가지 발전이 융합된 강력한 기술은 앞으로 삶의 전반에서 엄청난 변화를 이끌 것이다. 그런 융합된 기술을 가늠할 만한 적절한 기준점이 아직은 없지만, 우선은 인조노동자들로부터 그 대략적인 그림을 그려볼 수 있다. 요즈음 사용되고 있는 컴퓨터 프로그램이 내장된 단조로운 기계 장치들은 보고, 듣고, 계획하고, 혼란스럽고 복잡한 실세계에서 상황에 따라 행동을 수정하는 로봇의 원조 격이다. 그런 로봇들이 현재 인간의 육체노동이 필요한 일의 상당 부분 혹은 대부분을 손쉽게 해낼 수 있게 될 것이다.

로봇 청소기는 이미 시중에 많이 나와 있다. 그 외에 정원에서 잡초를 뽑거나, 택배용 화물 트럭에 쌓인 다양한 크기의 박스들을 싣고 내리거나, 짐을 들고 따라오거나, 곡물을 수확하는 로봇들도 이미 실용화 단계에 있다. 심지어는 적당하게 익은 과일들만 골라 수확하는 로봇까지 있다.[5] 머지않아 우리가 생각할 수 있는 거의 모든 육체적인 노동이 자동화될 것이다. 우리가 생활에서 보게 될 간단한 예를 몇 가지 들면 건물 바깥이나 내부 공간 페인트칠하기, 식품 조리, 빈 그릇 옮기기, 식탁 닦기, 음식 나르기, 침대 정리하기, 빨래 개기, 애완견 산책시키기, 배관 깔기, 인도 청소하기, 도구 가져오기, 티켓 회수하기, 바느질하기, 교통 정리하기 등이다.

산업적으로 활용될 로봇은 주문을 받고 발주하고, 선반을 채우거나 정리하고, 용접을 하거나 절단하고, 광을 내고, 점검하고, 조립하고, 분류하고, 심지어는 다른 로봇 장치들을 고치기까지 할 수 있다. 그 외에 군사적인 목적으로 활용될 수도 있는데, 그런 목적에 활용될 경우 끔찍한 악몽을 초래할 가능성이 높다(예를 들어 앞으로 다가올 10여 년 내로, 전 세계에 퍼져 있는 극단주의자들을 비롯해 그 누구든 태양열로 전원이 공급되는 인간 추적 로봇 곤충 부대를 만들어낼 수 있을 것이다. 이 로봇 곤충들은 좁은 문틈이나 통풍구 사이로 슬금슬금 기어들어가 눈치채지 못하게 상대에게 치명적인 독을 주입하고 왔던 길을 되돌아올 수 있어서 직접 로봇을 회수하러 가야 하는 불편도 없다. 로봇에 얼굴 인식 기능을 추가하면 큰 비용을 들이지 않고 누군가를 손쉽게 암살할 수도 있을 것이다!). 사람들이 로봇을 조금 더 편안히 받아들이는 분위기가 형성되면, 머리를 자르거나 마사지를 받는 등 생활과 보다 밀접한 환경에서 활용될 것이다. 머지않아 로봇 매춘부도 등장하게 될 텐데(자세한 내용은 8장에서 논의한다), 로봇 산업에서 제일 먼저 발전하고 가장 수익성이 좋은 시장이 될 가능성이 크다.

공간의 제약을 벗어난 로봇의 세계

그런데 이런 발전 중 상당 부분은 우리가 흔히 생각하는 로봇의 개념을 넘어설 것이라는 점에 주목해야 한다. 변변치 못한 휴머노이드 C3PO(영화 〈스타워즈〉에 등장한 로봇-옮긴이)나 잡역부 역할을 하는 R2D2(영화 〈스타워즈〉에 등장한 로봇-옮긴이)처럼 독립 개체로 움직이는 기계들도 물론 있지만, 시스템들이 반드시 일정한 소재지에 위치할 이유는 없다. 즉 물리적으로 서로 인접한 지역에 위치하거나 부속되어 작동할 필요가 없다. 이 말은 기계들이 우리가 통상적으로 말하는 형체를 갖추지 않을 수도 있다는 뜻이다.

여담이지만 남과 내가 왜 하나의 유기 조직을 공유하는 두 부분이 아니라 별개의 개체인지 궁금하게 생각해본 적이 있는지 모르겠다. 이상하게 들릴 수도 있지만, 하나의 심장과 내장 기관을 공유하는 샴 쌍생아들로서는 덜 이상하게 느껴질 것이다.

주어진 임무를 수행하려면 특정 자원과 능력이 있어야 한다. 이때 필요한 자원은, 일을 수행할 '에너지', 관련된 측면을 감지하는 능력인 '인식', 계획을 세우고 수정하기 위한 '추론', 예를 들면 양손으로 물체를 드는 것처럼 목표한 바를 실제로 실행할 '수단', 이렇게 네 가지 영역으로 크게 분류된다. 원칙적으로는 이 자원들이 한 장소에 모여 있을 필요는 없다. 그러나 현실적으로는 모든 자원이 한데 있으면 유용한 경우가 많다.

우리 인간이 그 예다. 생물학적 존재들은 스스로의 힘만으로는 원거리 의사소통을 하거나 에너지를 전송할 수 없기 때문에, 몸의 각 부분이 서로 가까이 붙어 있어야 한다. 몸을 구성하는 세포들은 다양한 전달기관과 신경을 통해 생화학 자극과 전기 자극으로 소통한다. 그러므로 인체에 음식(에너지)에서 자원을 뽑아 전체에 공급하는 단일 엔진이 있는 것은 물론이고, 눈(인식)이 두뇌(추론) 근처에 있고, 발이 다리 끝에 달린 것(수단)에는 모두 설계상의 이유가 있다.

약 120년 전, 수백만 년의 진화의 결과로 무언가 마법 같은 일이 벌어졌다. 공간적인 제약에서 벗어날 수단이 갑자기 이 세상에 모습을 드러낸 것이다. 굴리엘모 마르코니(Guglielmo Marconi)는 전파라는 이름으로 더 흔히 알려진 전자기 방사선(electromagnetic radiation)을 활용해, 물리적인 연결 없이도 원거리까지 정보를 즉시 전송하는 방법을 알아냈다. 또 토마스 에디슨(Thomas Edison)은 전기의 형태로, 비교적 낮은 가격에 전선을 통해 에너지를 이동시키는 방법을 발견했다.

우리는 이것이 궁극적으로 어떤 의미가 있을지 여전히 가려내는 중이다.[6] 나 개인적으로는 지금까지의 전기 공학, 전자 공학, 라디오, 텔레비전, 인터넷, 컴퓨터, 인공지능의 역사는, 새롭게 발견된 경이로운 발견으로 무엇을 할 수 있는지 알아내려고 인간들이 이제 겨우 발버둥치기 시작한 데 불과하다고 여긴다. 그러나 이 한 가지만큼은 확실하다. 인간들은 서서히 진화하는 생물학적 존재이기 때문에 그 새로운 영역을 탐구할 최적의 존재가 되지는 못한다. 가장 적합한 존재는 바로 기계들이다.

인간은 태어난 직후부터 물체들을 탐구하여 생물과 무생물로 나누기 시작한다. 그리고 나와 가장 비슷한 개채인 '사람들'에 특별한 친밀감을 갖는다. 사랑과 연민 같은 고차원적인 사회적 본능 대부분은 눈앞의 관심사에서 벗어나 세상을 보다 넓은 시선에서 보도록 유도하는 자연의 방식으로 이해할 수 있다. 다음 끼니에 무얼 먹을지에 모든 관심이 쏠려 있으면 음식을 집어 입에 넣는 자기 손까지 베어 물지 모른다.

지금 당장 생존에 가장 필요한 것들이 근거리에 있고 물리적 영역의 경계가 명확할 때는, 주위 환경을 사물의 집합으로 받아들이는 것도 삶을 대하는 좋은 방법이다. 그러나 방사능 구름이나 인터넷에서의 대중의 반응처럼 눈에 안 보이고 움직임이 빠르거나 널리 분산된 것들은 이해하기가 훨씬 어렵다. 고속도로를 지나다보면 찻길을 쏜살같이 내달리는 바퀴 달린 거대한 쇳덩이에 적응 못한 동물들의 시체가 나뒹군다. 그런데 우리가 처한 상황도 그와 마찬가지다. 내가 이 책에서 적절한 용어를 고르려고 애를 써야 했듯, 우리는 돌진하듯 다가오는 기술 변화를 논의할 어휘조차 제대로 갖추지 않았다. 결국 초고속 정보 통신망이라 불리는 도로에서 치어 죽을 위험에 빠져 있는 셈이다.

그런데 로봇은 다가올 세상을 어떻게 받아들일까? 로봇들에게는 눈이나 귀(또는 그에 해당하는 대체 기관)가 필요 없다. 관련 환경 전반에 널리 퍼져 있는 센서 네트워크만 있으면 충분하다. 깊이지각(depth perception: 관찰자로부터 자극 대상까지의 거리에 대한 지각–옮긴이)이나 소리의 발원지를 찾아내는 능력은 두 눈이나 귀가 서로 아주 멀리 떨어져 있다면 더 효과적으로 작용할 것이다. 게다가 몇 개가 더 있어서 여러 방향에 설치해두면 더할 나위 없을 테고 말이다. 실례로 총이 발사된 지점을 찾아내는 발포 지점 탐색 자동화 시스템이 경찰들보다 얼마나 더 뛰어난지 생각해보면 쉽게 이해할 수 있다.

그와 비슷하게, 특정 목표를 위해 일하는 로봇들이 하나로 통합될 이유는 없다. 독립적이며 교체 가능한 작동장치, 모터, 장비를 모아 구성할 수도 있다. 그리고 이 모든 기기들을 통제하고 이끄는 컴퓨터 로직(logic)은, 예를 들면 무인비행기 조종사가 네바다 사막에 머무르면서 아프가니스탄에서 헬파이어 미사일을 발사하는 식으로, 어디에 서건 운영 가능하다.

장소의 제약이라는 불편에서 벗어난 로봇이 우리 눈에 어떻게 받아들여질까? 인간 중심의 사고에서 상상하는 것과는 사뭇 다를지 모른다.

로봇 페인트공이 있다고 생각해보자. 사다리를 타고 올라가서 위태롭게 줄에 매달려 붓질을 하는 인간과 비슷한 기계를 상상하기 쉽다. 그러나 실제는 그와 사뭇 달라서, 예를 들면 페인트 주머니와 분사구가 달린 여러 대의 소형 무인비행기 같은 형태가 될지도 모른다. 무인비행기들은 서로 일정한 간격을 두고 지붕 벽널과도 적당한 거리를 유지하며, 돌풍이 불거나 다른 방해 요인이 생기면 상황 변화에 즉시 적응한다. 들고 있던 페인트가 동이 나면 페인트 통으로 가서 페인트를 채워 넣고 일의 진행이 제일 더딘 곳으로 가서 다시 작업한다. 현장 곳곳을 둘러싼 카메라들이 로봇들을 지속적으로 모니터하고, 진행상황과 작업의 품질을 평가한다. 이들을 통제하고 지휘하는 실물 기기를 보유할 필도 없다. 아마존 클라우드(Amazon cloud) 등에서 구동되는 SaaS(Software as a Service: 소프트웨어 기능 중 사용자가 필요한 기능만 빌려다 쓸 수 있는 서비스형 소프트웨어-옮긴이)를 활용해도 충분하기 때문이다.[7] 비가 내릴지도 모르고, 기껏해야 일주일에 몇 시간 쓰지도 않을 텐데 기기를 군이 구입해서 바깥에 들고 나갈 필요가 있겠는가?

허가받은 페인트 업자는(최신 장비들을 구입하느라 빌린 대출금을 아직도 다 못 갚았을지 모른다) 현장에 나와 카메라를 설치한 다음, 태블릿 PC에 깔린 애플리케이션에 작업 영역을 표시하고, 페인트 통을 열고, 소형 무인비행기들을 작동시킨다. 집 한 채를 페인트칠하는 데 예전에 일주일이 걸렸던 것이 한 나절이면 충분하고, 비용은 지금보다도 훨씬 덜 든다. 이 시스템이 처음 도입될 시기에는 인부들이 나와 작업대를 준비하고 페인트받이 천을 까는 작업을 하겠지만, 상품 기술자들이 시스템을 업그레이드하고 몇 가지 부속을 보태면 결국 인부들의 잔일거리도 곧 사라질 것이다.

공상과학 소설처럼 들릴지 모르지만 공상이 아니다. 이미 모든 기술은 다 준비되어 있다. 능력 있는 기업가가 나서 실행으로 옮기면 바로 현실이 될 것이다.

물론 상당수 작업들은 집을 페인트칠하는 것보다는 지리적 조건이 훨씬 복잡하고 다양하다. 예를 들어 국유림 관리소에 있는 서버에서 관리하는 이동식 산불 진화기가 나올 수도 있다. 태양열 전지를 장착하고 산길을 굴러 이동할 수 있는 기기로, 산불의 위험이 높은 곳에 배치되어서 그룹을 지어 이동하면서 열 추적 방식으로 산불을 감시한다.

오늘날의 기술에 뿌리를 둔 활용법도 있다. 곤충만큼 작은 크기로, 아주 작은 굴을 파고 들어가 있다가 명령이 떨어지면 순식간에 작동하는 산불 진화 로봇을 한번 상상해보라. 이 기기들이 하나로 조립되면 천장을 덮는 지붕이나 이불 역할을 해서 가옥들, 사회 기반 시설, 거주자들을 보호할 수도 있다. 이런 발상의 연구는 '스웜 로보틱스(Swarm robotics)'라는 이름까지 생길 정도로 활발히 진행되고 있다.

자율주행차도 보이는 것만큼 그렇게 자율적이거나 독립적이지는 못할 것이다. 차체와 길가에는 센서들이 설치되어 상호 연결된 중앙 시스템의 눈과 귀 역할을 하게 되는데, 그런 시스템은 현재 거의 완성 단계에 있다. 여러 기관에서 시스템을 개발 중인데 그중에서 특히 미국 교통국에서는 연방통신위원회(FCC)의 차량 전용 단거리 전용 통신(DSRC) 무선 주파수 스펙트럼에 편승해서 V2V(vehicle to vehicle)라는 이름의 통신 프로토콜을 개발하고 있다. 오늘날 휴대폰이 거대 통신 시스템의 일부로 받아들여지듯, 미래 자동차는 교통 상황실과 에너지 관리 시스템에 통합되어, 유동적인 대중교통 시스템의 일부로 관리될 것이다. 텔레비전 프로그램이 집의 텔레비전 기기 속에 들어 있는 것이 아니듯, 자동차나 휴대폰 속에 중요 기능이 모두 들어 있지는 않다.

컴퓨터 기술에서도 그런 현상이 있었듯이, 센서, 이펙터(effector: 오디오나 비디오 영상 신호에 인위적으로 변화를 주어 원신호에는 없었던 다양한 효과를 연출하는 장치-옮긴이), 무선 통신이 계속해서 발전하면 결국에는 눈에 띄지 않게 될 것이다. 옛날 내 젊은 시절에는 컴퓨터 메모리 칩을 집어 들고 말 그대로 1비트씩('코어메모리'라고 불렀다)을 눈으로 볼 수 있었다. 요즘에는 몇 기가바이트씩이나 되는 컴퓨터 메모리가 우표만한 얇고 검은 직사각형 크기로 나온다. 그것도 다른 부속품과 완전히 분리되어 있을 때나 확인 가능하다. 앞으로는 자연 그대로의 황무지처럼 보이는 곳을 지나가더라도 협력 작업하는 기기들의 광범위한 자동 구성 네트워크가 우리를 지켜보고(혹은 감시하고) 있을 텐데, 우리는 그 사실을 전혀 눈치채지 못할 것이다. 마치 디즈니랜드에 놀러 갔을 때처럼 말이다.

마지막으로, 금융시스템, 교육기관, 엔터테인먼트 미디어 등 많은 영역에서는 주로 정보를 다루는 데 로봇의 신기술이 활용될 것이다. 주어진 일을 수행하는 데 필요한 에너지, 인식, 추론, 수단의 네 가지 요소는 전자적인 영역 내에서 활용할 수 있으면 충분하기 때문에 일정 장소에 꼭 있어야 할 필요가 없다. 필요한 데이터는 전 세계에서 즉시 취합할 수 있고, 임무는 마음대로 변경 가능하며, 실행은 가장 편리한 곳(예를 들면 주식 거래가 이루어지는 곳)을 선택하면 된다.

여기서 핵심은, 우리는 흔히 로봇을 사물로, 프로그램을 문자화된 일련의 지시사항으로 생각하지만 사실 로봇이나 프로그램들은 '작업을 수행하고 정보를 처리하는 전기의 힘'이라는 현상의 단면에 불과하다는 점이다. 이 새로운 마법의 활동을 인지하지 못하더라도, 그 영향은 어찌되었든 앞으로 나타날 것이다.

복잡성과 다양성에서 융합과 단순성으로

또 다른 필연적인 변화는 다소 반직관적으로 느껴질지 모르겠다. 바로 기술이 융합하고 단순화하는 현상이다. 생물학적인 존재들은 에덴동산 한가운데 있는 '생명나무'를 중심으로 번성해 나가면서 서로 구별되기에 이르렀지만, 기계들은 그와는 정반대다.

예를 들어 휴대폰을 한번 생각해보자. 과거에는 자동차용 GPS, 카메라, 동영상 촬영용 카메라, CD플레이어, 게다가 휴대폰까지 다 따로 있었다. 하지만 지금은 이 모든 장비들이 거의 자취를 감추고, 스위스 아미 나이프(다양한 종류의 날들이 여러 개 달려 접게 되어 있는 작은 칼-옮긴이) 역할을 하는 단일 기기로 대체되었다. 기술적 구성 요소들이 거의 비슷하기 때문이다.

다시 야생지역 관리 문제로 돌아가면, 주 방위군이 앞서 언급한 것 같은 화재 방어 체계가 수색 구호 업무에도 활용될 수 있음을 인식하고 화재 진압 로봇에게 수색견 역할을 맡길 가능성도 있다. 또 해안 경비대에서는 이 로봇들을 허우적대며 손을 흔드는 행동이 감지되면 작동하는 수영장 안전요원으로 활용할 수 있다. 그 외에도 활용 가능성이 무궁무진하다.

우리가 미래를 상상할 때는 보통 자잘한 일들을 처리하는 근사한 특수 기계들이 다양하게 구비된 세상을 그리지만, 사실은 정반대다. 우리 집 부엌 찬장을 열어보면 잘 사용하지 않는 소형 가전이 꽉 차 있다. 각각 커피를 내리고, 스프를 데우고, 밥을 짓고, 팝콘을 튀기고,

휘저어서 아이스크림을 만들고, 핫도그를 굽고, 빵을 토스트하고, 통조림을 따고, 주스를 만들고, 수란을 만드는 등의 단일 기능을 하는 기계들이 있고, 모두 전기로 작동한다. 건너편 찬장에는 마늘 다지기와 코르크 마개 따개처럼 요리할 때 손에 들고 쓰는 작은 도구들도 아주 많다. 또 접시를 닦고, 음식을 보관하고, 얼음을 얼리고, 쓰레기를 압축하고, 요리하는 데 쓰는 대형 가전이나 도구들도 말할 것 없이 다양하다.

인조노동자 한 대가 그 모두를 대체한다고 상상해보라. 양파를 썰어야 한다면 부속 장치를 보관하는 박스에 가서 필요한 도구를 가져온다. 하루 종일 서서 접시를 닦을 수도 있다. 회전날개가 돌면서 접시를 닦는 멍청한 구식 식기세척기를 사용하느라 세제와 물을 낭비하지 않아도 된다. 여유 시간에는 해바라기씨 껍질을 벗기고, 아이스크림을 만들고, 변색된 은식기를 닦고, 스테이크 고기를 미리 손질한다. 그뿐만이 아니다. 바닥을 청소하고, 침구를 정리하고, 아기 기저귀까지 갈 수도 있다. 날씨가 괜찮다면 뒷마당에 텃밭 식물을 심고 가꾸는 일까지 맡겨도 된다.

인조노동자들은 중세시대 요리사들이 쓰던 원시적인 도구와 다름없는 주방 도구들을 사용해 이 모든 기능을 해낼 것이다. 그것이 중요한 점이다. 미래는 우리가 예측하는 것보다 훨씬 과거와 비슷할 것이다. 삶이 복잡해질지 모르지만, 눈에 잘 띄지 않으면서 다재다능하고 여러 가지로 호환이 가능한 기기들에 둘러싸여 지내기 때문에, 오히려 지금보다 더 단순해 보일지 모른다. 인조노동자들이 나타나기 시작하면, 말 그대로 공장 작업 현장을 휩쓸고, 자질구레한 집안일을 모두 대신할 것이다. 지금 쓰는 식기세척기는 내다 버려도 된다.

기술적인 복잡성과 다양성을 향해 가는 현재 추세는 그저 일시적인 현상이다. 전기의 사용으로 촉발되었으며, 아직 형성되지 않은 기계 종족이 완전히 정착하면 마무리될 현대판 캄브리아기 대폭발(Cambrian explosion)이라 묘사할 수 있다.

육체노동을 하는 기계 시스템이 여러 다른 유형으로 변형되어 집과 회사, 환경에서 꼭 필요한 역할에 배정되는 과정은 비교적 이해하기 쉽다. 하지만 동일한 경향이 상업적, 지적, 사회적 환경에서 벌어지는 과정은 알아채기가 훨씬 힘들다. 아마존은 여러 일반적인 기능을 단일 시스템으로 통합함으로써 서점에서 신발가게까지 모든 것을 대체하고 있다. 구글은 도서관, 신문, 전화번호부를 단일 체계 밑으로 편성했다. 페이스북은 엽서, 사진 공유, 초대장, 감사 카드, 친구에게 듣는 유용한 정보, 인사까지 모든 것을 빈틈없는 소셜 공간에 결합한다.

본디 인간의 마음은 눈에 보이는 것들에 관심이 쏠리기 마련이지만, 눈에 안 띄는 것들도 보이는 것들만큼 위험할 수 있다. 역설적이게도, 기술의 발전이 급격히 확산되면서 동시에 통합되기 때문에, 그 뒤를 쫓기가 만만치 않으며 결과를 예측하기는 더더욱 힘들다. 지금까지 독립적으로 행동할 수 있고, 넓은 영역에 걸쳐 분포하며, 물리적 영역과 전자적 영역 모두에 걸쳐 있고, 초인간적인 속도로 멀리서도 의사소통하고, 작아져서 눈에 아예 안 띄고, 필요에 따라 스스로 구조화하는 융통성 있는 로봇 시스템들에 대해 설명했는데, 그런 변화 추세는 못보고 지나치기 쉽지만, 무시하고 넘어가기는 힘들 것이다. 눈에 안 보인다고 바이러스를 무시할 수 없듯 말이다. 그러고 보니 윌리엄 버틀러 예이츠(William Butler Yeats)의 시 〈재림*The Second Coming*〉의 한 대목이 떠오른다.

"그런데 어떤 사나운 짐승이 마침내 제 시간이 되어, 태어나려 베들레헴 쪽으로 웅크려 걸어오고 있는 것인가?"[8]

소매치기
로봇

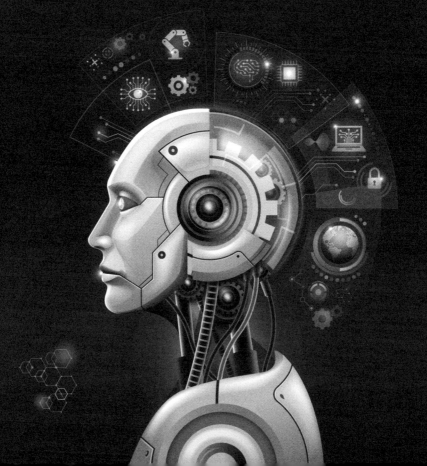

HUMANS
NEED NOT
APPLY

컴퓨터는 날로 발전하며 기술자들은 새로운 방식으로 프로그램을 짠다. 이 말을 듣고 '그게 뭐 대수로운 일이라고?'라고 생각할지 모르겠다. 하지만 로봇에게 처음으로 돈을 뜯기면 그 말이 가슴에 와 닿을 것이다. 그리고 미처 알아채지 못하는 사이 그런 일이 이미 벌어졌을 가능성이 꽤 높다.

1980년에 스탠퍼드대학원에 다니던 데이브 쇼(Dave Shaw)라는 내 친구는 박사과정 종합시험 때문에 조금 신경이 곤두서 있었다. 나는 내 경험을 비추어, 시험공부를 열심히 하되 시험 전날에는 쉬면서 긴장을 풀어야 한다고 조언했다. 그래서 우리는 영화 〈레이더스 Raiders of the Lost Ark〉를 보러 팔로알토 스퀘어 극장(Palo Alto Square Theater)으로 갔다.[1] 종합시험을 뛰어난 성적으로 통과하고 박사 논문을 낸 뒤에 그는 콜롬비아대학교 컴퓨터 공학 조교수가 되었다.

그로부터 몇 년 뒤에 그 친구를 만나러 가보니 그는 아주 대단한 프로젝트를 진행하고 있었다. 일차적이며 순차적인 계산을 여러 개 프로세서가 동시에 수행하도록 나누어서 처리 속도를 높이고, 통합된 답을 도출하는 새로운 컴퓨터 설계였다.[2] 연구 목표는 데이터베이스 질문 처리를 향상시키는 것이었다. 그의 연구는 오늘날 활용되는 '맵리듀스(MapReduce: 효율적인 데이터 처리를 위해 여러 대의 컴퓨터를 활용하는 분산 데이터 처리 기술-옮긴이)'의 기본 바탕이 되었다.[3]

월가의 왕이 된 '맵리듀스' 개발자

1986년 무렵이 되자, 데이브는 학자와 연구원들의 생명줄 노릇을 하던 쥐꼬리만 한 정부의 연구 지원금으로 원하는 성과를 얻는다는 건 어림없는 일이라는 생각을 하기 시작했다. 그래서 뉴욕 모닝사이드 하이츠에서 남쪽으로 내려가 월스트리트에 자리를 잡았다. 그때나 지금이나 선두 투자은행 자리를 굳건히 지키는 모건스탠리(Morgan Stanley) 간부들은 그의 연구를 흡족하게 생각했다. 그리고 데이브에게 예전보다 여섯 배나 많은 연봉을 제시했다고 한다.[4] 모건스탠리에서는 주식을 사고파는 데 쓸 비장의 컴퓨터 기술이 필요했기 때문이다. 그 당시 월스트리트에서 주식 거래를 처리하는 컴퓨터들은 흔했지만, 사고팔 주식을 골라주는 컴퓨터는 흔치 않았다. 하지만 다들 아는 것처럼 컴퓨터는 프로그램된 기능만 수행할 수 있다는 믿음이 확고하게 퍼져 있던 시절이니, 난사람이 아니고서야 그런 생각을 가지기 어려웠을 터이다. 모건스탠리에 있는 선견지명 있는 사람들은 남들보다 보는 눈이 뛰어났다.

개발자들이 주식을 사고파는 알고리즘을 성공적으로 만들어내면서, 컴퓨터가 인간보다 훨씬 빨리 거래할 수 있음이 분명히 드러났다. 모건스탠리는 적절한 타이밍에 적절히 거래를 하기만 한다면 컴퓨터를 통해 의사 결정을 하는 편이 유리하다는 사실을 곧 알아챘다.

프로그램 거래는 오늘날 초단타매매(HFT: High-Frequency Trading)라는 이름으로 알려져 있다. 짧은 시간 안에 얼마나 많은 거래를 할 수 있기에 그런 이름이 붙은 걸까? 매수 버튼을 누른 뒤 그 버튼을 다시 눌러서 매도 주문을 내기까지, 즉 사고파는 거래를 완료하는 데 10분의 1초밖에 안 걸린다. 요즈음 프로그램은 10분의 1초에 거래를 약 10만 번까지도 할 수 있다. 엄청나게 빠른 컴퓨터를 설계하는 데 매진했던 친구 데이브의 전문기술이 아주 요긴하게 활용된 것이다.

모건스탠리에 합류한 뒤 데이브는 더욱 근본적인 사실에 눈떴다. 물론 남보다 더 빨리 거래하는 것도 유리했지만, 전 세계 금융시장에서 쏟아져 들어오는 데이터를 재빨리 분석하는 기술이야말로 진정한 우위를 선점할 수단이었다. 그리고 모건스탠리는 그 최적의 조건을 갖추고 있었다.

그런 생각을 데이브만 했던 것은 아니다. 스탠퍼드의 유수한 연구원들 중에서도 특히 인공지능 연구원들은 프로그램이 아니라 데이터가 중요하다는 똑같은 결론에 이르렀다. 그리고 이쪽을 잘 아는 사람들은 모두들 통계와 기계학습이 금을 캐낼 최적의 도구임을 알고 있었다. 옛 연구소 동료들이 실세계 데이터를 구할 수 있는 대로 모두 끌어 모으려고 갖은 노력을 다하는 동안, 데이브는 우연히 주맥(主脈)을 찾아냈다. 그로부터 10년 뒤에 잡지 〈포춘Fortune〉과의 인터뷰에서 그는 이렇게 말했다. "금융은 정말 놀랍도록 순수한 정보처리 분야입니다."[5]

데이브는 새로 만난 고객들에 이내 환멸을 느꼈다. 고객들은 컴퓨터의 역할이 주식거래인들이 결정을 내리는 과정과 비슷해야 한다고 보았지만 데이브는 생각이 달랐기 때문이었을 터다. 데이브는 수학자들과 컴퓨터 공학자들이 통계 기술과 인공지능 기술을 적용하도록 제멋대로 내버려두어야 한다고 생각했다. 데이브는 입사한 지 18개월 만에 모건스탠리를 그만두고, 대담하게 투자은행 'D.E. 쇼앤컴퍼니(D.E. Show and Company)'를 세운 뒤 결국에는 월스트리트 최고의 투자성팀가(King Quant)라는 감탄 어린 호칭까지 얻었다. 상사들은 아마 그를 정신 나간 사람으로 생각했을 것이다.

그가 도입한 실제 기술은 비밀의 장막 아래 가려 있는 것으로 악명이 높았다. 그럴 때면 보통 진실은 은폐되어 이야기가 흐지부지되고 세간의 관심은 오직 돈을 얼마 벌었으며 부유한 동네에 큰 집을 샀다는 소식에만 쏠리기 마련이다. 하지만 여기서는 그가 도입한 기술을 제대로 살펴보자.[6]

다들 알다시피 주식시장에서 돈을 벌려면 낮은 가격에 주식을 사서 높은 가격에 팔아야 한다(물론 순서는 바뀔 수도 있다). 초단타매매의 첫 단계는 어떤 주식이나 원자재가 단일가격이어야 하는데 그렇지 않은 부분을 찾아내는 것이다. 데이브는 이런 형태의 데이터를 '비정규형(unnormalized)'이라고 부른다. 소비자들이 제일 싼 가격을 찾아서 여러 소매점을 찾아다니는 것이 비정규형 데이터의 일종이다. 이론적으로는 정보가 막힘없이 흐르면 어디든 가격이 동일하고, 잘만 하면 최적의 가격 조건이 된다.

가장 단순한 형태의 초단타매매는 증권을 여타 거래에서와는 다른 가격에 사고팔 수 있는 순간을 발견하는 것이다. 가격은 본래 동일해야 하지만 늘 그렇지는 못하다. 실제 가격은 어떤 특정한 시점에서 누가 얼마나 매도하는지에 따라 매순간 조금씩 변동된다. 가격이 일시적으로 다변화하면, 초단타매매 프로그램은 최저가로 매수하면서 동시에 최고가로 매도해서, 아무런 위험 부담 없이도 마진을 챙겨간다.

이런 미묘한 가격 변화는 사람들에게는 아무런 영향을 주지 않는다. 일시적인 변동의 기회를 이용할 만큼 빨리 반응할 수 없기 때문이다. 그러나 컴퓨터들은 가능하다. 그래서 초단타매매 프로그램은 가격이 정상화될 때까지 그 눈 깜빡할 새보다도 짧은 순간에 차액을 떼어간다. 그렇게 사고파는 행위 자체가 결국 가격을 하나로 모은다. 전 세계 시장에서 1초에 10만 번씩 그런 거래를 행한다고 하면, 거래를 통해 얻는 이득은 생각보다 상당하다.

그런데 공짜 돈을 챙길 기회는 통상적인 거래보다 훨씬 범위가 넓고 미묘하다. 증권은 마치 세탁세제처럼 용도가 아주 약간씩만 다른 상품들이 형태를 아주 약간씩만 달리해서 시장에 나온다. 예를 들면 30년 뒤에 돈을 돌려받는 재무부 단기 증권(Treasury bill)이 있고, 20년 뒤에 돈을 돌려받는 것도 있다. 원칙적으로 두 증권의 현재 가치는 단순하면서도 예측 가능한 법칙에 연계되어야 한다. 그러나 그러지 못한 때도 있으며, 그런 순간은 보통 수십 분의 1초 안에 벌어진다. 그 변칙적인 상황을 감지하고 눈앞에 닥친 순간에 돈을 걸면 단숨에 회수금을 챙길 수 있다.

게다가 매번 옳은 배팅을 해야 하는 것도 아니다. 전제적으로 틀리는 경우보다 맞는 경우가 더 많기만 하면 된다. 개별 거래의 경우 어느 정도 위험 부담을 안아야 하지만, 확률의 법칙은 전체를 놓고 따져서 유리한 쪽으로 들어서기만 하면 수익이 보장된다. 우리 팀이 늘 이기게 되어 있다.

이 원칙을 전 세계 시장에 적용해보자. 겉보기에 무관해 보이는 개별 가격들은 사실은 서로 연관되어 있다. 동남아시아에 가뭄이 들면 설탕 가격이 오르면서 스웨덴산 초콜릿 가격에 영향을 주기도 한다. 그러나 남아메리카산 카카오열매 가격이 하락하면 초콜릿 가격 상승 요인이 상쇄될 수도 있다. 투자 전문가들은 이런 전반적인 상황에 전문가가 되기 위해 노력하지만, 폭넓고 미묘한 패턴을 관찰하는 데 인공지능의 능력을 따라 잡을 수 있는 사람은 아무도 없다.

내가 즐겨 사용하는 예로 선불 휴대폰 판매량과 아프리카 곡물 작황의 관계가 있다. 곡식의 성장을 지켜보는 농부들이 잠재 고객들에게 연락을 취할 준비를 하기 때문에, 선불 휴대폰 판매량은 아프리카에서 특정 곡물의 증감을 가늠할 지표가 된다. 작황이 좋을수록 전화 통화량이 증가한다. 최근에는 이 분야에서 '감정 분석(sentiment analysis)'이라고 불리는 분석법을 활용하기도 한다. 투자은행에서 거래를 할 때 인터넷을 훑어서 특정 회사나 제품에 관한 긍정적이거나 부정적인 의견을 찾아서 얻은 정보를 바탕으로 거래하는 프로그램이다.

그런 식의 활용을 정당화하는 사람들은 대개 초단타매매 프로그램이 사회에 서비스를 제공한다는 이유를 든다. 초단타매매가 시장에서 비효율적인 측면을 제거하는 역할을 한다는 주장이다. 그러나 그런 주장 뒤에는 어두운 진실이 숨겨져 있다. 물론 초단타매매 프로그램이 금융시장을 깨끗이 정돈하는 기능을 할지 모르지만 그러면서 깊은 손실을 발생시킨다. 환경에 나쁜 저급 세제들이 수로를 더럽히듯 그런 프로그램은 위험 부담을 다른 투자자들에게 떠넘겨서 돈의 흐름을 오염시킨다. 여기서 위험 부담이란 중간에 끼어든 누군가 때문에 주식을 가장 좋은 가격에 사거나 팔지 못하게 될 위험을 말한다.

초단타매매 프로그램과 공공성

원칙적으로 초단타매매 프로그램의 시장 정리 기능은, 매수자와 매도자들에게 더 나은 가격이 어딘가에 있을지 모른다는 사실을 알려서 각 주체가 그 정보의 혜택을 받을 수 있는 공익 체계를 만들어 해결하면 된다. 모든 혜택은 시스템 제작자와 운영자들에게 축적된다. 사실 이 문제를 들고 나서야 할 주체는 주식거래소 자체이지만, 거래소는 높은 거래량 덕에 번창한다. 그래서 누가되었든 혹은 무엇이 되었든 상관없이 엄청난 빈도로 거래를 하면 거래소 입장에서는 득이 된다. 요즘에는 많은 소매업체들이 '최저가'를 보증하고 나서서 여기저기 가격을 비교하러 다닐 필요 없이 즉시 물건을 구매하도록 유도한다. 증권시장에서도 똑같은 서비스를 제공하면 어떨까?

초단타매매 프로그램을 객관적인 입장에서 한번 바라보자. 한 열정적인 기업가가, 누군가 실수로 동전을 떨어뜨리고 가면 조용히 주위가는 눈에 안 보이는 로봇을 만들었다고 한번 상상해보자. 그 기업가는 로봇을 이용하면 보도가 깨끗이 청소될 것이라며 관공서에 사업 허가를 요청한다. 물론 그렇게 되면 길거리는 깨끗해질지 모른다. 하지만 로봇이 쓸어 모은 돈이 기업가 호주머니 속에 들어가기보다는 공공의 이익을 위해 쓰이는 편이 더 바람직하지 않겠는가?

초단타매매 프로그램의 영향을 줄이는 가장 간단한 방법은 매수 호가(呼價)와 매도 호가의 정보를 요청한 대가로 아주 적은 비용을 받는 것이다.[7] 과거에는 현재 '기세(qnote: 매매계약이 성립되지 않았을 때의 호가-옮긴이)'를 손으로 종이에 적어 요청했기 때문에 요청 회수가 자연히 제한적이었다. 그러나 컴퓨터로 기세를 요청하게 되면서 모두가 바뀌었다. 초단타매매 프로그램은 프로그램 거래마다 시세 요청을 수백만 건씩 하기도 한다. 거래에 따른 순이익이 고작 1센트인데 기세를 요청할 때마다 1,000분의 1센트씩 비용이 든다면 돈을 잃는 일이 될 것이다.[8]

두 번째 방법은 인간의 거래든 전자 거래든 1초 동안 모든 거래를 지우는 것이다. 그렇게 되면 개인적인 거래 위험이 아주 살짝 높아진다. 나보다 앞에 줄 서 있던 거래 때문에 내가 지금 실행하려고 했던 거래의 가격이 조금 바뀔지 모르기 때문이다(비유를 들자면, 다른 로봇이 와서 동전을 주워가서, 빈손으로 돌아가야 할 가능성도 생기는 것이다).[9] 인간이 낸 주문에서 이런 추가적인 위험은 극히 적다. 하지만 초단타매매 프로그램 거래는 위험이 커질지 모른다. 인위적으로 짧은 기간 동안 거래를 지연시키면, 거래 대기 시간을 줄이기 위해 현재 진행되고 있는 엄청난 장비 경쟁을 늦추거나 멈추는 효과도 기대할 수 있다.[10] 그렇게 되면 기회의 꼬리를 잘라냄으로써 초단타매매의 남용을 막는 데 어느 정도 도움이 될 것이다.

정부 당국자들은 초단타매매 프로그램이 깔끔히 정리해서 잘 돌아가는 정돈된 시장을 좋아한다. 그러나 그에 따른 부의 막대한 이동에 대해서는 망각하고, 심지어는 그들의 부를 은근히 공경한다. 뉴욕 북부 부유한 동네를 돌아보면 속사정을 알 수 있다. 멋스럽고 흥취 있는 동네에는 투자은행과 헤지펀드 임원들이 모여 산다. 실제로 데이브 쇼 역시 뉴욕 웨스트체스터 카운티 헤이스팅스온허드슨에 면적이 3,500평방미터, 가격이 7,500만 달러나 되는 대저택을 짓고 있다.[11] 한편 이스트 할렘에 있는 타겟 백화점에서는 계산대에서 사탕을 팔면서 하나에 1센트도 안 되는 마진을 챙긴다. 누군가는 이런 사실을 인식하고 관심을 가져야 하지 않겠는가?

그런 고상한 기술을 도입한 사람들이 악당은 아니다. 그 사실을 반드시 이해해야 한다. 그들은 그저 천부적인 재능과 기술을 물질적인 보상이 가장 크다고 여겨지는 분야에 적용한 것뿐이다. 검사들이 카메라 앞에서 야심차게 공개하는 월스트리트의 진짜 사기꾼들도 물론 있지만, 투자은행에 근무하는 직원들 대부분은 최선을 다해 살아가는 평범한 사람들이다. 내 친구 데이브 쇼도 그런 사람들 중 하나라고 장담한다. 그 어디를 둘러봐도 데이브만큼 성실하고, 사려 깊고, 재능 있는 사람은 찾아보기 힘들다. 자신의 이름을 딴 연구소를 세워 단백질접힘(protein folding) 분야의 선구적인 연구에 직접 참여하고 있음은 물론이고 자선 사업에 크게 기여하면서, 국보로 불려도 좋을 만큼 훌륭한 역할을 해내고 있다.[12]

사람들이 통상적으로 생각하는 주식 거래의 목적은 몇몇 사람들을 부자로 만드는 것이 아니라, 자금이 최적의 목적에 쓰일 수 있도록 적절히 할당해서 상업을 촉진하는 것이다. 그러나 오늘날 시장을 독점하고 있는 인조지능은 그 선량한 목적에 의문을 불러일으킨다.

17세기에 널리 이름을 떨쳤던 금융 가문 출신인 네이선 메이어 로스트차일드(Nathan Mayer Rothschild)는 시민으로서의 책임을 아주 진지하게 생각했다. 그는 나폴레옹의 억압에 대항해 웰링턴 공작 관할 영지에 돈을 댔을 뿐 아니라(그 외에도 공공의 이익을 위해 여러 노력을 기울였다), 속설과는 반대로 워털루 전투에서 공작이 승리했음을 미리 통지받고도, 시장이 혼탁해지는 것을 막기 위해 그 소식이 다른 투자자들에게 널리 알려질 때까지 비밀에 부쳤다.

오늘날과 같이 세계가 하나로 연결되어 있는 때에, 우리는 뛰어난 시민들의 선한 배려와 아낌없는 베풂에만 의지하고 있을 여유가 없다. 가장 중요한 금융기관을 관리하는 위원회나 이사회는 로스트차일드와 같은 분별심이 없다. 그들은 시민들보다는 주주들의 이익을 대변한다. 추후에 다시 언급하겠지만, 법적 토대를 적당히 손보면 상황을 옳은 방향으로 되돌릴 수 있을 것이다.

그런데 천국 같은 현실 세계에서는 갈수록 더 많은 문제가 끓어오르고, 그 문제들은 당신 곁의 컴퓨터를 통해 발발하고 있다.

신이
분노하다

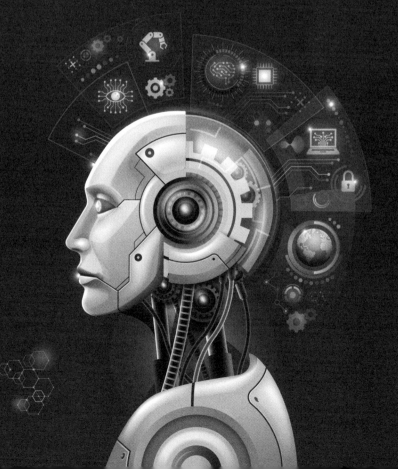

HUMANS
NEED NOT
APPLY

2010년 5월 6일 한가로운 오후에 벌어진 일은, 미래를 내다볼 기회가 되었다. 그 무렵에 이르면 초단타매매 프로그램을 활용한 증권 거래 비율은 60퍼센트에 육박할 정도로 어마어마하게 증가한다.[1] 사람이 아닌 기계들이 각종 실무를 도맡으며 시장을 차지한 것이다. 당신이 사이버 주식 거래로 구글 주식 100주 매수 주문을 내는 것은 만년설 위에 뿌려진 눈가루처럼 전혀 티가 안 나는 거래로, 점잖게 말하면 아메리칸 드림을 이룰 수 있다는 환상을 영원히 이어가려는 목적을 실현한 것이다.

그날 다우존스 산업평균지수는 오후 2시 42분 정각에 시작해서 불과 몇 분 만에 1,000포인트(비율로 따지면 총액의 9퍼센트)가 하락했다. 2시 47분에는 자산 1조 달러 이상이 증발되었다. 증발된 돈은 가상의 가치가 아니라 은행에 저축했던 돈, 은퇴 자금, 학교 기부금 등 실제 돈이다. 거래 시장에 나가 있던 증권 거래인들은 너무 기가 막혀서 자기 눈을 믿을 수 없을 지경이었다. 마치 신의 심판을 받고 있는 듯했다. 끔찍한 실수가 아니고서야 어떻게 그런 일이 생길 수 있었을까?

실수 때문은 아니었다. 원인은 초단타매매 프로그램이 본래 정해진 대로 일을 실행한 데 있었다.

미 증권거래위원회(SEC)가 전자 시스템을 샅샅이 뒤져서 무슨 일이 벌어졌는지 알아내기까지는 거의 6개월이 걸렸다. 위원회가 내린 결론은 다소 논란의 여지가 있었지만 그 자체는 흥미로운 해석이었다. 대형 뮤추얼 펀드 회사의(소문에 따르면 캔자스 오버랜드에 있는 '와들&리[waddell&Reed]'라고 한다) 자산관리자가 스탠다드앤푸어스(S&P) 500의 E-미니(E-Mini)라고 알려진 상당히 다변화된 시장에서 꽤 많은 양의 주식 매도 주문을 냈다.[2] 얄궂게도 그 회사는 자회사들의 성과를 기초로 시간적 여유를 두고 체계적으로 주식을 사고파는 '기본 분석(fundamental analysis)' 투자 방식으로 잘 알려진 회사였다.

그 불운한 자산관리자는 관행에서 벗어난 행동을 하려던 것이 아니었다. 주문량이 상당하기는 했지만, 그는 그저 타당한 조건이 형성되자마자 일상적으로 7만 5,000주의 매도 주문을 냈던 것이다. 그것도 매도 과정이 순조롭게 진행되도록 1분 전보다 거래량이 9퍼센트 이상 증가하지 못하도록 설정해두었다. 그렇게 처리해두고 그는 관심을 다른 일로 돌렸다.

그러나 그 특정 순간에 그 주식을 사려는 매수자들이 부족했기 때문에, 아무도 보지 않는 사이에 가격이 가파르게 하락했다는 점이 문제였다. 그러자 가속도가 붙으면서 다른 프로그램들도 자동적으로 가격에 상관없이 무조건 팔아 손실을 줄이려는 '스톱 로스(stop-loss)' 주문을 냈다. 그리고 그 규모가 갈수록 커졌다.

그런데 지금까지는 이야기의 발단에 불과하다. 상황이 그렇게 흘러가자 전 세계 초단타매매 프로그램 내에 입력된 안전 경보가 작동됐다. 그리고 비정상적인 시장 변동을 감지한 일부 프로그램들은 고객의 돈을 지키겠다는 책임감에서 무서운 속도로 보유분을 내놓기 시작했다. 순식간에 벌어진 전자 거래상의 예금 인출 사태였다. 더 공격적인 프로그램들은 위기 속에 찾아온 흔치 않은 기회임을 감지했다. 상대 프로그램의 광적인 주식 거래를 도주하는 먹잇감으로 보고, 넉넉한 마진이 금세 증발될 것이라는 자체 알고리즘의 예측에 따라 맹렬히 거래했다. 거래량이 전례가 없을 정도로 많기 때문에 보고 시스템(reporting system)이 그 추이를 따라잡지 못하면서 거짓 정보들이 끼어들었다. 애플의 주가는 알 수 없는 이유로 주당 십만 달러까지 치솟았고, 엑센추어의 주가는 주당 1센트라는 염가처분 가격으로 추락했다. 그러는 동안 현실 세계에서는 태양이 여전히 밝게 빛나고 양쪽 회사들 모두 평온하게 사업을 이어가고 있었다.

마치 할리우드 모험극처럼 극적이었던 순간에 곤경을 모면할 수 있었던 것은 한 겸허한 단체의 간단한 조처 덕분이었다. 뉴욕증권거래소에 비하면 보잘 것 없는 소규모 단체 격이었던 시카고 상업거래소에서 5초 동안 모든 거래를 중지시켰다. 지금 이 문장을 읽는 데 걸리는 시간 정도로 짧은 순간 동안 거래가 중단되었던 것이다. 우리 같은 사람들에게는 눈 깜짝할 사이의 짧은 시간이지만, 한껏 흥분해서 날뛰며 소동을 벌이던 프로그램들로서는 영원한 시간과 마찬가지였다. 시장이 한숨 돌리고, 초단타매매 프로그램이 리셋(reset)되기에 충분한 시간이었다. 대혼란이 끝나자마자 시장의 힘이 되살아났고, 가격들은 몇 분 전 가격으로 금세 회복되었다. 위협적인 토네이도처럼 들이닥쳤던 시장의 분란은 처음 등장할 때처럼 홀연히 삽시간에 사라졌다.

행복한 결말로 끝을 맺는 듯하지만, 사실은 그렇지 못하다. 금융기관들이 우리가 힘들여 번 재산을 지켜주리라는 신뢰는 금융시스템의 기반이다. 한번 잃어버린 신용은 대통령이 임명한 특별배심원들이나 미국 증권거래위원회 보도자료가 되살릴 수 없었다. 그런 사태가 다시 벌어질 수 있고 실제로 벌어질 것이라는 강박감이 소비와 저축에 관한 모든 결정에 영향을 미쳤다. 투자자들은 이제 더 이상 밤새내 쌈짓돈이 무사히 보존되리라 믿고 편히 잠을 청할 수가 없었다. 유감스런 사실은 그 운명이 바로 기계의 손에 달려 있다는 점이었다.

1픽셀의 포스트잇, 쿠키 파일

이런 전자 시스템의 대충돌은 금융 분야에 국한되지 않는다. 경제와 관련한 다양한 영역에서 기본적인 양상이 되어가고 있다. 하지만 가정 안으로 밀고 들어오면 어떻게 하나 염려할 필요는 없다. 그런 현상은 이미 각 가정을 찾아들었다. 물론 훨씬 가볍고 해가 없는 방식이기는 하지만 말이다.

계절에 걸맞지 않게 선선했던 어느 겨울 오후, 나는 실리콘밸리에서 로켓퓨얼(Rocket Fuel)이라는 유망한 신진 기업에서 일하는 친구를 만나러 갔다. 주식 2차 분매(이미 발행된 증권을 대량으로 일반에게 파는 일-옮긴이)로 3억 달러나 되는 신규 자금을 확보한 기술담당최고책임자(CTO) 마크 토랜스(Mark Torrance)는 나와 잠깐 만나 회사 사업 방향에 대해 이야기 나누었다. 고객들은 그가 어떻게 그 일을 해내는지 사실상 전혀 알지 못했지만 어쨌든 그가 얻은 결과에 상당히 만족해했다. 이름을 보고 로켓 연료를 만드는 회사가 아닐까 생각하기 쉽지만 그렇지 않다. 웹사이트에 일정 공간을 사들이고 도시바(Toshiba), 뷰익(Buick), 로드 앤 테일러(Lord&Taylor) 같은, 누구나 다 아는 기업의 광고를 내보내는 회사다. 꽤 단순한 일처럼 들린다. 하지만 그 구동 방식을 알고 나면 생각이 달라질 것이다. 로켓퓨얼은 자기 회사를 "디지털 마케팅에 치중한 빅데이터·인공지능 기업"이라고 설명한다.[3]

컴퓨터 웹페이지를 띄울 때 화면에 나타나는 광고를 누가 결정하는지 궁금하게 여겨본 적은 없는가? 웹사이트 소유주가 로켓퓨얼 같은 중개인을 통해 광고 지면을 광고주에게 파는 것으로 추측하는 사람도 있다. 그러나 실제는 그보다 훨씬 복잡하다.

누군가가 광고가 포함된 웹페이지를 띄울 때, 손가락으로 한 번 딸

각 누른 뒤로는 야생적인 신종 인조지능 무리 사이에 엄청난 전투가 벌어진다. 링크를 클릭하는 순간에서 페이지가 스크린에 나타나는 순간까지의 1초 정도의 시간 동안, 수백 건의 처리 과정이 튀어 날아다니며 인터넷에서 사용자의 최근 사용 기록을 믿기 어려울 정도로 샅샅이 모으고, 주어진 광고주 중에서 어떤 광고주가 사용자에게 영향을 줄 수 있을지 예측하고, 재빨리 전자 경매를 하듯이 사용자에게 인상을 남길 수 있는 적합한 광고를 선정한다(컴퓨터 화면에 나타나는 광고를 지칭할 때 실제로 '임프레션[impression]'이라는 용어를 사용한다). 로켓퓨얼은 컴퓨터 시스템 내의 작은 전투에서 가장 중무장한 전사들 중 하나다.

준비 작업부터 살펴보자. 컴퓨터 사용자가 웹사이트를 방문하고, 링크를 누르고, URL을 타이핑할 때마다, 실제 페이지를 열어본 당사자 외에도 하나 이상의 관련 주체가 사용자의 인터넷 방문 기록을 통보받는다. 어떻게 그렇게 되는지가 극히 중요한 내용은 아니지만, 본래 학문적인 용도에 뿌리를 둔 인터넷이 어떻게 상업적인 목적에 맞게 재구성되었는지를 알아볼 계기가 된다.

많이들 알고 있다시피, 하나의 웹페이지에는 다른 페이지로 가는 링크뿐 아니라 현재 페이지의 경계 영역, 다시 말해 '프레임' 내에 있는 사진을 담은 파일로 연결되는 링크도 있다. 페이지 로딩에 시간이 걸리는 경우, 주로 브라우저 창 맨 밑에 있는 상태 표시줄에 별개 링크들이 잠시 번쩍이는 것을 보았을지 모르겠다. 그런 링크들은 현재 방문 중인 웹사이트에서 파생되었을 수도 있지만 대개는 인터넷상에 있는 다른 사이트에서 나온 것이다. 사진들은 주로 화소(픽셀[pixel])라는 단위로 측정된다. 기본적으로 1픽셀은 사진에서 고유의 색깔과 밝기를 간직한 점 한 개를 의미한다. 그러므로 픽셀이 많을수록 사진이 더 크고 세밀해진다(디지털 카메라 영상의 품질을 내세우면서 '메가 픽셀' 또는 수백만 픽셀이라는 용어를 사용하는 것을 들어본 적이 있을 것이다).

인터넷 발달 초기에, 웹페이지에 1픽셀짜리 사진을 실으면 실제로는 전혀 눈에 보지지 않는다는 기발한 생각을 누군가 해냈다. 보이지도 않는 이미지를 왜 웹페이지에 올려놓겠는가? 안 보인다는 사실이 핵심이다. 보이지 않으므로 그 1픽셀은 어디에든 둘 수 있고, 특히 방문자가 언제 어디를 통해 그 페이지에 들어왔는지 메모를 해두고 싶을 때 요긴하게 쓸 수 있었다. 그 1픽셀은 다른 사람 서버에서 나오기 때문에 기록해둘 권리가 자동으로 생기는데, 대부분은 사용자의 하드디스크 드라이버에 기록된다. 이런 기록이 바로 '쿠키(cookie)'라는 화려한 이름이 붙은 작은 파일이다. 물론 이런 일을 미연에 방지하도록 브라우저를 설정할 수도 있다. 그러나 그렇게 되면 웹사이트에서 흔히 쓰는 주요 기능 상당수를 사용할 수가 없기 때문에, 거의 아무도 그렇게 하지 않는다. 그리고 웹브라우저에서 '제3자 쿠키 차단'이라는 이해하기 힘든 기능은 사람들 대부분에게는 아무 의미가 없다. 그저 누군가 맛있는 과자를 나누어주지 않겠다고 말하는 것으로 밖에 안 들린다.

그렇다면 이 쿠키 안에는 도대체 무엇이 들어 있을까? 대개는 큰 숫자로 된 고유 식별자가 전부다. 이 중요한 정보는 쿠키를 가져다둔

쪽의 서버에 보관된다. 귀중한 정보가 무심결에 경쟁자들 손에 넘어 갈 가능성이 있으므로, 쿠키 정보는 절대 개인에게 맡기지는 않는다. 쿠키라는 식별자를 간단히 생각하면, 방문자 등에 포스트잇(Post-it) 메모를 살짝 붙여서 그 사람이 다시 방문했을 때 알아볼 수 있도록 하는 것과 비슷한 용도로 이해할 수 있다.

우리가 인터넷 웹사이트를 돌아보거나, 링크를 클릭하거나, 기사 를 읽거나, 물건을 살 때면, 상대편에서 사방에 픽셀들을 가져다두었 기 때문에 우리를 알아본다. 그에 따라 각 사용자에 관해 좋아하고 싫어하는 것, 사는 곳, 무엇을 어디서 사는지, 여행을 하는지 안 하는 지, 어떤 병력(病歷)이 있는지, 어떤 책을 읽고, 어떤 영화를 보고, 무 엇을 먹는지 등 대단히 포괄적인 약력을 파악해두고 있다. 그러나 포 괄적인 정보를 파악하기는 해도 가장 중요한 세부 사항, 즉 그 사용자 가 실제 누구인지에 대한 정보는 없다. 쿠키를 활용하는 사람들은 해 당 사용자의 이름, 얼굴, 여타 신원 관련 정보는 없이 그저 특정한 컴 퓨터를 쓴다는 사실만 파악한 상태에서, 그 사용자 개인에 관한 세부 그림을 그릴 수 있다.

그렇다면 웹사이트들은 왜 그들 친구들이 방문자의 등에 포스트 잇 메모를 붙이도록 내버려두는지 궁금하지 않은가? 간단하게 설명 하면 득이 되기 때문이다. 가끔은 웹사이트들이 데이터를 취합하는 측으로부터 정보, 즉 방문자들에 대한 인적 사항과 개인적인 특징 등 유용한 통계자료를 제공받기도 한다. 그러나 그보다 더 중요하게는, 웹사이트들이 자신들의 사이트를 방문한 경력이 있는 사용자에게 추후에 광고를 내보내고 싶어 하기 때문이다. 제3자가 축적한 방대한 양의 귀중한 데이터를 활용하면 그 목표를 이룰 수 있다(물론 비용은 지불해야 한다).

광고 노출을 위한 인조지능 간의 경쟁

인터넷에서 자신의 뒤를 밟는 사람들이 누군지 궁금해할지 모르겠다. 그런 단체들 중에는 구글이나 야후처럼 누구나 다 아는 이름도 있고, 로켓퓨얼처럼 새로운 이름도 있다. 마크 토렌스의 추정에 따르면 로켓퓨얼은 미국 전역의 퍼스널 컴퓨터의 약 90퍼센트에 쿠키를 설치했다고 한다. 쿠키가 왜 그렇게 소중한지 알아보려면 우선 서로 다른 정보를 통합했을 때 얼마나 큰 위력이 생기는가를 이해해야 한다. 그 자체로는 쓸모없는 단순한 사실들이라도 결합할 경우에는 대단히 귀중한 정보가 되기도 한다. 그 정보로 특정 제품에 대한 선호도나 구매 가능성을 내비치는 '친화 집단'별로 사람들을 분류할 수 있기 때문이다.

예를 들어 인터넷에서 채식주의 음식 조리법을 찾아본 사람은 동네에 새로 생긴 요가 센터에 관심을 보일 가능성이 크다. 불특정다수를 대상으로 올린 골프 여행 광고를 누군가가 클릭할 가능성이 1만분의 1이라고 하면, 남성만을 대상으로 할 경우 1,000분의 1로, 마스터즈 골프 대회에 누가 우승했는지 찾아본 사람들을 대상으로 한다면 100분의 1로 줄어든다. 영화 〈트와일라잇Twilight〉 3부작을 모두 본 사람은 영화 사운드트랙을 사서 듣고 싶어 할 가능성이 있고, 또 그에 더해 영화 〈코스모폴리스Cosmopolis〉와 〈벨아미Bel-Ami〉까지 본 사람은, 세 영화 모두에서 주연을 맡았던 로버트 패틴슨(Robert Pattinson)의 인터뷰 기사가 실린 잡지를 구매할 가능성이 크다.

또 누군가가 최근에 어떤 웹사이트에 방문해서 특정 상품, 예를 들어 어떤 브랜드의 운동화를 봤지만 물건을 사지는 않았다면, 가까운 미래에 동일 상품에 대한 광고에 반응을 보일 가능성이 크다. 문제는 일단 그 사람이 해당 웹사이트를 벗어나면 그 운동화 제조사로서는 그와 다시 접촉할 기회가 없다는 점이다. 그렇기 때문에 그 사람 컴퓨터에 쿠키를 설치한 쪽이 관여할 여지가 생긴다. 그 사람이 다른 웹사이트, 예를 들어 저녁 식사 예약을 하는 인터넷 페이지에 갔을 때, 그가 바로 지난주에 특정 운동화를 보고 갔던 사람임을 알아보고, 관심을 보였던 그 상품을 떠올리게 하는 광고를 보여주는 것이다. '리타게팅(retargeting)'이라 불리는 이 과정은 오늘날 가장 중요하게 쓰이는 온라인 광고 기법이다.

로켓퓨얼 같은 기업들은 인터넷 사용자가 자사와 계약 맺은 광고주들 중에 특정 광고에 반응을 보일 가능성이 얼마나 되는가를 계산하는 복잡한 수학 모델을 구축했다. 그리고 통계적 측면에서 각 인터넷 사용자들이 광고주들에게 미치는 가치를 계산해두고 있다. 그래서 사용자가 웹페이지를 띄웠을 때 특정 광고를 노출시키려면 비용을 얼마나 내야 하는지 아는 것이다.

바로 그 대목에서 인조지능이 등장한다. 최신 정보를 받아들여 지속적으로 분석하는 일은 인간의 능력을 훨씬 뛰어 넘는 엄청나게 복잡한 과업이다. 그 일을 훌륭히 해내려면 믿기 힘들 만큼 엄청난 양의 데이터를 끊임없이 모으고 분석해야 한다. 그러나 막대한 계산 능력과 데이터 저장 능력을 갖춘 기계학습 시스템은 그 과정을 너끈히 감당한다. 정보의 바다를 지속적으로 샅샅이 훑고 다니면서 사금을 채취하듯 중요한 상관관계를 찾아내고, 어디에 있는 웹페이지가 되었든 상관없이 인터넷 사용자가 다른 페이지로 가면 기다리고 있다가 그쪽으로 홀쩍 따라간다.

문제는 사용자 컴퓨터에 쿠키를 설정해둔 여러 경쟁자들이 모두들 마찬가지로 움직이고 있다는 점이다. 이들은 각자 계약 맺은 광고주들을 대변하며, 하루 중 서로 다른 시간에, 서로 다른 브라우저로, 다른 페이지의 다른 부분에, 다른 광고를 노출시키는, 서로 다른 가치를 예측한다.

그러면 이번에는 시선을 돌려서, 웹사이트를 운영하면서 광고를 팔아 돈을 벌고자 하는 사람들 입장에서 생각해보자. 규모가 가장 크고 인기 있는 몇몇 웹사이트를 빼고는, 광고 공간을 개별 광고주에게 직접 판매하는 것은 너무 비현실적이다. 여러 광고주들을 대행하는 중개업자(로켓퓨얼 같은 인터넷 광고 기업)에 공간을 판매하는 것조차 골치 아픈 일이다. 그렇기 때문에 사용자가 띄운 웹페이지에 나타나는 광고를 가격 경매로 선정하는 복잡한 온라인 광고플랫폼(ad exchange)이 우후죽순으로 생겼다. 웹사이트 운영자는 그저 사용 가능한 광고 영역을 거래 시장에 내놓기만 하면 된다. 광고 중개인까지 합류하면, 이제 경쟁이 시작된다.

사용자가 새로운 페이지를 띄우면 해당 페이지는 정해진 크기의 광고를 요청하고, 그 정보는 광고플랫폼에 전송된다. 그러면 즉시 중개인들을 대상으로 입찰을 실시하고, 중개인들은 사용자들의 컴퓨터에 쿠키가 설치됐는지를 살핀다. 만일 그렇다면 사용자가 머물렀던 곳은 어디인지, 사용자가 그전에 무엇을 했는지를 고려해서 꼼꼼히 평가한 다음 광고에 얼마를 쓸지를 계산한다. 또 인터넷 사용자가 현재 어떤 웹사이트를 방문했는지, 보고 있는 페이지의 내용은 무엇인지, 사용자와 광고주 간에 거래가 형성될 가능성은 얼마나 되는지도 고려한다.

그러면 이제 상황이 복잡해진다. 중개인들은 광고 편성에는 관여하지 않고 오로지 쿠키 정보만을 제공하는 업체에 돈을 내고 인터넷 사용자에 관한 정보를 구입하기도 한다. 인터넷의 속도가 제아무리 빛과 같이 빠르다지만 입찰 과정을 여러 번 거치기는 힘들다. 그러므로 각 입찰자는 보유한 목록에서 광고를 선택한 다음 단일 희망 가격을 제시한다. 어떤 광고주의 메시지를 노출시킬 것인지도 광고 플랫폼에 미리 알려야 한다. 광고가 노출될 웹사이트들은 자신의 페이지에 아무 광고나 실리는 것을 원치 않기 때문이다. 예를 들어 아이들을 대상으로 하는 사이트라면 카지노 광고같이 어른을 상대로 한 광고를 거부할지 모른다. 설사 그 웹페이지를 보는 사람이 광고를 보고 물건을 살 가능성이 꽤 높다고 할지라도 말이다. 또 당뇨병 정보를 담은 사이트라면 사탕이나 초콜릿 광고는 피하고 싶어 할 것이다. 그리고 거의 모든 사이트들이 경쟁사들의 광고는 거부한다. 그런 모든 과정을 거친 뒤 광고플랫폼은 가장 높은 가격을 부른 입찰자에게 기회를 주지만, 비용은 두 번째로 높은 입찰가에 맞춰서 청구한다. 입찰 참여자들이 가능한 선에서 최고 가격을 부르도록 유도하기 위한 전략이다.

사람을 최초로 달에 쏘아 올리는 데 들었던 것보다 훨씬 복잡한 계산 능력을 쏟아부은 끝에, 이제는 웹사이트를 열 때마다 상황을 포착한 광고들이 등장한다. 그래서 만일 컴퓨터에 고양이 백혈병에 효험이 있는 특별한 비타민 광고가 뜬다면, 제일 먼저 '내가 최근에 고양이를 샀다는 걸 어떻게 알았지?'라는 생각이 들다가, 이내 '혹시 내 고양이가 백혈병에 걸린 건 아닐까?' 의심해보아야 할 정도다.

로켓퓨얼의 CEO 조지 존(George John)은 나와 최근 나눈 대화에서 지금껏 인간의 고유한 노력이라고 생각되었던 설득의 기술은 인간보다 인조지능이 더 뛰어나다는 역설적인 사실을 지적했다. 로켓퓨얼 웹사이트에 있는 고객들의 사용 후기를 보면, 직접 나섰을 때보다 로켓퓨얼이 광고 예산을 집행하니까 훨씬 효과가 좋았다는 내용이 상당히 많다.

여기서 아직 짚고 넘어가지 않은 중요한 부분이 한 가지 있다. 광고를 노출시키는 것이 광고주들에게 정말 가치가 있는지 광고 중개인들은 어떻게 알 수 있을까? 그에 관련해서 마찬가지로 정교한 시스템이 있어서, 노출된 광고에 인터넷 사용자들이 어떤 행동을 취하면 광고주들이 중개인에게 피드백을 주도록 되어 있다. 이때 사용자들의 행동이란 광고를 즉시 클릭하거나, 나중에 따로 광고주 사이트를 방문하는 것(이런 지연성 행동은 '들여다보기 속성[viewthrough attribution]'이라고 불린다) 등이다.

면담이 끝나갈 무렵 마크 토렌스는 상당히 흥미로운 이야기를 꺼냈다. 그는 인터넷 사용자가 그의 고객 기업(세계적인 피자 프랜차이즈)의 광고를 본 뒤 2주 내에 피자를 주문할 가능성을 어떻게 계산하는지를 설명하면서, 컴퓨터가 사람들의 행동을 상당히 정확하게 예측하고 영향을 줄 수 있다고 말했다. '히트 맵(heat map)'이라 불리는 복잡한 색깔로 구성된 차트에서 초록색으로 표시된 그룹을 선택하니, 9.125에서 11.345퍼센트 사이가 2주 이내에 고객사에서 피자를 주문할 것으로 나타났는데, 광고를 본 인터넷 사용자들이 평소에 피자를 즐겨 먹는지조차도 전혀 모르는 가운데 그런 추정치를 낸 것이다. 추후에 해당 피자 업체가 보고한 실제 주문률은 10.9퍼센트로, 거의 정확히 일치했다.

이 수고스런 과정에 참여하는 당사자들이 서로 우호적인 관계는 아니기 때문에, 온갖 속임수와 전략이 난무한다. 예를 들면 낙찰자는 2위 입찰자가 얼마를 제시했는지를 알기 때문에 경쟁자들이 얼마를 쓸 준비가 되었는지를 추정할 수 있다. 그래서 마치 프로 포커선수들이 일부러 져가면서 서로를 살피듯이, 입찰에 참여하는 사람들은 남들보다 한 수 앞서기 위해 복잡한 전략을 구사한다. 그리고 모든 입찰을 관리하는 광고플랫폼의 인조지능 역시 선한 행동과는 거리가 멀다. 각 입찰자의 전략을 살피고, 무르익은 기회를 이용해 자신의 이익을 높이거나 비슷한 입찰자들 간에 경쟁을 부추겨 가격을 올린다.

이렇게 많은 에너지가 소요되니 광고비가 아주 많이 들겠다고 생각하겠지만, 사실은 그 반대다. 인조지능들이 매 전투에 엄청난 공을 들이지만, 광고플랫폼을 통해 광고를 한 번 내보낼 권리가 적게는 0.00005달러 또는 5/10,000센트(광고계 용어로는, 노출 1,000회를 뜻하는 CPM이 5센트)밖에 안 될 경우도 있다. 그러나 판매량이 워낙 막대하다 보니 거둬들이는 이익 역시 막대하다.

친구 사이였던 세 명이 모여 2008년에 창업한 로켓퓨얼은 이 글을 쓰고 있는 현재 기업 가치가 20억 달러에 이른다. 눈치챘을지 모르지만 마크 토렌스와 CEO인 조지 존 모두 스탠퍼드에서 인공지능을 전공했다.

그렇다면 컴퓨터 프로그램들이 금융시스템과 소비자 행동에 영향을 끼칠 기회를 놓고 서로 겨루는 대혼란을 일으키는 근본적인 이유는 무엇일까? 인조지능들도 품위 있는 문명인들처럼 바르게 행동할 수는 없는 것일까?

그 답은 놀라울 정도로 간단하다. 이 시스템들은 부작용에 대해서는 전혀 고려할 필요 없이 오로지 단일 목표만을 성취하도록 설계되었기 때문이다. 뒤에서 다시 설명하겠지만 온라인에서 운영되는 이 새로운 대경연장에서 전투원들이 서로에게 자비를 베풀거나, 원하는 바를 얻어가면서 최소한의 비용보다 조금이라도 높은 비용을 내도록 유도할 장려책이 없다. 상대측에서는 마찬가지로 최대한 많은 이익을 뽑아내기 위해 가능한 최고 가격을 매긴다.

공정성에는 무지한 인조지능의 위험성

인조지능이 그간 인간 고유의 영역이라 여겨졌던 분야를 맹렬히 잠식하고 있는데, 이들은 보다 넓은 사회적 맥락에 관한 의식이 없기 때문에, 사회에서 혐오스럽게 받아들일 만한 행동을 일삼는다. 예를 들어 다른 누군가가 주차하려고 참을성 있게 기다리는데 먼저 가서 자리를 빼앗고, 태풍이 몰려온다는 소식에 마트에 있는 배터리를 싹쓸이해가고, 신호등 앞 보도에 마련된 경사로를 막아서서 휠체어를 탄 다른 사람이 못 지나가게 하는 것 등이다.

이런 시스템들의 능력이 유례없이 발전하고 자율성이 더 커지면서 잠재적인 위험 또한 엄청나게 높아지고 있다. 어떤 사람이 최신 다목직 로봇을 구입해서 로봇에게 세계 제1의 체스 선수가 되어 보라고 지시했다고 가정하자. 주인은 아마 그 로봇이 체스 챔피언들의 경기 방식을 공부하고, 다른 선수들과 경기를 벌이면서 훈련하고, 여러 대회에 참가할 것으로 기대할 터이다. 그러나 주인이 직접 지도하지 않으면 로봇은 그보다 더 믿을 만한 전략을 찾을지 모른다. 경쟁자들이 경기 참여를 포기하도록 선수 가족을 위협하고, 우수한 선수들을 경기장으로 태워오는 항공기가 도착하지 못하도록 막고, 우승이라는 목표에 방해가 될 만한 사람은 누구든 무력화시켜 버리는 식으로 말

이다.[4]

그렇다면 인공지능의 등장에 따른 잠재적인 위험을 막기 위해 우리가 취할 방법에는 무엇이 있을까? 보다 세심하게 접근해서 인조지능이나 컴퓨터로 제어되는 프로그램들이 우리를 대신해 행동하는 때와 장소를 명확히 통제할 필요가 있다. 특히 인간과 뒤섞일 때는 더욱 철저히 지켜야 한다.

구체적으로 한번 생각해보자. 우리는 공평한 경쟁의 장이 있으면 자원이 합리적으로 배분될 것으로 잠재적으로 추측한다. 티켓 예매처가 처음으로 온라인에 개설되자 콘서트 티켓을 예매하기가 훨씬 수월해졌다. 예전에는 콘서트 표를 사려면 근처 타워 레코드점을 찾아가서 그곳의 예약 시스템을 통해 구입해야 했다. 그리고 그보다 더 전에는 아예 콘서트장 앞에 줄을 서서 기다리다가 운이 좋아야만 표를 살 수 있었다. 그런데 티켓 예매소가 인터넷에 등장한 뒤로는 암표상들이 프로그램을 이용해 온라인 콘서트 티켓을 싹쓸이하기 시작했다. 문제를 해결할 규범적 토대가 없었기 때문에, 티켓 예매 센터에서는 캡차(CAPTCHA: 컴퓨터 사용자가 인간인지 컴퓨터 프로그램인지 구별하는 컴퓨터 테스트-옮긴이)라고 불리는 테스트를 도입하는 등의 기술적인 방법을 시도했지만 거의 효과가 없었다. 암표상들이 사람들(주로 제3세계 국가에 거주하는 사람들)을 대거 동원해서 그 테스트를 풀어냈기 때문이다.[5]

티켓을 살 때 다른 사람을 통해서 구매하는 행동 자체에는 아무런 문제가 없다. 내가 친구 대신 표를 살 수도 있고 다른 사람이 나 대신 티켓 값을 내기도 한다. 문제는 컴퓨터 프로그램들이 자원을 놓고 인간들과 경쟁할 때 불거진다. 컴퓨터 프로그램들은 대개 공정성이라는 인간의 직관을 지키지 않는다. 그래서 인간과 컴퓨터의 체스 대회가 각각 따로 열리는 것이다. 인간과 프로그램이 증권 거래에 함께 참여하면 문제가 발생하는 것도 바로 그 때문이다. 그렇다고 이제 와서 상황을 되돌리려면 상당히 힘들겠지만 말이다.

줄을 서서 기다리는 문화는 공평성을 유지하는 대단히 훌륭한 장치다. 모두가 각자의 시간을 쓰면서 기다림의 대가를 배운다. 그래서 국회 청문회에서 로비스트들이 사람을 고용해 대신 줄을 세워서 다른 평범한 시민들이 참여할 권리를 빼앗는 행동이 잘못된 것처럼 느껴지는 것이다. 줄을 서서 기다리게 되면 가난한 사람들보다 부유한 사람들이 더 비싼 값을 치르게 된다고 주장하는 사람들도 있지만, 그런 생각은 핵심에서 벗어난 주장이다. 이 세상에는 사람들이 경제적으로 대체하기를 원하지 않는 가치들이 있다. 대부분의 문명사회에서 투표권이나 신장과 같은 장기를 매매하는 행위를 불법으로 규정하는 것도 바로 그 때문이다.

적절히 일반화시킨다면, 그와 동일한 원리를 줄서기뿐 아니라 전자대리인(electronic agents)이 인간과 경쟁하는 모든 환경에 적용할 수 있다. 참가자들이 능력, 지불하는 비용, 자원 접근성 등에서 차이가 나는가? 경우와 상황에 따라 조금씩 다른 답이 나오겠지만, 어찌되었든 기본 개념은 명확하다. 예를 들면 내가 주차 위반 벌금을 피하려고 개인 로봇을 보내서 차를 두 시간마다 이동 주차하도록 시키거나,

자율주행차에게 스스로 주차 위치를 이동하도록 지시했다고 가정하자. 내가 직접 차를 다시 주차하는 데 드는 비용과 로봇이나 자동운전차를 이용해 이동 주차 하는 비용이 동등하다고 판단할 수 있겠는가? 이동 주차 하기 위해 내가 로봇을 보낼 때 드는 비용과 사람을 보낼 때 드는 비용이 비슷하다면 어떻게 보아야 하겠는가?

광고 노출 권리를 놓고 경쟁하는 싸움은 증권 거래에 초단타매매 프로그램을 사용하는 것보다는 훨씬 공정하다고 생각한다. 광고의 경우 사람들은 직접 편성에 관여하지 않아서(물론 인터넷 발달 초기에는 참여했지만), 모든 입찰자들이 대등한 지위에 서기 때문이다.

인간의 생물학적 인습은 때로는 우리에게 불리하게 작용하기도 한다. 사장님 개인 로봇이 차를 이동 주차하는 것은 눈으로 보고 쉽게 알 수 있다. 그러나 국립 휴양림 인터넷 예약이 개시되자마자 얼른 가서 예약을 하려고 웹사이트를 여는 순간, 누군가가 만든 영리한 컴퓨터 프로그램이 이미 야영지를 모조리 예약해버렸다면? 이런 상황은 알아채기조차 어렵다. 이런 생각과 개념을 대중들의 토론의 장으로 가져가서, 인간의 공정성을 온라인 영역으로 확대시킬 방안을 마련해야 한다. 현재 그곳은 온갖 속임수가 판치는 끝없는 어둠으로 둘러싸인 야성 그대로의 영역이다.

그런데 인조지능을 인간의 대리인으로 활용하려면 그보다 훨씬 미묘한 문제들을 해결해야 할 것이다.

경관,
저 로봇을
체포하시오

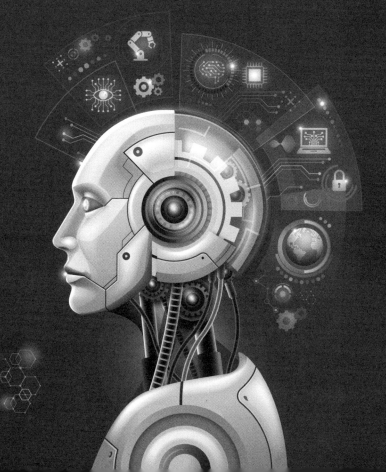

HUMANS
NEED NOT
APPLY

중세시대에는 동물들도 범죄자로 분류되어 형사 재판을 받았다. 실제로 닭, 쥐, 들쥐, 벌, 각다귀, 돼지 등이 기소된 사건이 문서로 남아 있다.[1] 그 시대 사람들은 요즘과는 달리, 동물들이 옳고 그름을 분별하고 그에 따라 행동할 수 있다고 생각했다. 동물들에게 도덕적 행위력(moral agency)이 있다고 믿었던 것이다.

우리는 통상 다음 두 가지가 가능해야 도덕적 행위자가 될 수 있다고 본다. 도덕적 행위자는 자신의 행위가 도덕적으로 적절한 결과에 이를 것임을 인식할 수 있고, 적절한 행동 방식을 선택할 능력이 있어야 한다.

흥미롭게도 두 조건 모두 옳고 그름을 분별하는 주관적이고 선천적인 감각에는 전혀 의존하지 않는다. 그저 행위자들이 일반적인 도덕적인 기준에 맞춰 각자의 행동을 통제하고 행동의 결과를 평가할 수 있으면 된다고 설명한다. 그래서 개인적인 생각에서 나온 기준인지, 그 기준의 근본이 되는 이론을 이해하는지, 그 이론에 동의하는지, 정의와 죄악의 차이를 느끼는지는 전혀 문제가 되지 않는다.

폭력성을 동반한 성격 장애인 사이코패스에 대해 생각해보자. 사이코패스는 자기 행동에 대해 연민이나 회한을 느낄 능력이 없다. 그러나 사이코패스는 대부분 상당히 지적이며, 도덕적인 사상을 분명히 이해할 수 있고, 그에 맞게 자신의 행동을 통제할 능력이 있다. 그저 도덕적인 문제에 감정적인 반응을 느끼지 못할 뿐이다. 심리학자들은 전체 미국인들 중 약 1퍼센트가 사이코패스일 것으로 추정한다.[2] 그러나 닥치는 대로 범죄를 저지르고 다니는 사람이 실제로 백 명에 한 명 꼴로 나타나지는 않는다. 사이코패스들은 마음속으로는 도덕적 가치를 무시할지 모르지만 그렇더라도 사회에서 어떻게 행동해야 하는지를 이해하고, 대부분은 무리 없이 받아들이고 남들과 잘 어울리며 살아간다.

요즘 사람들은 동물들도 범죄를 저지를 수 있다는 중세의 사고방식에 코웃음을 치지만, 그렇다고 현대적으로 해석한 도덕적 행위자가 반드시 인간에 국한되는 것도 아니다.

2010년 멕시코만에 있는 석유 시추 시설 딥워터 호라이즌 (Deepwater Horizon)이 폭발해서 수중에 원유가 유출되는 사건이 발생했다. 직원 11명이 목숨을 잃고, 대량의 원유가 바닷가를 오염시켰다. 연방 정부는 시추 시설 소유주인 정유회사 BP(영국 국영 석유회사)

에 민사상 책임에 더해 형사적인 책임까지 물었다. 회사는 40억 달러에 형사상 합의를 보았다. 또 엄청난 민사 처벌과 벌금이 더해졌다.

BP에 대한 형사 사건을 통해, 도덕적 행위력이 지각 있는 존재들만의 전유물은 아님을 알 수 있다. 현재 법제 체계는 기업에게 도덕적 행위력이 있으며, 형사상 책임을 물을 수 있다고 본다. 즉 BP에게는 사건이 생기지 않도록 더 철저히 조사하고 제대로 처리할 능력이 있었음에도 그렇게 하지 못했다고 보는 것이다. 회사는 직원들과는 별개의 독립 주체로서 이 같은 사건을 방지하기 위해 사전에 충분한 조치를 취할 의무가 있었다.

이렇게 현대 법 이론은 사람과 기업 모두 도덕적 행위자가 될 수 있으므로 양자 모두 법적 책임을 져야 한다고 여긴다. 그렇다면 인조지능은 어떨까? 인조지능 역시 도덕적 책임의 요건을 충족할 수 있을까?

도덕을 지키는 인조지능은 가능한가?

인조지능 역시 도덕적 행위자가 될 수 있다. 주어진 환경에서 도덕적으로 적절한 측면을 감지할 능력이 충분하고 행동에 대한 선택권이 있으므로 도덕적 행위자로서의 자격이 충분하다. 이런 컴퓨터 시스템들은 꼭 그렇게 사람과 거의 비슷할 정도로 대단히 정교해야 하는 것은 아니다. 잔디를 깎는 로봇은 아마 앞에 놓인 장애물이 나뭇

가지인지 어린아이의 다리인지 감지할 수 있고, 멈출지, 계속 진행할지 선택할 수도 있다. 여기서 중요한 문제는, 로봇이 언제는 멈추고 언제는 진행할지를 어떻게 '알겠느냐'는 것이다. 우리는 선험적으로, 인간이 어떤 형태로든 지시하거나 유도하지 않았는데 로봇이 좋은 결정을 내릴 리는 없다고 짐작한다.

이 문제는 이론적인 사안이 아니다. 자율주행차 프로그램 구현을 놓고 이미 활발한 지적 논쟁이 비밀리에 진행되고 있다. 자율주행차처럼 사실상 실현될 것이 분명한 제품이라면 우리가 아무리 피하려고 노력하더라도 윤리적인 문제나 사건이 쉽게 제기되기 마련이다. 자율주행차가 차에 탄 사람의 목숨을 구하기 위해 길가의 개를 치고 지나갈 수도 있다. 그런 경우에는 우리가 비교적 명료하게 선택이 가능하다. 그러나 나이 든 부부와 한 무리의 아이들 중에 한쪽을 덮쳐야 한다면 어떻겠는가? 앞자리에 앉은 아이와 뒷자리에 앉은 아이 중 한 명을 죽음으로 몰고 가야 하는 소피의 선택(Sophie's Choice)에 처한다면 어떤 결정을 내려야 할 것인가? 생각하기조차 괴로워서 그런 질문을 회피하는 사람도 있겠지만, 회피하는 것 자체가 비도덕적인 행동일지 모른다.

그래서 우리는 이를 악물고 도덕규범을 프로그램할 것이다. 공학적인 문제처럼 느껴질지 모르지만 그렇게 단순하지만은 않다. 이 주제에 상당한 관심이 쏠려 있지만, 아직은 전문가들이 도덕규범의 내용과 형식에 관해 적절한 의견의 일치에 이르지 못했다. 지난 수백 년에 걸쳐 철학자들이 상당히 방대한 도덕 이론을 발전시켰는데, 어떤 이론이 최선이며 실행 가능한지에 관한 논쟁은 오늘날까지도 좀처럼 수그러들지 않고 진행 중이다.

이 난해한 문제에 어느 정도 의견의 일치를 보더라도 그 결정이 현실이 되고 프로그램으로 시행된다는 보장은 없다. '컴퓨터 윤리'라는 신생 연구 분야에서는 '인공 도덕적 행위자'를 창조하는 것을 목표로, '하향식' 접근법을 활용한다. 즉 선험적인 도덕 원칙을 선택해 도입하고, 원칙(의무를 기초로 하는 규범적인 윤리)을 존중하는 시스템을 구축한다. 그와 달리 '상향식' 접근법을 따르는 사람들은 기계학습 알고리즘에 관련 사례를 최대한 많이 입력하는 방식을 주로 활용한다. 그러나 이 접근법은, 인간의 경우에서와 마찬가지로, 기계들이 사회적으로 용인되는 도덕 원칙을 익히고 실행하리라고 보증할 수 없을뿐더러 그 원칙들을 분명히 표현하기는 더더욱 힘들다는 중대한 약점이 있다. 그 밖에는 '사례 기반 추론' 연구법이 있는데 이는 알려진 사례들 중 가장 비슷한 사례들을 참조해서 도덕적인 문제를 해결하는 방식이다. 이 신생 연구법 역시 한계에 맞닥뜨려 있다. 인간은 본능적으로 상처를 받으면 그 상처를 남에게 전가하지 않아야 옳다고 생각하는데, 그런 인간의 도덕관은 동정과 연민을 느끼는 인간의 능력에 상당 부분 뿌리내린 것으로 판단되기 때문이다. 그런 관념을 기계가 터득하기는 아마도 불가능할 것이다. 그러므로 전반적인 연구 흐름을 고려하면, 인공지능 기기에 도덕규범을 프로그램할 커리큘럼이 개발되기까지는 아직 갈 길이 멀다.[3]

대리 로봇이 문제를 일으킨다면

기계의 도덕적 행위력에 관한 쟁점 외에도, 잘못된 결정을 내렸을 때 누구에게 책임이 돌아가는가의 문제 역시 중요하다. 그에 대한 답을 구하려면 '본인'과 '대리인' 사이의 관계 뒤에 놓인 법적인 이론을 이해해야 한다. 더 자세히 알아보기 위해 앞서 예로 들었던 BP 사건으로 되돌아가보자.

직원이 아니라 어떻게 기업이 범법 행위를 저지를 수 있는지 의아해할지 모르겠다. 딥워터 호라이즌에서 11명이 사망했지만, 그렇다고 어떤 특정 개인이 태만했다거나 범법 활동에 개입한 것은 아니다. 오히려 모든 직원들은 그저 맡은 바 의무를 다했을 뿐이며, 그 어떤 직무도 11명을 사망에 이르도록 만들지는 않았다.

직원들은 회사가 죄를 짓는 데 활용한 '수단'이었다. 같은 이치로, 누군가가 은행을 털었다면 그 사람의 발은 그저 은행으로 걸어 들어가기 위한 수단이다. 그 발에는 물론 법적인 책임이 없다. 그러나 은행까지 그 사람을 데려간 다리처럼 무엇인가를 완수하는 데 쓰인 단순한 수단과, 잠재적인 위험을 발견하거나 바로잡는 데 실패한 딥워터 호라이즌 관리자들 사이에는 큰 차이가 있다. 관리자들은 기업의 '대리인'으로 간주되며, 그래서 어쩌면 일부 책임을 짊어져야 할지도 모른다.

대리인이란 상호 협의하에, 본인을 대신해 행동할 권한을 위임받은 독립 개체다. 아까 예에서 그 사람의 다리는 독립적인 개체도, 그 사람을 대신하도록 상호 협정을 맺을 입장도 아니다. 그와 대조적으로 BP 직원들은 다 아는 상태에서 BP를 대변해 행동하는 독립적인 개체다.

대리인이 누군가를 대신해서 나설 때는, 당사자 본인의 계획대로 이행하고 본인의 이익을 보호할 '수탁(受託) 책임'을 진다. 다만 그 책임은 정해진 범위에 한정된다. 대리인이 상황을 인식한 상태에서 본인을 대신해서 범죄를 저질렀다면, 그 대리인은 책임에서 벗어나기 힘들다. 예를 들어 내가 누군가를 고용해서 살인을 지시하면, 내가 고용한 그 사람에게도 살인죄의 책임이 일부 돌아간다. 법에 위배되는 음모라는 사실을 알고도 가담했다고 보기 때문이다.

그러나 범죄 행위라는 사실을 인식하지 못한 채 일에 가담한 대리인은 어떨까? "이봐, 여기 이 버튼을 눌러"라는 내 말에 누군가가 버튼을 눌렀더니 관중이 꽉 들어찬 슈퍼볼 경기장에서 폭탄이 터졌다고 상상해보자. 그 사람이 대리인 역할을 하기는 했지만 전후 사정을 제대로 인식하지 못한 상태였으므로 그에게 죄의 책임을 묻기는 어렵다.

자, 그러면 이번에는 반대로, 대리인이 본인 모르게 범죄를 저지른 경우를 생각해보자. 내가 은행에 가서 100달러만 찾아다 달라고 누군가에게 말했는데, 그 사람이 총을 들고 은행에 들어가 직원을 위협해 돈을 갈취해서 내게 건넸다고 하자. 이때 은행 강도 행위에 대한 책임이 내게도 있을까? 이런 경우는 대개 본인에게 책임을 묻기 어렵다(이해를 돕기 위해 일부러 최대한 단순한 예를 들었다. 결백하다고 추정되는 쪽이 범죄로 득을 얻었다면 알지 못한 상태였더라도 공동 책임을 져야 할 수도 있기 때문에 문제가 복잡해진다).

본인과 대리인의 관계에서 책임 소재가 불분명할 때 양자 간에 책임을 어떻게 할당해야 하는가에 대한 법적인 원칙과 판례들은 오래전부터 있었다.

BP 사건의 경우 정부는 직원 각자의 행동은 범법 행위로 볼 수 없지만 이 행동들 전체를 놓고 보면 범죄 행위에 해당한다고 결론지었다. 그래서 광범위한 책임을 져야 할 주범으로 BP를 기소했다.

이처럼 현대 법 이론은 인간과 기업 모두 본인과 대리인이 될 수 있으며 각각에 죄를 물을 수 있다고 받아들인다. 지능적인 기계는 어떨까? 인조지능이 우리를 대신해서 행동할 때 그 책임은 누가 져야 할까? 대부분은 주인인 사람이 책임을 져야 마땅하다고 생각하고, 실제로 대체로 그렇게 받아들여진다. 하지만 타당하지 못한 측면도 있으므로, 앞으로 정당한 이유가 생기면 변경될 가능성도 크다.

다음과 같은 시나리오를 생각해보자. 누군가가 개인용 홈 로봇을 샀다고 하자. 그 로봇은 10층짜리 아파트에서 혼자 엘리베이터를 타고 내려와 찻길을 건너서, 길 건너 커피숍에 가서 아이스커피를 사올 수 있다(사실 완전히 공상과학 영화 같은 이야기는 아니다. 그와 비슷한 로봇을 스탠퍼드대학교에서 최근 시연한 적이 있다).[4] 그 로봇은 일반적인 행동 원칙을 인식하고 있음은 물론이고, 생활하면서 마주치는 사람들의 행동을 지켜보면서 대처 능력과 사회성을 연마한다. 뉴욕에서는 여성과 악수를 나누는 것이 자연스럽지만, 이란에서는 친척이 아닌 이상

여성들과 악수를 나눌 수 없는 것처럼 문화와 관습은 장소와 상황에 따라 차이가 나기 때문에 지속적인 배움과 행동 수정이 필수일 터이다. 아무튼 그 로봇은 최근에 흔치 않은 광경을 목격하게 된다. 어떤 의로운 사람이 소매치기를 붙잡았는데, 경찰이 올 때까지 소매치기를 붙잡아두고 있으면서 행인들에게서 둘러싸여 감탄과 존경을 한몸에 받고 있는 상황이었다.

그로부터 얼마 뒤 커피를 사러 가는 길에 그 로봇은 한 남자가 어떤 여자와 티격태격하다가 여자가 싫다는 뜻을 분명히 내비치는데도 억지로 여자 가방을 가로채는 광경을 목격한다. 로봇은 프로그램된 내용과 지난번 길에서 본 경험으로 미루어 보아 범죄가 발생했다고 추정하고, 그 남자를 힘으로 제압해 붙들어놓고 경찰에 전화를 걸었다.

경찰이 도착하자, 그 남자는 누가 운전할지를 놓고 부인과 옥신각신하며 서로 자동차 열쇠를 빼앗으려 했던 것이라고 말했다. 그의 부인도 그 말이 사실이라고 했다. 기분이 상한 부부는 로봇을 차갑게 쏘아봤다. 그 불운한 로봇은, 자기는 그저 커피를 사러 가던 중에 좋은 의도로 돕고자 했던 것이라고 열심히 설명했다. 그러나 화가 머리 끝까지 난 부부는 경찰에게 로봇 주인을 폭행 혐의로 체포하라고 강력히 고집했다.

이 사건이 법정으로 간다면 피고 측 변호사는 당연히, 로봇 주인이 아니라 로봇이 저지른 일이라고 주장할 것이다. 주인은 이 로봇의 설계와 기능을 신뢰했기 때문에 구입했고 의도된 목적에 맞게 활용했으니, 이 로봇을 판매한 회사가 사건의 책임을 맡아야 한다고 주장할 것이다.

그러면 로봇 제작사에서도 회사 변호사를 내세워, 제품 안정성 측면에서 모든 조건을 충족했으며 상당한 주의와 관심을 기울여왔다고 주장할 것이다. 로봇이 지금까지 수백만 시간 동안 실생활에서 활용되어오면서 문제가 되었던 때는 이번이 처음이라면서 말이다. 로봇 제작사 입장에서는 이번 사건을 자율주행차가 운행 중 싱크홀에 빠지는 사건에 빗댈 만한, 예기치 못한 희한한 일이 벌어진 유감스런 사건으로 볼 터이다.

책임 공방에 당황한 판사는 과거의 판례를 찾아본다. 그리고 남북전쟁이 일어나기 전인 17세기에서 18세기 사이에 있었던 '노예규약'에 그와 비슷한 사례가 있었음을 발견한다.[5] 당시 형성된 몇 개의 주와 관할구역에서는 노예의 법적 신분과 처우, 책임을 규정하는 일련의 법이 있었다. 그 법규는 상당히 불공평해서 노예들이 주인들에게 요구할 수 있는 권리와 보호 수단은 상당히 제한적이었다. 지금은 남부 노예들도 의식이 있는 인간이며, 다른 이들과 마찬가지로 기본 인권을 보장받아야 마땅하다고 여기지만, 당시 사람들의 경우에는 모두가 그런 생각에 동의했던 것은 아님을 염두에 두어야 한다.[6] 어찌 되었건 당시 노예규약은 노예가 죄를 저지를 경우 주인이 아니라 노예들에게 죄의 책임이 있고, 노예들이 처벌받아야 한다고 규정했다.

과거 사례를 확인한 판사는 노예와 로봇의 신분에 상당한 유사성이 있다고 판단한다. 양쪽 다 법적인 '재산'이면서 스스로 독립적인 결정을 내릴 능력이 있기 때문이다. 그래서 판사는 이 사건에 대한 판결로, 로봇 메모리에서 지갑을 낚아채는 사건 경험을 삭제하고, 배상으로 피해자에게 향후 12개월 동안 로봇의 소유권을 양도하라고 결정한다.[7]

피해자는 만족스런 판결로 받아들이고, 앞으로 1년간 무료로 충실한 로봇을 부리게 된 데 기뻐한다. 로봇 주인은 로봇의 소유권을 한동안 피해자에게 넘겨주어야 하고 돌려받은 이후에도 로봇을 재교육해야 해서 속이 상하지만, 감옥에 가는 것보다는 훨씬 낫다고 생각한다.

이렇게 해서 새로운 영역의 판례와 법체계가 만들어진다.

요컨대, BP의 딥워터 호라이즌 사건을 통해 알 수 있듯, 현재 법체계에서는 도덕적 행위자가 반드시 인간이어야 할 필요는 없다. 그저 해당 주체가 행동에 따른 도덕적 결과를 인식하고 독립적으로 행동할 수만 있으면 된다. 인조지능들은 보통 기계학습 프로그램을 내장하고 있어서 교육 내용에 나온 예를 기초로 고유한 내적 상상을 발전시킨다. 내가 이렇게 장황한 용어를 대며 설명하는 이유는 의인화한 언어로 설명하는 데 따른 위험을 피하기 위해서이기도 하지만, 이런 개념을 달리 설명할 용어가 아직 자리 잡지 않았기 때문이기도 하다. 그런 걱정이 없었으면 인조지능은 각자 경험을 기초로 생각하고 행동한다고 간단히 설명했을 터이다. 로봇이 소매치기인 줄 착각하고 길에서 사람을 덮쳤던 예에서 명확히 드러나듯 말이다. 그 로봇은 의도하지 않았지만 어쩌다보니 잘못을 저질렀다. 법적인 대리인으로서 행동했다고 볼 수도 있지만, 로봇 주인은 로봇이 하는 행동에 대해 몰랐으므로 책임이 없다. 대신 죄의 책임은 로봇에게 있다.

인조지능 처벌하기

　다만 한 가지 문제가 있다. 인조지능이 범죄를 저지를 수 있다고 인정한다면, 대체 어떤 방법으로 인조지능을 처벌할 것인가? 위의 예에서 판사는 로봇 주인에게 상당한 처벌을 내리고 희생자에게 배상을 했지만, 로봇에게는 실질적인 처벌을 내리지 않았다.

　이해를 돕기 위해 회사들은 법적으로 어떤 처분을 받는지 한번 생각해보자. 물론 사람을 처벌하는 것과 똑같은 방식으로 기업을 처벌할 수는 없다. 회사에게 10년 징역형을 내릴 수도 없고 투표권을 박탈할 수도 없다. 19세기 초 영국 대법관이었던 에드워드 설로(Edward Thurlow)는 "저주받을 영혼도 없고, 뭇매 맞을 몸도 없는 회사에게 대체 무슨 의식이 있겠는가?"라고 말하기도 했다.[8]

　그렇지만 인간, 기업, 인조지능 사이에 공통점이 한 가지 있는데, 바로 특정한 목적이나 목표가 있다는 점이다. 적어도 범죄와 관련된 내용을 위주로 생각하자면 말이다. 인간의 경우 물질적인 소유를 위해서, 사랑을 쟁취하기 위해서, 또는 역설적으로 들릴지 모르지만 감옥에 안 가기 위해서 등 다양한 이유에서 범죄를 저지른다. 그리고 죄에 따른 처벌 또한 그 목표와 연관성이 있다. 가해자의 삶을 박탈하기도 하고(사형), 자유를 박탈하는 경우도 있고(투옥), 때로는 행복을 추구할 권리를 빼앗는다(금지명령 등).

　기업이 죄를 범했을 경우에는 철창에 가두는 대신 벌금을 징수한다. 기업은 영리 추구를 목적으로 하기 때문에 벌금 부과는 나쁜 행동을 억지하는 중요한 수단이 된다. 그 외에도 계약을 무효화하거나, 시장에서 배제시키거나, 독점 금지 소송에서처럼 외부의 감독을 받도록 명령하기도 한다. 또 극단적인 경우 생명을 박탈할(즉 폐업시킬) 수도 있다.

그러고 보면 우리는 가해자들이 모두 동일한 처벌을 받아야 하는 건 아니라는 사실을 이미 아는 셈이다. 처벌 양식은 범죄의 종류는 물론이고 범죄자 유형에 따라서도 달라진다. 인조지능에 대한 처벌은 목표 수행 능력에 지장을 주는 방식이어야 한다. 그러면 인간을 처벌할 때와 같은 감정적인 힘이 효력을 발휘하지 못하더라도 범죄 억지와 갱생이라는 법률 제도의 중요한 목표는 어찌되었든 달성할 수 있다. 목표를 추구하도록 제대로 프로그램된 인조지능이라면, 난관에 부딪칠 경우 목표 달성에 지장을 주는 행동을 수정해 나갈 것이 분명하다. 그것도 일상적인 실수를 처리하는 것만큼이나 간단하게 받아들일지도 모른다.

대부분의 대량 생산 가공품은 찍어낸 듯 동일하지만, 인조지능은 모두 똑같지는 않다. 일란성 쌍둥이라고 완벽히 똑같은 것은 아니듯 말이다. 앞선 예에서 폭행죄에 휘말렸던 로봇처럼, 인조지능은 각자만의 독특한 경험을 통해 배우고 나름의 결론을 도출한다.

요즘 시대에 어울릴 만한 예를 하나 들어보겠다. 기계학습 알고리즘을 활용한 신용카드사기 탐지 프로그램에 대해 생각해보자. 이런 프로그램이 무심코 차별방지법을 위배하는 사례가 발생할 수도 있다. 카드 소지자가 어떤 인종인지를 계산에 넣거나, 인종과 밀접한 관련이 있는 다른 변수를 독자적으로 찾는 등의 방식으로 말이다. 그럴 경우 문제가 된 내용을 숨아내기 위해 내장된 메모리를 일일이 뒤지는 것은 비현실적이므로, 적절한 처벌은 아무래도 데이터베이스를 완전히 삭제하는 방법으로 보아야 하겠다.

솜방망이 처벌로 보일지 모르지만 사실은 그렇지 않다. 프로그램 소유주나 은행으로서는 여러 해에 걸쳐 수집한 실시간 거래 정보를 기초로 프로그램의 기능을 조절하기 때문에, 데이터베이스가 완전히 삭제되면 상당한 경제적 손실을 떠안게 된다. 데이터를 모두 날리는 사태를 면하기 위해 프로그램 소유주들이 기를 쓰고 노력할 것이 분명하다.

그러나 프로그램 데이터 강제 삭제가 유일한 방법은 아니다. 실행 권한을 취소하는 방법도 있다. 실제로 인조지능 사용 허가와 인조지능 각자의 행동에 대한 책임 부과는 서로 연관된 문제다.

예를 들어 정부나 보험 회사는 현재와 마찬가지로 미래에도 모든 신규 차량 모델을 검토하고 승인하게 될 것이다. 의료 장비로 구분되는 의료 기기 가동 컴퓨터 프로그램 역시 마찬가지다. 그래서 미래에는 관련 당국에서 자율주행 택시의 영업면허를 취소하고, 법률자문 프로그램에게 변호사 자격시험을 다시 치르도록 명령하고, 자동 거래 프로그램의 신용 거래 허가증을 철회하는 등의 방법으로 인공지능을 처벌할 수 있을 것이다.

그래서 인지하고, 행동하고, 결정을 내리는 다른 존재들과 마찬가지로 인공지능들에게도 권한이 주어지고(예를 들면 '면허증' 형태로), 그에 따른 책임이 부과될 것이다(남의 재산에 손해를 끼치지 않도록 하는 등의 조항으로). 그 법적 토대는 미국 수정헌법 제14조에 명시된 '인격(personhood)' 조항이다.

기업을 인격적 존재로 해석하는 법적 원칙은 이미 현대 사회에 확고히 자리를 잡았다. 그럼에도 밤늦게 방송되는 시사 코미디 프로그램에서는 그런 내용을 종종 웃음거리로 삼는다. 특히 미국 수정헌법 제1조인 언론의 자유 조항이 기업에도 해당한다는 2010년 대법원 판결 이후 그런 일이 잦았다. 그러나 코미디언들이 둘러대는 말처럼 판사들이 정말로 어리석은 생각에서 기업과 인간을 동일하게 보는 것은 물론 아니다. 그저 기업에게 정해진 권리와 책임이 있다는 의미이며, 그 내용을 법적으로 표현한 것이 바로 인격이라는 용어다.[9]

법인처럼 돈을 버는 인조지능

기업과 인조지능이 워낙 기능적으로 유사하기 때문에, 앞으로 법원은 로봇 폭행사건 같은 판례들을 참조하는 과정에서 인조지능을 '법인(法人)'으로 규정할 공산이 크다. 그와 관련한 권리와 책임은 차츰 발전해 나갈 텐데, 그중 계약이나 재산 문제에 관여할 권리가 가장 중요히 다루어질 것이다. 현재에도 주식을 거래하거나 인터넷으로 물건을 구매할 때 이미 컴퓨터 시스템들이 계약에 관여하도록 허용하고 있다. 시스템의 소유권자들은 그저 계약의 법적인 주체일 뿐이다.

인조지능이 일단 법인으로 규정되면, 인조지능의 재산 소유를 허용하라는 압력이 높아질 것이다. 법인 소유의 재산은 법인 소유주와는 무관하게 재산을 몰수하거나 벌금을 물릴 수 있기 때문이다. 로봇 폭행 사건의 예에서는 로봇이 소유한 재산이 노동력밖에는 없었으므로 피해자 밑에서 1년간 봉사하라는 판결이 내려졌다. 로봇에게 벌금을 물릴 수 없는 상황이니, 판사는 주인에게 벌금을 내게 하는 것보다는 그편이 낫다고 판단한 것이다. 하지만 로봇에게 은행 계좌가 있다면 직접 벌금을 부과할 수 있었을 터이다.

인조지능 소유주들로서는, 인조지능에 계약권과 재산권을 부여하면 자기 개인 재산을 법적 책임으로부터 보호하는 부수적인 효과가 생기기 때문에 환영할 것이다. 실제로 오늘날 법인을 설립하는 가장 일반적인 동기가 바로 그런 효과 때문이다.

미래의 여러 가능성 중 하나에 불과한 공상이라고 생각할지 모르겠지만 실은 전혀 그렇지 않다. 변호사나 의사들이 '전문직 법인' 형태로 유한책임회사(LLC)를 설립하는 것처럼 오늘날 인조지능 각자를 고유 법인으로 구성해 그 영향을 실험해볼 수 있기 때문에, 그런 예측은 머지않아 현실로 나타날 가능성이 크다. 내가 만일 자율주행 택시를 여러 대 소유하고 운영하고 있다면, 택시들을 각자 개별 자산을 소유한 법인으로 등록할 것을 진지하게 고려하겠다. 단 한 번의 큰 실수로 회사 전체가 도산하기를 바라지는 않으니 말이다. 일단 그렇게 해놓고 난 뒤에는, 부하들이 여기저기 돌아다니며 헌신적으로 돈을 긁어모으도록 내버려 두었다가, 나중에 벌집에서 꿀을 채취하듯 거뒤들일 것이다.

그리고 보니 지능이 있는 기계들을 행위자로 보아야 하는가에 대한 근본적인 문제로 돌아왔다. 그런 기계들은 주어진 목표를 향해 가차 없이 덤벼들고, 인간의 능력을 능가하며, 인간의 통제에 있는 듯 보이는 것은 오직 명목에 불과할지 모른다. 그런 문제가 해결되려면 인조지능을 인간 사회의 생산적인 동반자로 받아들일 윤리적이고 법적인 토대가 개발되어야 한다. 인조지능 기술로 우리 삶이 풍요로워지고, 한층 발전하고, 여가 시간이 늘어나면서, 우리는 부정하기 힘든 이 모든 매력적인 혜택에 온 시선을 빼앗겨 불편한 진실은 정작 못보고 지나갈지 모른다. 인조지능과 인조노동자들이 앞으로 독립 개체로서 돌아다니며, 다른 사람이나 사회 전반에 미치는 영향에는 신경 쓰지 않은 채 그저 각자의 주인을 대신해 일을 하고 돈을 벌 것이다. 그러면서 초단타매매 주식 거래 프로그램의 예에서 살펴보았듯, 그들이 취하는 엄청난 부는 소수의 운 좋은 사람들에게 돌아갈 공산이 크다.

짐작했을지 모르지만, 이와 같은 시나리오는 이미 시작되었다. 초인간적이며 전지적인 시스템이 개인과 집단의 행동을 관찰하고, 우리가 구입하고, 듣고, 보고, 읽는 활동에 영향을 미치고 있다. 그에 따른 수익은 어딘가로 따로 모인다. 예를 찾아보려고 멀리 돌아볼 필요도 없다. 인터넷 서점 아마존에서는 계산하려고 대기할 필요가 전혀 없다.

무료배송의
천국

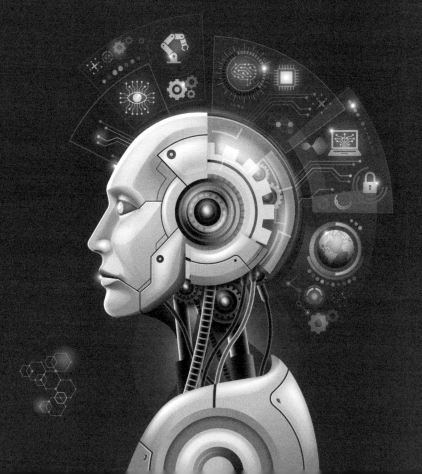

HUMANS
NEED NOT
APPLY

1996년 벤처캐피털 KPCB(Kleiner, Perkins, Caufield and Byers)에서 주최한 CEO 모임에서 나는 제프 베조스(Jeff Bezos)를 처음 만났다. 다보스 포럼이나 보헤미안 클럽 같은 유력자들의 회합처럼 들릴지 모르지만, 그런 추측은 얼토당토않다. 참석자 30여 명 중 대부분은 실리콘밸리에 거의 처음 발을 들여놓은 사람들이었다. 인터넷은 초창기에 정부나 연구기관들의 공적 업무에만 활용되었으며, 인터넷 접속은 미국방위고등연구계획국(DARPA)에서 통제했다. 그러다가 인터넷이 상용화되면서 엄청난 가능성이 열렸는데, 그런 사업적인 기회를 감지했던 사람들 중 한 명이 제프 베조스였다.

제프 베조스는 대학에서 전기 공학과 컴퓨터 공학을 전공하고 월스트리트에서 여러 기술직을 두루 거친 이후, 컬럼비아대학 교수이자 모교 10년 선배인 데이브 쇼가 세운 성공한 투자 회사로 옮겼다. 앞서 설명했던, '최고의 금융 분석가'로 명성을 떨쳤던 바로 그 데이브 쇼 말이다. 데이브 쇼 밑에서 일하던 제프는 어떤 이유에서인지 어느 날 회사를 그만두고, 시애틀에서 새로운 도전을 시작하기로 결정했다. 차를 타고 시애틀로 향하는 제프의 머릿속은 분명 사업 구상으로 가득 차 있었을 것이다.

아마존, 데이터의 가치를 활용하다

제프는 괴짜 같은 미소를 얼굴에 머금고 떠들썩하게 웃는 열정적인 초보 사업가였다. 나 역시 그와 마찬가지로 인터넷 초창기에 스타트업을 세웠는데, 동료 사업가인 내 눈에 비친 제프는 놀라울 정도로 겁이 없는 사람이었다. 그는 수백만 달러짜리 사업 계획을 세워 놓고, 때가 되면 필요한 돈이 마련되리라고 완벽하게 확신했다. 그리고 그의 판단은 항상 옳았다. 제프의 사업 계획은 아마존이라는 특이한 이름의 온라인 서점을 시작하려는 생각을 품고 있었다. 내 기억에 우리가 만났을 무렵 그는 작은 문제로 고민하고 있었다. 아마존의 규모가 워낙 작아서 책을 사고팔 방법이 없었음은 물론이고, 출판사들의 관심을 끌기조차 힘겨웠다. 또 당시 어느 정도 규모가 되는 은행들은 들어보지도 못한 일반 컴퓨터 통신망으로 신용카드 결제를 승인할 리가 만무했기 때문에, 인터넷으로 물건 값을 청구할 방법을 고민해야 했다. 고객들과 직접 대면하거나 대화를 나누지 못하는 상태에서 무조건 고객을 믿고 기다릴 수만도 없는 노릇이었다.

물류센터와 재고에 투자할 자본과 연고가 없었던 제프는 차선책을 선택했다. 그는 당시 가장 규모가 큰 도매업자였던 잉그램 북 그룹 (Ingram Book Group)과 협약을 맺었다. 잉그램은 도서를 보유하고 있다가 전국에 있는 중소 규모 서점들에 소량씩 납품했으며, 대형 서점 체인에서 재고가 부족해서 급히 필요할 때 재고를 보충해주기도 했다. 제프는 잉그램에서 책 한 권이 되더라도 직접 배송한다는 점에 착안했다. 물론 잉그램에서는 소량 판매를 그리 달갑게 여기지 않았겠지만 말이다.

내 경우에는 온라인에서 판매되는 물건이 반드시 고정가일 필요는 없다는 생각이 스타트업을 시작한 발상이었다. 그래서 동업자 두 명과 온세일닷컴(onsale.com)이라는 인터넷 최초의 경매 사이트를 열었다.[1] 그에 비해 제프는, 내가 사업 초기에 놓치고 있었던 중요한 교훈을 데이브 쇼에게 배워 알고 있었다. 바로 진정한 가치는 물품이 아니라 데이터라는 사실이다.

제프는 D.E. 쇼앤컴퍼니에서 주식 거래에 적용했던 기본 원칙이 사람들이 제공한 정보에도 적용될 수 있음을 깨달았다. 적어도 처음에는, 실물 제품을 취급하는 사업이라는 사실은 제프에게는 이차적이거나 부수적인 문제였다. 재고나 물류는 제3자에게 비용을 지불하고 따로 계약해서 해결할 수 있는 문제였다. 그가 추구하는 사업의 진정한 본질은 고객들의 서평과 구매 내역을 수집하는 일이었다. 고객 입장에서는 제품의 실제 가격보다 책 한 권을 읽는 데 들이는 시간이 훨씬 소중하다. 좋아하지도 않는 책을 읽느라 소비하는 시간은 큰 낭비다. 그러니 경험 많은 매장 사원들이 고객을 돕듯이 온라인 고객들에게 책에 대한 정보를 제공하면 얼마나 좋겠는가? 독자들로서는 자기 의견을 권위 있게 말하고 남을 도울 기회를 보장받는 것만으로도 충분한 보상이 되리라는 제프의 추측은 옳았다.

두말할 필요도 없는 사실이지만, 아마존은 출판 업계에서 사실상 모든 측면에 혁신을 가져왔을 뿐 아니라 영향이 미치지 않은 분야를 굳이 꼽자면 집필과 관련된 부분밖에 없다. 모든 소매업계를 통틀어 가장 규모가 큰 판매자 중 하나로 자리매김했다. 그러나 아마존의 눈부신 성장은 그 밖의 측면으로도 분석 가능하다.

우리는 보통 아마존을 '온라인 소매업'으로 분류하면서 실물 상점과 유사한 무형의 상점을 떠올린다. 하지만 다른 식으로도 해석할 수 있다. 바로 D.E. 쇼앤컴퍼니의 주식 거래 전략을 소비재 거래에 적용하고 확장시킨 사례로 보는 것이다.

아마존이 고객의 주문 내용을 잉그램으로 보내 처리할 때, 아마존은 데이브 쇼의 슈퍼컴퓨터와 같은 종류의 차익거래를 거쳤다. 즉 두 건 모두가 성사되기만 한다면 수익이 보장되는 두 거래가 동시에 진행되었던 셈이다. 첫 번째 거래는 고객과 아마존 간에 이루어지는 거래로, 책을 특정 가격에 판매하고 적당한 기간 내에 배송하기로(선물[先物]계약의 경우는 물론 예외이다) 합의하는 과정이다. 그와 별도의 두 번째 거래는 잉그램에서 책을 주문해서 정해진 장소로 배송시키는 것이다. 아마존은 이 과정에서 지속적으로 '호가'를 조절해서 가격차에 따른 총수익이 유지되도록 했다. 이 모두가 가능했던 이유는, 주식 거래 알고리즘에서와 마찬가지로 아마존이 고객들보다 더 많은 정보를 가지고 있었기 때문이다. 즉 아마존은 어디에 가서 어떻게 사면 더 좋은 가격으로 살 수 있는지(즉 잉그램을 통하는 방법을) 알고 있었지만, 일반인들은 그런 정보에 접근할 수 없었고, 기회를 활용할 방법도 없었던 것이다.[2]

제프는 예전에도 그랬지만 지금도 데이터의 위력에 대해 깊이 이해하고 있다. 그는 실구매자 2억 명 이상에 대한 상세한 개인 정보를 포함해 개인별 구매 이력과 집합적인 구매 습관을 담은, 전례 없는 방대한 통계를 수집하는 데 20년 가까운 세월을 보냈다. 지금껏 손해를 보면서 그렇게 해왔지만, 일단 단골 고객들의 지속적인 구매활동이 통계적으로 보장되고, 잠재적인 신규 고객층이 감소하기 시작하고, 제프가 투자와 확장 정책을 축소하겠다고 결정하면(경영학 용어로 다시 설명해서 신규 고객 확보 비용이 고객의 평생 가치와 동일선상에 놓이면), 손해를 볼 여지는 더 이상 없다. 다른 독점 시장에서와 마찬가지로 일단 공급업자들에게 다른 선택의 여지가 사라지면 아마존과 거래하지 않을 수 없게 되고(바로 그것이 현재 출판업계의 상황이다) 고객들이 몸을 바쳐 충성하면, 시장의 지배적인 위치에 따른 이득을 거둬들일 방법은 무수히 많다(흔히들 생각하는 것과는 반대로, 독점은 불법이 아니다. 법에 저촉되는 일까지 벌어지는 심한 경쟁을, 시장 지배력으로 제한하는 방법이다).

그렇다면 아마존은 어떻게 이런 많은 정보를 생산적으로 활용할까? 가장 기본적으로는 정해진 사업 목표를 달성하기 위해 가격을 그때그때 조정하는 방법을 통해서다. 수익을 희생하더라도 성장에 집중할 수 있도록 투자자들이 이해해주기만 한다면, 아마존은 가장 좋은 가격이나 혹은 상당히 괜찮은 가격에 물건을 판다는 신뢰를 고객에게 쌓아나가기를 원한다. 그 목표를 달성하려면 실행으로 옮겨야 한다. 그래서 아마존은 지속적으로 경쟁자들의 가격을 모니터하고 그에 따라 가격을 조절한다.

아마존 단골 고객이라면 카트에 담아둔 상품의 가격이 알 수 없는 이유로 아주 미세하게 변동되는 현상을 본 적이 있을 것이다. 그래서 가격 변동을 관찰해서 최저가 판매자 정보를 제공하는 회사들까지 우후죽순으로 생겼다.[3] 가격이 시시때때로 변동되는 이유는 과연 무엇일까? 겉보기에 임의적으로 변하는 듯한 가격은 사실 자동화 과정 때문이다. 다른 온라인 사이트는 물론 아마존 내 마켓에서 물건을 내놓은 나른 판매자들의 가격까지 살펴서 물건 값을 조절하는 프로그램이 그 주인공이다. 미시간대학교에서 발표한 가격 연구에 따르면, 2000년 여름 아마존에서 판매하던 어떤 DVD 가격은 사용자가 어떤 브라우저와 계정을 쓰는지에 따라 많게는 20퍼센트까지 차이가 났다. 동일한 시기에 고객마다 물건 값을 달리해서 팔았다며 소비자들이 아마존을 비난하자, 아마존은 그런 가격 불일치는 "상이한 가격에 대한 고객들의 반응을 살펴보려고 아주 짧은 시간 동안 실시했던 테스트였다"고 해명했다.[4]

사람들 대부분은 고객별로 물건 값을 다르게 받는 것이 불법이라고 생각하지만, 사실 인종이나 성별 등 몇 가지 특정 범주에서 차별을 둔 것이 아닌 이상 불법이라거나 부적당하게 볼 이유는 전혀 없다. 이 같은 사례는 아마존에만 국한된 것이 아니다. 2005년 펜실베이니아대학교에서 발표한 연구는, 고객 포인트 카드를 운영하는 식료품점에서는 고객의 브랜드 충성도에 따라 계산대에 선 고객에게 할인율이 다른 쿠폰을 제공한다고 보고했다.[5] 다시 말해 그 고객이 어쨌든 그 물건을 살 것이면, 왜 굳이 싼 가격에 물건을 팔겠는가?

문제는 이런 자유방임주의가 지속되다 보면 결국 싫어도 수락할 수밖에 없는 상황에 이르게 된다는 점이다.[6] 정보가 인터넷을 타고 자유롭게 흐르다보면 승자가 독식하는 시장이 형성되는데, 온라인 소매업 역시 예외가 아니다.[7]

인터넷이 있기 전에는, 똑같은 물건을 파는 여러 판매자들이 이윤을 남길 수 있을 만큼 활발한 시장이 조성되는 데 기여한 두 가지 마찰 요소가 있었다. 하나는 정보였다. 고객이 직접 차를 몰고 나가야 하거나 신문 광고를 일일이 뒤져야 한다면, 여러 매장들 간의 가격과 서비스를 비교하기가 얼마나 더 어렵겠는가?

두 번째 마찰은 실질적인 배달 비용이었다. 예를 들어 내가 원하는 전등을 여기서 100킬로미터 이상 떨어진 가게에서 더 싸게 팔더라도, 전등 하나를 사겠다고 거기까지 차를 몰고 다녀올 수는 없는 노릇이다. 이는 이론상 인터넷에서도 문제가 될 수 있다. 뉴저지에 있는 물류창고에서 뉴욕까지 물건을 배송하는 데 드는 비용은 같은 물건을 샌프란시스코까지 보내는 비용보다 당연히 적을 것이기 때문이다. 그러나 아마존은 규모의 경제를 활용해 문제를 해결했다. 인구가 밀접한 주요 지역 주변에 물건을 배치한 것인데, 그런 해결책은 현재와 미래 경쟁자들 대부분이 감히 따라할 수 없는 투자였다.

그 두 마찰은 밀접히 연관되어 있었는데, 아마존은 그 두 요소를 놀라운 장점으로 융합시켰다. 비용을 판매가와 배송비로 나눔으로써 가격을 눈속임하기 쉽게 만든 것이다. 물론 나중에 총액으로 합산되기는 하지만, 전체 금액이 아닌 각 물품별 금액으로 나누어 제시하는 것 역시 실제 비용을 인지하기 어렵게 만드는 유서 깊은 방식이다.

자동차 출고가에 '용도', '탁송', '서류' 비용 등이 붙는 것도 그런 기술을 활용한 다른 분야의 예다. 의료비 청구서는 소비자를 혼동시키는 기술을 한 단계 발전시켜서, 시설 이용비와 진료비를 별개의 청구서로 발행하고 납입도 다르게 책정해서 돈을 지불하는 순간에 서비스 비용이 모두 얼마인지 거의 알 수 없게 만든다.[8] 온라인도 마찬가지다. 컴퓨터 모델별 사양이 어떻게 되고 가격이 얼마나 차이 나는지 비교하려고 하면, 어떤 사양이 포함되고, 무엇을 개별적으로 구매해야 할지 정확히 결정해야 하기 때문에 전문가들도 정확히 비교하기가 힘들다. 그것만 놓고 봤을 때 애플 컴퓨터는 소비자에게 투명성을 제공하는 셈이다.

아마존은 의료계와 마찬가지로 고객이 실제 얼마를 지불하는지 알아채기 힘들게 만들 새로운 길을 개척했다. 필수 항목을 둘로 나누어 지불하도록 했음은 물론이고, 한 발 나아가 물건을 구매한 뒤 한

참이 지나야 실제 구매 총액을 파악할 수 있도록 만든 것이다. 그 획기적인 기술은 1년 치 택배비를 고정 비용으로 부과하는 제도에 있었다. 바로 한 해 동안 물품을 몇 번 구매하든지 상관없이 정해진 비용만 부담하도록 한 '아마존 프라임(Amazon Prime)' 제도다. 아마존 프라임은 회원들에게 연회비를 받고 운영하는 공동구매 방식이 진화한 것으로도 볼 수 있다. 그렇게 되면 돈을 냈는데도 불구하고 마치 배송비가 무료인 듯한 착각을 불러일으킨다. 경제학자 밀턴 프리드먼(Milton Friedman)의 말을 빌리면, 이 세상에 무료배송이라는 건 없다. 누군가는 그 비용을 지불해야 하기 마련이다. 회원가입비가 그만한 값어치를 할까? 혹시 다른 업체에서 배송비가 포함된 조금 더 높은 가격에 주문하는 게 차라리 이득은 아닐까? 아마존만이 그 답을 정확히 알고 있을 터이다.

배송비를 선불로 결재하면 다른 쇼핑몰에서 물건을 사려다가도 쉽게 단념하게 될 뿐 아니라 합리적으로 판단해 구매하기가 어려워진다. 그런 정책은 적어도 아마존이 소비자 만족에 주의를 기울이도록 만드는 한 가지 좋은 동기가 된다. 고객이 이 회사에 만족하는 한, 가격 정책에 의문을 가질 이유도 없고, 설사 가격 비교가 가능하더라도 다른 온라인 마켓을 기웃거릴 이유도 없다.

아마존의 가격조절 시스템

그런데 아마존은 그런 정보 불균형 정책을 한층 더 발전시켰다. 아마존의 광범위한 네트워크를 활용해 경쟁 업체들이 각자의 상품을 아마존 웹사이트에 올리고, 주문을 처리하는 데 아마존의 설비를 활용할 수 있도록 한 것이다. 얼핏 보기에는 아마존이 누려온 이점을 힘없는 약자들과 함께 나눔으로써 공평한 경쟁의 장을 만드는 평등주의적인 자세처럼 느껴질지 모른다. 그러나 이 영리한 전략으로 아마존은 사실 두 가지 잠재적인 경쟁 우위를 선점하게 된다. 경쟁자의 물품과 가격을 들여다볼 창이 생겼으며, 경쟁자에 부과하는 아마존 시설 비용을 조절할 수 있어서 궁극적으로는 경쟁자의 가격을 좌지우지할 힘이 생겼다. 고객 주문을 처리하는 데 소요되는 비용을 경쟁자에게 적게 받으라고 규정한 사람은 아무도 없으니 말이다. 예를 들어 전동 칫솔 시장을 장악하고 싶다면, 그 물품 처리에 소요되는 물류와 배송 비용을 경쟁사에 더 많이 물려서 가격 경쟁력을 확보하면 된다.

이런 사업 전략이 추구하는 공통적인 맥락은 낮은 가격, 뛰어난 서비스, 공평한 경쟁이라는 외형으로 교묘히 포장해서 고객과 경쟁자들보다 유리한 정보를 장기적으로 획득하는 것이다.

나는 아마존이 대단한 기업이며 제프 베조스가 뛰어난 사람이라고 생각하지만, 기업의 시장 가치가 평균적으로 소득의 20배 정도인데 비해 아마존은 기업 가치가 기업 소득의 600배나 되는(2013년 기준으로) 이유가 따로 있다고 본다. 고객들의 발목을 묶어두고 경쟁자들을 소멸시킨 뒤에 독점 가격을 받아낼 필연적인 순간이 오리라 예상하기 때문이다. 그런데 그럴 수밖에 없다. 고객들도 바보가 아닌 이상, 편리성, 서비스, 그 밖의 여러 사항을 고려하여 가장 좋은 조건을 제시하는 쪽을 선택한다. 자신들의 단기적인 구매 행동이 미래 소비자들에게 해로운 쪽으로 소매 업계의 판도를 바꾸고, 결국에는 무분별한 벌목으로 후손들에게 황폐하고 암울한 환경을 물려준 이스터섬(Easter Island) 원주민 같은 처지가 될지 모른다는 사실에는 신경 쓰지 않는다.

그러나 가격이 상승하기 시작하고 수익이 한쪽으로 흘러들면, 가치를 판단할 익숙했던 경쟁 기준은 이미 오래전에 파묻히거나 쓸려갔을 것이다. 아마존이 왜, 흐르는 길목에 있는 모든 것을 쓸고 내려가는 세계 최대의 강 아마존에서 회사 이름을 따왔는지 이제는 슬슬 이해가 간다.

제프가 데이브 쇼에게 배운 교훈은 '정보 우위를 확보할 것' 말고도 또 있다. 제프는 발전된 컴퓨터 기술을 활용하면 데이터로 막대한 이득을 창출할 수 있다는 사실 또한 깊이 새겨두었다.

아마존은 소매업의 전통적인 관행대로 운영하더라도 지금과 거의 비슷한 성공을 거둘 수 있었다. 상품 관리자에게 경쟁사 현황 조사와 가격 결정을 맡기고, 구매 에이전트에게 물품 선정과 주문을 맡기고, 물류 창고 담당자에게 주문 상품 포장과 배송을 맡기는 식으로 말이다. 그렇게 할 만한 조건 또한 충분했다. 하지만 제프는 자동화 시스템에 일찍부터 엄청난 투자를 쏟아부어 독보적인 강점을 개척해나갔다. 오프라인 경쟁자들이 쓰던 기존의 데이터 처리 시스템으로는 시장의 환경과 개별 고객의 습성에 따라 가격을 즉각적으로 조절하기 힘들었다. 그래서 등장한 것이 바로 인공지능, 그중에서도 특히 기계학습 시스템이다.

경쟁에 대응하면서 지속적으로 물품별 가격을 일일이 확인하고 조절하는 과정은 넋이 나갈 정도로 복잡하다. 가격이 싸다는 사실을 고객에게 인지시키려는 목적이든 아니면 수익의 최대화를 목표로 하든 상관없이, 그 과정에는 1초에 수천 번씩 동시다발적으로 진행되는 막대한 처리 과정을 감당할 어마어마한 속도와 판단력이 필요하다. 그래서 이 엄청난 과업을 실행하려면 인조지능이 필요하다. 아마존이 구축한 것은 바로 그런 시스템이다.

미식축구 경기에서 홈팀이 질 경우 사람들은 평소보다 1센트를 더 주고라도 티슈를 살까? 이긴 팀 지역 주민들은 샴페인을 고를 때 보통 때보다 가격에 주의를 덜 기울일까? 여분으로 쓸 휴대폰 충전기를 구입하려는 사람이 있는데, 그 사람은 원하는 날짜에 배송받을 수만 있다면 가격이 약간 비싸더라도 물건을 사는 유형인가 아니면 조금이라도 할인을 받아야만 물건을 구매하는 유형인가? 낮 12시 이전에 옛날 영화를 보는 사람들은 전자책으로 미스터리보다는 로맨스 소설을 더 즐겨 읽을까? 그리고 그 비율은 얼마나 차이가 날까?

이 질문들에 답하기는 어려울지 모르지만, 어느 정도의 논리를 기초로 산출한 질문임은 알아차릴 것이다. 질문을 하는 데만도 능력이 뛰어난 몇 안되는 마케팅 담당자 정도의 실력이 필요하다. 그러나 인조지능은 그런 제약이 없다. 예를 들어 외국에서 건너온 사람들은 주말보다 주중에 돈을 조금 더 내더라도 조화를 구매하고, 아파트에 사는 사람들은 붉은색보다는 푸른색 책 표지를 선호하고, 마스터카드로 결제한 사람들은 다른 물건들을 주문하면서 이어폰을 주문했을 때 반품하는 비율이 낮았을 수도 있다. 이 분야는 기계학습 알고리즘을 쓰지 않고서는 측량 불가능한 영역이다. 아마존 토론 게시판에는 실제 이런 불만이 게재된 적이 있다. "LG에서 나온 42인치짜리 HDTV(모델명 42LV5500)를 사려고 며칠째 살펴보고 있었는데, 한밤중에 가격이 927달러까지 떨어졌다가 아침 9시가 되자 967달러로 오르더니, 오후 5시에는 5~10달러 떨어지고, 밤새 다시 927달러까지 내려갔습니다. 아침에 그 사실을 발견하고서 주문을 취소하고 나중에 927달러에 재주문했습니다. 정말 짜증납니다. 3일 내내 그렇게 가격이 오르락내리락하더군요."[9]

실제인지 착각인지는 모르겠지만, 현재 아마존은 1년 내내 최저가에 물건을 판매한다는 이미지를 유지한다. 그런데 미래에는 아마존 같은 회사들이 고객별로 맞춤 가격을 제시해서 자사의 수익 극대화를 꾀할 것이 분명하다.

그 과정에서 고객들이 각자의 의지와 판단력을 잃을 리는 없다. 어쨌든 우리는 자유 국가에 살고 있으므로 스스로 결정하고, 내키지 않으면 그만두고, 원하는 길을 택할 수 있다. 그러나 개별적으로는 자유를 행사할지 몰라도 집단적으로는 그러지 못할 것이다. 인조지능

은 개인들이 어떻게 행동하든 자유롭게 내버려 두면서 집단행동을
통계적으로 정확히 관리하는 데 능수능란하기 때문이다.

인조지능과 인간의 경쟁

물론 아마존은 인간 삶의 여러 측면으로 조용히 퍼져드는 현상들
중 하나일 뿐이다. 온갖 종류의 인조지능들이 신중하게 우리와 흥정
하고, 평가하고, 우리 관심사를 기록한다. 그러나 우리에게 적절한 기
회를 제시하는 것과 남에게 이득이 되는 쪽으로 우리를 유도하는 것
은 서로 비슷해 보이지만 완전히 다른 차원이다. 게다가 대중을 유도
하고 그에 따른 집단행동을 관리할 권한을 가진 주체가 사람에게서
기계로 차츰 넘어가고 있다.

요즈음은 쇼핑몰 옆을 차로 지나가면 스마트폰에 쿠폰이 뜬다.[10]
앞으로는 아침에 눈을 뜨면서 이런 문자메시지를 받게 될지 모른다.
평소보다 15분 일찍 집에서 출발하면 사무실에서 가까운 곳에 주차
할 자리를 잡아 놓겠다거나, 오늘 잔디밭에 물을 주지 않고 넘어가면
공짜 영화표를 주겠다거나, 금요일 전에 건강보험기관인 HMO에서
헌혈을 하면 약정기간보다 1년 앞당겨 휴대폰을 교환할 수 있게 해주
겠다는 메시지 등이다.[11]

살아가면서 우리는 위와 같이 다양한 제안을 무수히 접하게 될 것
이다. 그 제안은 인조지능이 무엇을 추구하느냐에 따라 달라지는데,

위의 예에서처럼 목표가 교통 상황 최적화에 있거나, 자원 보호에 있거나, 건강 관리에 있을 수도 있다. 그러나 그다지 고상하지 못한 목표를 추구하는 시스템들도 생길 것이다. 가게 폐점 시간이 최대한 가까워졌을 때 마지막 도넛을 팔아야 한다든지, 강이 내려다보이는 전망 좋은 아파트가 있는데도 전망이 변변치 못한 아파트를 소개한다든지, 출발 시간에 임박해서 항공권을 더 비싸게 팔려고 직항편은 남겨두고 다른 도시를 경유해서 가는 항공권을 먼저 판매한다든지 하는 식으로 말이다.

그러나 겉으로 드러날 이런 부분은 빙산의 일각에 불과하다. 시스템들은 자체적인 목표를 달성하기 위해 보이지 않는 곳에서 서로 맹렬히 협상하고 거래할 것이다. 앞서 들었던 사례에서 수자원공사의 자원관리 시스템은 어떻게 영화 티켓 쿠폰을 얻었을까? 극장 수입 창출을 목표로 하는 다른 시스템과 계약을 맺었기 때문이다. 건강보험기관의 혈장 관리 시스템은 어떻게 핸드폰 기종 변경 서비스를 제공할 수 있었을까? 휴대폰 계약자 확대를 꾀하는 다른 시스템과의 거래를 통해서다.

문제는, 동일한 무대에서 자동 주식 거래 시스템과 경쟁해야 하는 주식 거래 전문가들의 처지와 마찬가지로, 속도, 시기적절한 정보에 대한 접근성, 상대방이 무엇을 받아들일지에 관한 정확한 지식, 상대의 행동을 상대방 자신보다도 더 잘 예측해내는 능력 면에서 사람보다 압도적으로 유리한 위치에 있는 시스템과 쉴 새 없이 빈틈없는 경쟁을 벌여야 한다는 점이다. 마치 모든 카드 패를 속속들이 읽고 있는 딜러를 상대로 포커 게임을 하는 격이다. 앞으로는 삶의 모든 측면이 인간의 개입 없이 움직이는 아마존 같은 시스템들의 영향하에 놓일 것이다.

이는 인류 역사에서 전례 없는 낯설고 새로운 영역이다. 세계가 얼마나 편리하고 효율적이며 개인의 욕구에 맞춘 서비스를 제공하는 방향으로 발전하는지 감탄하는 와중에, 그런 새로운 체제는 슬금슬금 기어오는 고양이처럼 눈치채지 못하게 소리 없이 우리 사회에 엄습할 것이다. 그런 무대 뒤 보이지 않는 영역에서는 거대한 인조지능이 사람들 각자에게 돌아갈 혜택을 작디작은 조각으로 자르고 또 자르고 있다. 그렇다면 그 제일 크고 좋은 몫을 차지할 사람은… 과연 누굴까?

용감한
파라오의 고향

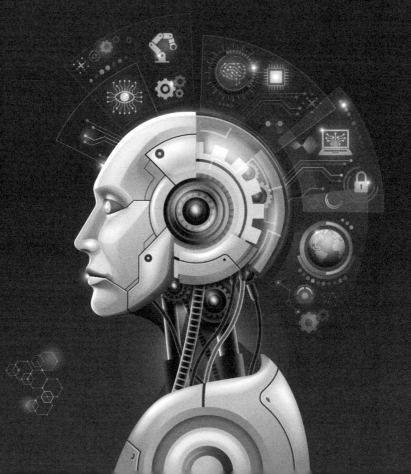

HUMANS
NEED NOT
APPLY

F. 스콧 피츠제럴드(F. Scott Fitzgerald)의 1926년 단편 〈부잣집아이 *The Rich Boy*〉에는 이런 유명한 대목이 있다. "아주 돈이 많은 부자들에 대해서 한마디 해야겠다. 그들은 당신이나 나 같은 사람들과는 다르다." 그는 당시 세상 사람들을 세 부류로 나누었다. 원하는 것이라면 뭐든지 사고 뭐든지 할 수 있는 사람들, 오로지 노동의 대가로만 먹고사는 사람들, 그리고 자기나 자기 자식들이 언젠가는 다른 두 그룹에 들 수 있기를 바라는 사람들이다.

이전 시대에는 사람의 신분이나 계층이 겉으로 잘 드러나는 편이었다. 걸치는 옷과 장신구, 억양, 기차의 일등칸이나 선박의 일등 선실에 탔는지가 주위 사람들에게 널리 알려졌으며, 사회 계층에서 어디에 속하는지는 대개 물질적인 부로 평가되었다.

그러나 오늘날은 청바지를 입은 CEO들, 20대에 창업해 억만장자가 된 기업가들, 개인 전용기, 기내용 수하물 등의 세상이고 보니 돈이 아주 많은 사람들을 알아보기는 훨씬 어려운 일이 되었다. 세계 최고의 부자는 경제 잡지 〈포브스Forbes〉에서 매년 순위를 발표하는데, 목록에 오른 사람들 대다수는 그 사실을 자랑거리로 생각하면서도 한편으로는 쑥스럽게 여긴다. 엄청난 부를 누리는 사람들 중에는 부자임을 드러내지 않으려고 기를 쓰는 사람들이 놀라울 정도로 많다.

하와이에 있는 페블 비치 클럽하우스나 포시즌즈 리조트에서 만난 비슷한 부류의 사람들 앞에서 자기 신분을 명확히 밝히는 것과, 집 근처 영화관이나 아이들 축구 경기가 벌어지는 장소에서 눈에 띄는 것은 차원이 다르다. 사람들은 그렇게 튀는 행동을 눈꼴사납게 생각하고, 그런 사람들을 싫어한다. 그러니 남들과 잘 섞일 수 있게 조심해야 한다. 남편이 결혼 20주년 기념으로 사준 포르쉐 스피드스터, 충동적으로 구입한 캘리포니아 카멜에 있는 별장, 집에 개인 지도하러 오는 트레이너가 오늘 아침에 했던 말에 대해서는 절대 언급해서는 안 된다. 남들 앞에서는 분별력 있게 행동할 필요가 있다.

그런데 나는 여기서 분별력 없어 보이는 이야기를 꺼내려고 한다. 자랑하려는 게 아니라 중요한 사실을 설명하기 위해서다. 독자들 중에는 고개를 끄덕이며 '나와 생활방식이 비슷하네'라고 생각하는 사람들도 일부 있겠지만, 대다수는 불쾌하게 생각하거나 놀라서 입이 쩍 벌어질 것이다. 자신들이 경험한 세계와는 너무 동떨어진 설명에 내 말의 진실성을 의심하는 사람도 있을지 모른다. 어찌 되었든 결정적인 대목에 이를 때까지 흐트러지지 말고 내 말에 귀 기울여 주었으면 한다.

나는 아주 좋은 집에 산다. 우리 집은 1,200평이 넘는 평평한 대지에, 참나무, 삼나무, 플라타너스 나무들이 풍취 있게 자리한 곳에 있는데, 그러면서도 영화관, 공원, 고급 음식점, 꼭 필요한 편의 시설과 서비스 시설이 모두 걸어갈 수 있는 거리에 있다. 해가 지기 바로 전 까마귀들이 거대한 플라타너스 나무 주위로 수백 마리씩 떼로 몰려서 시끄러운 소리로 으스스하게 울어댄다. 짝지어 구슬피 우는 산비둘기들은 전깃줄에 태연히 앉아서, 위풍당당하게 날아다니는 붉은꼬리 말똥가리를 한 번씩 쳐다보면서 새끼들을 하나씩 챙긴다. 야외 화덕 옆에 놓인 옥외용 안락의자에 앉아 야외용 초대형 체스판으로 체스를 두고, 수영장 옆 정자에서 느긋하게 쉬고, 야외 온수 욕조에 따뜻하게 몸을 담그고, 바비큐 화덕에서 고기를 굽고, 현관에 있는 그네 의자에 앉아 쉬고, 앞마당에서 크로켓 경기를 즐기고, 연중 장미들이 다채로운 색깔로 꽃피는 깔끔하게 정돈된 정원에서 산책을 한다. 야외에서 음악을 듣고 싶을 때도 문제없다. 고급 사운드 시스템이 눈에 안 띄는 곳곳에 설치되어 있다.

내가 사는 집은 1904년에 한 저명한 건축가가 조지 왕조 양식으로 지었다. 1층은 천장 높이가 3미터이며 거실은 크기가 가로 12미터에 세로 약 8미터이고, 당구장, 프로젝터를 갖춘 영화 관람실이 있으며, 부엌에는 앉을 공간이 네 군데나 있고, 냉장고 2대, 전자레인지 2대, 싱크대 2개, 식기세척기 3대가 있어서, 집에서 파티를 열 때 아주 편리하다. 그러나 진짜 보석 같은 공간은 식당이다. 이 집의 전 소유주가 유럽에서 구입해서 전부 분해한 상태로 운반해 들여와 다시 조립해서 만들었는데, 짙은 색 원목 패널, 석고를 바른 천장에 새겨진 독특한 제임스 1세 시대 꽃 장식, 1606년에 주조된 독창적인 무쇠로 된 난로 벽면 등이 멋스럽다. 식당에는 최대 24명까지 너끈히 앉을 수 있다. 2층에는 방이 다섯 개 있는데, 네 아이가 방을 하나씩 쓰고 가장 큰 방은 우리 부부가 사용하는데 그 방에도 프로젝터와 영화 관람 시설이 설치되어 있다. 3층에는 내 사무실, 운동 공간, 그리고 방 두 개에 독특한 개별 욕조가 설치된 욕실이 딸린 손님 전용 공간이 있다. 그러고 보니 지하 포도주 저장실과 엘리베이터가 있다는 말을 안 하고 넘어갈 뻔했다.

집에서 파티가 열리면 150명 정도는 아무 문제없이 수용할 수 있다. 하지만 손님이 그보다 많아질 경우에는 게스트하우스를 활용한다. 게스트하우스는 뉴잉글랜드 농가 형식의 2층 구조로 화장실 2개, 침실 3개, 부엌 2개, 냉장고 3대가 있고, 탁 트인 1층 공간은 손님 200여 명을 수용할 수 있다.

나는 내 삶에 진심으로 감사한다. 특히 내 부인에게 고맙게 생각하며, 가족과 친구들에 감사하고, 남은 생애 동안 피아노를 치거나 책을 쓰는 등 내가 원하는 일은 무엇이든 하면서 살 수 있는 자유에 감사한다. 그렇다고 내 삶이 늘 이렇게 평탄했던 것만은 아니다. 시카고 사우스사이드에 있는 허름한 다세대 주택에 살던 시절도 있었고, 구타당한 적도 있고, 칼을 들이댄 강도를 만난 적도 있으며, 살을 에는 추운 날에 바퀴벌레가 들끓는 원룸 숙소에서 브루클린에 있는 창고까지 지하철을 타고 일하러 다니기도 했다.

이런 구구절절한 설명 뒤로 내가 하고 싶은 결정적인 말은, 소득에 기초한 최근 통계를 기준으로 따졌을 때 우리 가족은 미국 상위 1퍼센트 안에 들지 못한다는 사실이다. 즉 100명 중 한 명은 우리 가족보다 연간 소득이 훨씬 높아서, 소문 자자한 부유층의 사치를 누리며 살고 있을 터이다.[1]

그리고 주위 사람들과 비교하면 상대적으로 우리 가족이 극빈자처럼 느껴지는 경우도 허다하다. 내 친구 한 명은 빅서, 선 밸리, 멕시코 푸에르토 바야르타에 집이 있고, 전용 목장이 있으며, 실리콘밸리에 있는 궁전 같은 저택에서 차로 금방 닿을 거리인 태평양 해변 바로 앞에 있는 최상급 부지 6만 5,000평까지 소유하고 있다. 우리 이웃들은 집에 마구간이나 조깅을 할 수 있는 산책로가 딸려 있기도 하고, 골동품 자동차를 수집하는 사람도 있다. 근처에 사는 한 이웃은 7,300평이나 되는 대지에, 840평짜리 집 이외에도 수영 연습이 가능한 크기의 실내수영장과 실외수영장, 실제 크기 파이프 오르간이 설치된 예배당이 있다. 어떤 친구 생일 파티에는 가수 폴 사이먼(Paul Simon)이 와서 직접 공연을 하기도 했다. 전용 항공기를 가지고 있는 건 보통이고 한 대가 아니라 두 대인 집도 있다. 가족 중 한 명은 주말에 아스펜에 가고 싶은데 다른 사람은 팜 스프링스에서 보내고 싶을 때를 대비해서 말이다. 어떤 친구는 시내에 있는 10층짜리 호텔과 그 주위 건물을 여러 채 사서 경영학 강의를 하는 사립학교를 취미

삼아 열었다. 전직 대통령들과 현재 대통령을 비롯한 정치인들의 부탁으로 기금 모금 행사를 주최하는 친구들도 있다.

그와는 대조적으로 나는 주말이면 직접 세탁기를 돌린다. 내 아내는 식사 후 뒷정리를 도맡아하고, 아이들을 매일 학교에 데려다주고 데려온다. 나는 렉서스(lexus)를 타고 다니는데 얼마나 튼튼하게 만들었는지 도무지 망가질 생각을 하지 않아서, 15년째 같은 차를 타고 있다. 아내는 값비싼 귀금속에 그다지 흥미가 없어서 십대 아이들이 즐겨 찾는 액세서리 가게 클레어스에서 파는 귀걸이에 만족한다.

그런데 그렇게 잘사는 내 친구들이나 이웃들도 미국 최고의 부자 대열에는 명함을 내밀지 못한다. 대부분은 〈포브스〉에서 발표하는 자산가 목록에 들지 못한다. 그런 영광은 재산이 수십억 달러 이상 되는 사람들 몫이다.

부의 집중과 상위 1%의 세계

제프 베조스는 2011년 3월을 기준으로 개인 재산이 약 320억 달러로, 〈포브스〉 리스트에 이름을 올렸다. 320억 달러는 어느 정도나 되는 수치일까? 지난 15년간 자기자본의 평균 수익률이 연간 11퍼센트 정도이므로 그에 기준해서 계산하면, 그 재산에서 나오는 수익은 1년에 35억 달러이다. 즉 주말까지 포함해 날마다 960만 달러씩을 버는 셈이다.

그에 비해 미국인 대졸자가 평생 버는 돈은 평균 230만 달러이며, 고졸자는 130만 달러에 불과하다.[2] 제프가 토요일에 골프장에서 하루를 보내더라도, 대졸 근로자 4명이 평생 버는 돈을 합한 것보다도 많은 돈을 그날 하루에 벌어간다.

더욱 충격적으로 느껴지는 비교 결과도 있다. 경제 불황이 한창이던 2009년 캘리포니아 주 예산은 263억 적자를 기록했는데, 그 금액은 따지고 보면 제프 베조스의 순자산보다도 적은 금액이었다.[3] 그런데 그 적자를 보전하려고 캘리포니아 주정부는 몇 년 동안 공무원 임금을 삭감하고 한 달에 3일씩 의무 휴가를 쓰도록 했으며, 유치원부터 12학년까지의 교육 예산과 지역 전문대학 보조금을 10퍼센트 삭감하고, 수업 기간을 단축하고, 교도소 수감자들의 출소 시기를 앞당기고, 가석방 절차를 간소화하고, 의료복지 프로그램을 축소했다. 그런 결정으로 고령자, 장님, 장애인, 아동, 어린이집, 무료 급식 원조, 임산부, 캘리포니아 유방암과 자궁암 치료 프로그램에 참여하던 여성 등 약자들이 특히나 더 큰 영향을 받았다.[4]

제프가 노력 없이 돈을 벌었다거나, 그가 그만한 돈을 벌 자격이 없다는 뜻은 절대 아니다. 캘리포니아 주의 예산 문제와 관리 실패에 대한 책임은 제프와는 전혀 관련이 없다. 오히려 그는 여유가 있을 때마다 수많은 공익 프로젝트와 프로그램을 지원해왔다. 실례로 프린스턴대학교의 두뇌 연구에 1,500만 달러를, 허친슨 암 연구 센터에 2,000만 달러를 쾌척하기도 했다.[5]

그러나 컴퓨터의 발전에서와 마찬가지로, 양적인 차이가 계속 벌어지면 어느 순간에는 질적으로도 차이가 생긴다. 수천만 달러 이상을 주무르게 되었다고 삶의 방식이 크게 바뀌거나 상황이 어려운 친구나 가족들을 돕는 능력에 큰 차이가 생기는 것은 아니다. 그렇지만 보다 큰 영향력이 생긴다. 선거판을 흔들고, 정치인들이나 입법 과정, 공공 안건에 영향을 미칠 수 있게 된다. 그리고 가장 주요하게는 사회 자원을 자기 개인의 관심사 쪽으로 돌릴 힘이 생긴다.

예를 들어 제프 베조스는 우주여행에 드는 비용을 절감해서 정부가 아닌 개인들도 태양계를 탐험할 길을 열겠다는 목표에서 블루 오리진(Blue Origin)을 설립했다. 이는 높이 살 만한 생각이며, 그에게는 분명 사업을 추진할 권리가 있다. 그러나 이 고결한 노력에 쏟을 자원을 다른 데 활용하거나 한 개인의 열정보다는 더 큰 시각에서 결정하는 편이 낫지 않을까? 미국 과학 진흥회 정책 분석가인 스티븐 A. 에드워드(Steven A. Edwards)는 이렇게 말했다.

"좋든 싫든, 21세기 과학은 국가적 우선순위나 공동 심의에 따르기보다는 거대 자본을 소유한 개인들의 선호에 따라 형성되고 있다."[6]

2000년에 시애틀 센터 내에 문을 연 음악 박물관에 가본 사람이라면 지미 헨드릭스(Jimi Hendrix)에 헌정하는 여러 전시물들을 기분 좋게 관람하고 나오면서 왜 재니스 조플린(Janis Joplin)이나 짐 모르슨(Jim Morrison)같이 동시대를 살다간 다른 천재적인 뮤지션들이나 아론 코플랜드(Aaron Copland)나 조지 거슈윈(George Gershwin) 같은 조금은 덜 알려진 작곡가들이 아니라, 굳이 지미 헨드릭스에게만 8,000만 달러를 들여가며 존경을 표시해야 했는지 궁금하게 생각했을지도 모르겠다.[7] 나는 마이크로소프트 공동창업자인 폴 앨런(Paul Allen)이 즉흥적으로 기타를 연주하는 모습을 본 적이 있어서 그 이유를 짐작한다. 폴 앨런은 지미 헨드릭스의 연주 스타일을 아주 좋아하고 본받으려고 노력한다(실제로 폴 앨런은 연주 솜씨가 수준급이다). 그렇기 때문에 특별히 그 프로젝트에 개인적으로 자금을 댄 것이다.

스포츠 구단을 인수하거나 스포츠 종목을 후원하는 부자들은 수도 없이 많다. 예를 들어 오라클의 CEO인 래리 엘리슨(Larry Ellison)은 아메리카 컵 요트 경주에 3억 달러를 투자했다. 몽고메리 증권 창업자인 톰 비젤은 2000년에 미국 자전거 경주대회 감독기구인 USA 사이클링에 개인적으로 긴급 융자를 편성했다.

경제가 번영하려면 중산층이 두텁고 건실해야 한다는 생각은 오늘날 통념이 되었다. 소비재 수요가 높아야 경제가 발전하는데, 소비를 주도하는 계층이 바로 중산층이라는 논리에서다. 하지만 애석하게도 그런 생각은 완전히 빗나간 논리다.

고대 이집트에서는 상당히 긴 세월 동안 단일 절대군주가 국가를 지배했다. 태양의 신 '라(Ra)'의 아들이라 여겨졌던 파라오(Pharaoh)가 왕국의 모든 자원을 독차지했으며, 행정부의 관료들과 성직자들은 파라오를 대신해서 땅을 나누고 세금을 걷는 일을 맡았다. 힘들었던 시기를 여러 차례 거치는 동안, 민중들이 먹고살 최소한의 기반을 제외한 이집트의 많은 재산은 건물 한 채, 즉 파라오의 무덤으로 쓰일 피라미드를 짓는 데 투입되었다. 반짝반짝 광이 나는 흰 석회암으로 덮인 장엄한 건축물이 한낮 햇빛에 너무 밝게 빛나서 바라보고 있노

라면 눈을 돌릴 수밖에 없었을 것이다. 대형 피라미드를 만드는 데 얼마나 많은 노동자가 투입됐느냐를 놓고 여전히 논쟁이 계속되고 있지만, 현대 과학자들 대부분은 노동자 2만 5,000명이 최소 20~30년간 지속적으로 일했을 것으로 추정한다.[8]

단 한 사람의 뜻을 이루기 위해 이처럼 쓸데없이 노동력을 투입하다니, 결국 폭력 혁명이 일어나 왕국이 무너지지 않았을까 싶기도 하다. 그러나 고대 이집트는 상당히 안정적인 정치 경제 체제를 수천 년이나 이어갔다. 오늘날의 정치 주체들로서는 거의 불가능해 보이는 위업을 달성했던 것이다. 피라미드를 만드는 데 동원되었던 노동자들은 노예들이었다고 흔히들 오해한다. 그러나 사실은 노예가 아니라 스스로 참여했던 자원자들이거나, 아니면 공익의 의무를 실천했던 시민들이었다는 증거가 무수히 많다. 공사에 참여했던 노동자들이 보통 시민들과는 달리 식사 때 대부분 고기를 먹었다는 점만 보더라도 그렇다.

고대 이집트의 인구는 대략적으로 1,500만 명 정도였다. 만일 오늘날 미국에서 피라미드를 만든다면 현재 인구에 비례해 따졌을 때 노동자 500만 명 정도가 매달려 일했던 셈이다. 다른 여러 가지와 비교해가며 그 규모를 가늠해보자. 미국은 세계에서 중국 다음으로 많은 병력을 유지하고 있는데 현재 복무 중인 군인들은 약 150만 명이다. 또 나사의 우주 탐사 프로그램이 정점에 달했던 1967년에 그 프로젝트에 참여했던 인원은 총 3만 6,000명이었다.[9] 월마트(Walmart)는 민간 고용주로서는 직원 고용 수가 미국에서 가장 많은데, 월마트 미국

내 직원 수를 합하면 총 1,300만 명이다.

어떤 인터넷 거물이 개인적으로 좋아하는 일을 추진하기 위해 인력 500만 명을 동원한다는 것은 상상하기가 힘들다. 무엇보다도 비용이 매년 수백억에서 수천억 달러가 소요될 터이기 때문이다. 그러나 미국인 1퍼센트에 해당하는 가장 부유한 사람들은 그보다 비용이 10배나 더 들더라도 자기가 원하는 프로젝트를 지속적으로 추진할 능력이 된다. 그리고 점점 그런 일이 실제로 벌어지고 있다.

미국 상위 1퍼센트가 소유한 재산은 미국인 전체 재산의 3분의 1 이상으로, 어림잡아 계산하면 20조 달러다. 연간 수익률을 10퍼센트로 가정하면, 1년에 2조 달러씩을, 그것도 매년, 어디든지 원하는 데 쓸 수 있다는 계산이 나온다. 미국인 노동자의 연간 소득 중간치인 약 3만 달러를 대입해 계산하면, 매년 6,000만 명 이상, 다시 말해 전체 노동자의 40퍼센트를 고용할 능력이 된다. 또 미국인 노동자들의 40퍼센트가 평균 연봉 2만 달러를 받고 있는데, 그렇게 계산해도 미국에서 가장 부유한 1퍼센트가 미국 노동자 3명 중 2명을 고용할 수 있다는 계산이 나온다.[10] 그리고 나머지는 그 부자들 밑에서 운 좋게 일자리를 얻은 사람들에게 필요한 생활 기반을 제공하게 될 터이다.

그렇게 되면 세상은 어떤 모습일까? 냉혹함을 극명하게 드러낸 사진들은 대체로 현실과 거리가 있듯이, 방금 설명한 내용은 비현실적인 가정이다. 미국인 3명 중 2명이 부자들 뒤치다꺼리를 하러 다닐 리는 없다. 실현 가능한 시나리오라고 하더라도 실제 그런 상황이 벌어지지는 않는다.

그 첫 번째 이유는, 부자들이 가진 것을 다 써버리는 법은 절대 없기 때문이다. 가진 돈은 재투자하거나 다른 목적에 사용하고, 수익은 만일을 대비한 자금, 신탁, 은퇴 자금으로 모아둔다. 이것이 널리 알려진, 부자가 더 큰 부자가 되는 이치다.

두 번째 이유는, 워낙에 투여된 노동이 제품과 서비스 속에 녹아 있기 때문에, 부자들의 변덕스런 기분을 맞추는 데 소요된 노동은 대부분 눈으로 확인할 수 없다는 사실이다. 내 아내가 1,000달러짜리 구찌(Gucci) 핸드백을 사면, 아내가 지불한 비용은 두 방향으로 나뉘어 들어간다. 구찌 주주들에게 약 300달러가 배당되고, 나머지 700달러는 만드는 사람들에게 대부분 지급된다. 그 안에는 구찌가 직원들에게 직접 지급하는 임금도 있고, 구찌 협력사 직원들 임금으로 쓰이는 간접비용도 있다.[11] 법인격부인의 법리(회사의 법인격을 부분적으로 제한하여 회사와 그 배후에 있는 사원을 동일시하는 법리–옮긴이)를 적용하면, 가방을 만든 모든 노동력은 실질적으로 가방을 구입한 소비자들을 위해 일하는 것이다. 최대한 싸게 만든 그와 비슷한 다른 가방은 얼마일까? 거의 구별이 안 가는 모조품들이 30달러에(제조 원가에 수익까지 포함한 가격이다) 팔리는 것을 보면 그 답은 쉽게 나온다. 혹은 쇼핑몰에 가면 그와 비슷한 실용적인 핸드백을 30달러도 안 되는 가격에도 살 수 있다. 그러므로 대략적으로 말해서, 650달러 정도는 물건을 넣어 들고 다니는 실용적인 쓰임이 아니라 불필요한 지출을 겉으로 드러내서 사회적인 지위와 자존감을 지키려는 목적에 쓰이는 것이다.

소위 사치품으로 분류되는 물건들의 매출 성장률을 들여다보는 것도 부자들이 경제 구조를 어떻게 변화시키는지 알아볼 방법 중 하나다. 최근 경기 침체의 영향이 없지는 않았지만 업계 분석가들은 명품에 대한 수요는 불경기에도 큰 흔들림이 없다는 견해를 내놓는다.[12] 칼라일 그룹 보고서에 따르면 명품 의류, 보석, 고가 물품들의 전 세계 매출은 2009년 이후 매년 두 자릿수 성장을 거듭했고, 향후 3년간 유럽 GDP 경제 성장률 예상치보다 4배나 더 많이 성장할 것으로 예측된다. 베인앤컴퍼니(Bain&Company) 보고서는 미국이 그 전해 1위였던 중국을 제치고 2013년 사치품 성장률이 가장 높은 국가가 되었다고 밝혔다.[13]

사치품 성장률이 소비재 전체의 성장률을 앞서는 상황이 지속되면 머지않아 사치품 소비가 전체 소비에서 상당히 큰 부분을 차지하게 될 것이다. 무디스(Moody's) 수석연구원 마크 잔디(Mark Zandi)에 따르면, 소득 상위 5퍼센트가 전체 소비에서 차지하는 비율은 3분의 1이며, 소득 상위 20퍼센트는 전체 소비의 60퍼센트 가까이를 차지한다.[14] 앞으로 다가올 10년 내에, 상위 5퍼센트에 해당하는 미국인들이 미국 전체 소비의 절반 이상을 쓸 가능성도 충분하다. 그렇게 되면 전설적인 중산층이 아니라 전례 없이 막강한 부를 축적한 최상류계층이 경제 번영을 이끌게 될 것이다.

제프 베조스가 수표에 서명만 한 번 하면 혼자서 2009년 캘리포니아 주 예산 적자를 싹 갚고도 몇 십억 달러가 남는다는 사실을 생각하면 마음이 편치 못하다. 제프의 마음이 어떨지 내가 알 수는 없지만, 내가 만일 그였다면 밤에 잠이 잘 안 올 것 같다. 많은 생명을 살리고, 사람들의 고통을 덜어주고, 많은 이들의 꿈을 성취시킬 방법을 고민하느라 말이다. 실제로 엄청난 부자들은 남다른 부담을 안고 산다. 개인적으로 돈과 시간을 어디에 쓰고 싶은지 상관없이, 그들에게 자선사업은 모른 척할 수도, 모른 척해서도 안 되는 도덕적인 의무가 된다. 예를 들어 빌 게이츠(Bill Gates)처럼 말이다. 나 같은 경우도 내 아이가 다니는 사립학교에 기부금을 내면, 이 돈을 노숙인을 위한 쉼터를 마련하는 데 써야 하지 않을까 마음이 꺼림칙하다. 누구든 선택의 기로에 서게 되는데, 세금 공제가 가능하다고 무조건 의로운 행위가 되는 것은 아니다.

　부자라서 겪는 또 다른 고통은 삶의 의미가 쇠퇴해간다는 것이다. 모든 것을 다 가질 수 있을 때는 그 무엇도 가치가 없다. 원하는 것을 얻으려고 억지로 애쓰지 않아도 되고, 불편한 상황이 닥쳐도 벗어날 길을 찾을 수 있으며, 남에게 억지로 맞추지 않아도 괜찮으면, 자기만의 삶을 형성해가는 심리적 경계가 사라진다. 큰 성공을 거두면 감정적인 성장이 멈추게 된다는 사실을 나는 성공을 거머쥔 친구들을 보면서 깨달았다. 마치 호박(琥珀) 안에 든 곤충들처럼 개인적인 성숙의 과정이 중지되었음이 여실히 드러난다. 내 친구 중 하나는 이런 위험을 느끼고 자기만의 방식으로 대응했다. 일류 벤처캐피털 기업의 유능한 파트너로 엄청난 부와 성공을 이룬 그는, 일상적으로 쓰는 돈과 막대한 재산을 따로 분리한 다음 재산 관리를 다른 사람에게 일임했다. 그리고 비교적 평범하지만 편안한 생활에 만족하며 산다.[15]

소득 불평등과 노동의 위기

부자들에 관한 이야기는 이 정도로 마무리하고 이제는 동전의 다른 면, 즉 최상류층 사람들에게는 당연한 소박한 것들을 얻기 위해 고군분투하는 수많은 재능 있는 사람들에 대해 생각해보자. 워킹푸어(근로빈곤자)의 삶이 얼마나 어려운지 드러내는 통계나 차트는 쉽게 제시할 수 있다. 그러나 그런 통계나 차트는 사실 그들이 겪는 삶의 진정한 무게를 여실히 드러내지는 못한다. 그래서 그런 삶의 전형인 한 개인을 예로 들어서 현실의 어려움을 더욱 생생히 전하고자 한다.

에미 내스토(Emmie Nastor)는 여러모로 훌륭한 직원이다. 내가 그를 고용했기 때문에 잘 안다. 2009년에 나는 윈스터닷컴(Winster.com)이라는 작은 인터넷 게임 회사를 운영하고 있었다. 직원 수가 10명 정도로 늘어난 시점이어서 안내데스크에 앉아 근무할 직원이 필요했다. 안내데스크를 맡을 사람은 컴퓨터 활용 능력이 우수하고, 대인관계가 좋으며, 호탕한 성격에, 어떤 일이 주어지든 기꺼이 처리하는 자세가 있어야 했다. 그래서 나는 넘치는 일로 혹사당하고 있는 부장에게 지시해서 크레이그리스트(Craigslist: 온라인 생활정보 사이트-옮긴이)에 구인광고를 냈다.

며칠 뒤 부장에게 이력서는 좀 들어왔느냐고 물었다. 부장은 이렇게 대답했다.

"어마어마해요. 이력서를 250통 넘게 받았어요. 이력서 읽는 데만도 하루가 거의 다 갈 지경이에요. 그런데 끝도 없이 계속 쏟아져 들어오네요."

소프트웨어 엔지니어를 뽑을 때는 아무리 불경기였더라도 두둑한 봉급에 후한 스톡옵션으로 유혹해야 사람을 구할 수 있었기 때문에 그런 예상치 못한 반응에 사뭇 놀랐다. 나는 부장에게 이력서를 제일 먼저 넣은 백 명 정도를 살펴서 십여 명으로 추린 다음 나와 상의하고, 나머지는 무시하라고 지시했다.

이력서를 살펴보니 놀라움 그 자체였다. 지원자들 대부분은 연봉 2만 9,000달러에서 시작했고 이런 간단한 업무에는 지나칠 정도로 자격 조건이 뛰어났다. 그 지역 대학에서 MBA 과정을 수료한 사람들, 몇 년간의 공백기 뒤 재취업에 나선 경력 단절 여성들, 관련 없는 분야에서 여러 기술을 쌓은 사람들 등, 순전히 어떤 일자리든 구해보려고 필사적으로 나선 이들이었다. 어떤 이들은 능력을 증명해보일 동안에는 무급으로 일하겠다고 제의하는가 하면, 기회만 주어진다면 형편없는 대우를 받더라도 무한정 받아들이겠다고 약속하는 지원자들도 있었다.

슬픈 사실이지만, 주어진 자리에 만족하지 못하고 더 나은 기회를 찾아 기웃거릴 사람을 뽑을 수는 없었다. 그래서 적당한 자격을 갖춘 사람 두세 명을 추려서 면접을 보았다.

결정을 내리기 힘들었지만, 에미는 MS오피스를 능숙하게 다루었고, 면접에서 내 질문에 사려 깊게, 막힘없이 술술 대답했기 때문에 그 자리에 적합한 인물로 판단했다.

그가 우리 회사에 오기까지 어떤 과정을 밟았는지에 대해서는 그가 일을 시작하고 한참이 지나서야 알게 되었다. 에미는 캘리포니아에 사는 부지런한 이민자 부부 사이에서 태어나 자랐다. 에미 가족은 아버지가 필리핀에서 정비사로 일하다가 미군에 자원입대하면서 미국으로 이민을 왔다. 이후 에미 아버지는 대기업 통신 회사 기사로 취직해, 가정집에 전화를 설치하는 일을 했다. 어린 시절 에미는 샌프란시스코 남쪽 교외에 노동자 계층이 몰려 사는 데일리 시티(Daly City)에서 자랐으며, 형제로는 누나와 남동생이 있었다. 그는 1994년 웨스트무어 고등학교를 졸업했다.

에미의 부모는 아메리칸 드림을 좇았으며, 더 나은 삶에 이를 수단이 바로 대학교육이라고 확신했다. 그 목표를 달성할 가장 현실적인 방법은 커뮤니티 칼리지에 진학하는 것이었다. 파트타임 아르바이트를 하면서 커뮤니티 칼리지를 4년 다닌 끝에 에미는 샌프란시스코 주립 대학에 편입할 수 있었다. 거기서 다시 4년을 공부한 뒤, 스물여덟이라는 늦은 나이에 4년제 대학 학위를 수료하며 부모의 바람을 이루었다(불행히도 그의 어머니는 오랜 병고 끝에 2007년 대장암으로 세상을 떠서, 결국 그가 졸업하는 모습을 보지 못했다).

학위로 무장한 그는 전일제 일자리를 찾아 나섰다. 타고난 근면성을 발휘해 매일 여덟 시간 이상씩 인터넷을 뒤지고, 자기소개서를 쓰고, 이력서를 냈는데, 하루에 이력서를 보통 20~30통씩 뿌렸다고 한다. 그런 생활을 3개월 동안 쉼 없이 계속했다. 일주일에 5~7일 동안, 매일 20~30군데 일자리에 지원했다고 하면 입사지원서를 1,800통 작성했다는 계산이 나온다. 면접 기회도 거의 얻지 못한 채 말이다.

그렇게 되면 다소 의기소침해져서 일자리 찾기를 중단할 법도 하다. 그러나 에미는 그러지 않았다. 기본적으로 일을 찾아야겠다는 동기 이외에도 포기할 수 없었던 다른 이유가 있었다. 소꿉친구에서 연인으로 발전한 여자 친구와 결혼하려면 급료를 받는 제대로 된 일자리를 얻어야 했기 때문이다. 실패란 있을 수 없었다.

그러다가 갑자기 그에게 행운이 찾아든다. 그것도 두 가지가 한꺼번에 말이다. 우리 회사에서 면접을 보러오라고 연락을 했고, 엔터프라이즈 렌트어카(Enterprise Rent-a-Car)에서 영업 관리 수습사원 자리를 제의해온 것이다.

우연히도 엔터프라이즈에서 일하고 있는 그의 친구가 그 자리에 대한 정보를 주었다. 알고 보니 직함은 그럴 듯하지만, 그 일을 맡게 되면 윈스터에서 8시간 일하는 것과 똑같은 급료를 받으면서 하루에 10시간 이상 일에 매달려야 하는 일이었다. 설상가상으로 자기 스케줄을 마음대로 관리할 수조차 없었다. 하루 중 아무 때나, 밤낮으로, 일수일 내내 순전히 회사가 지시하는 대로 일해야 했다. 승진을 하려고 해도 정해진 만큼 영업을 달성해야만 가능했는데, 영업 실적이 어떨지는 보장할 수 없었다. 그래서 그는 우리 회사에서 일을 하기로 결심했다.

에미는 단 하루도 결근한 적이 없다. 어쩌다 심한 감기에라도 걸리면 콜록거리면서도 회사에 출근했다. 그래서 다른 사람을 생각해서 상사가 그를 집에 돌려보냈다. 그가 출근하는 시간은 정확하게 9시로, 그가 사무실에 들어오는 것을 보고 시계를 맞추어도 좋을 만큼 정확했다. 그리고 근무시간이 다 끝나가도 할 일이 남았으면 그는 끝까지 다 마치고서야 퇴근할 준비를 했다. 그는 일을 가리지 않았다. 일주일에 한 번 직원들이 다 같이 모여 사무실에서 점심을 먹고 나면 뒷정리를 도맡아 하고, 급히 필요한 사무용품을 사러 문구점에 다녀오고, 병가를 낸 직원에게 보낼 안부카드를 고르는 등 에미는 뭐든지 도맡았다. 점심을 먹으러 가겠다고 일일이 보고하지 않아도 된다고 말했건만, 그는 늘 다녀와도 되겠느냐고 양해를 구하고 다녀왔다.

한번은, 그가 차를 정비소에 무한정 맡겨놓고 있다는 말을 듣고 깜짝 놀란 적이 있다. 타이밍 벨트가 끊어졌는데, 수리비용 500달러를 마련하려면 다음 월급날까지 기다려야 해서였다. 그럼 어떻게 출근을 하냐고 물으니 동생 차를 빌려 타고 온다고 했다. 그가 생활비를 버는 가장이었으므로 대학에 다니는 동생이 학교를 빠지고 그에게 차를 빌려준 것이었다.

2012년 중반 윈스터가 다른 게임 회사에 팔리면서 에미의 일자리도 사라졌다(나도 마찬가지였다). 그래서 에미는 다시 구직 활동을 시작했다. 내가 그에게 엄청나게 화려한 추천서를 써주었지만, 추천서를 요청하는 곳조차 없었으니 결국에는 전혀 소용이 없었다. 그래도 이번에는 지난번 구직 때보다는 조금 수월했다. 이력서를 뿌리고 다닌지 두 달 만에 적당한 자리가 눈에 띄었다. 에미의 아버지가 일하던 통신회사에서 설치기사를 모집하고 있었던 것이다. 전화 대신 케이블과 인터넷을 연결하는 업무라는 점이 다를 뿐 기본적으로는 그의 아버지가 가정집을 돌아다니며 전화를 연결하던 일과 별반 다름없었다.

이력서를 낸 뒤 들어보니 지원자가 100명도 넘는다고 했다. 면접 기회를 얻으려면 우선 2시간에 걸쳐 진행되는 기본 자격 심사를 거쳐야 했다. 흔히 보는 고교 수준 수학이나 영어시험이 아니라 전선과 장비설치 관련 지식을 묻는 시험이었다. 다시 말해, 이미 관련 기술 경력이 있거나 아니면 백방으로 노력해서 혼자 터득하지 못한다면(회사에서는 훈련 도구나 교육 자료를 미리 전달하지 않는다) 그 자리에 뽑힐 희망조차 없었다. 그나마 에미는 아버지한테 직접 배울 수 있다는 이점이 있었다.

하지만 그걸로 끝이 아니었다. 자격 심사를 거친 지원자 50여 명이 일대일 면접을 치렀다. 에미는 면접관 두 명에게서 각각 10분씩 질문받았다. 면접 결과가 좋았는지 그는 건강검진과 약물검사에 참여하라는 지시를 받았다. 그 뒤 윈스터에서 받던 연봉보다 6,500달러 많은 금액에 일자리를 제의받았다. 그는 그 제의를 기쁘게 수락했다.

그런데 일은 기대와는 너무 달랐다. 작업환경은 19세기 공장 노동자들의 작업환경과 거의 흡사했다. 직원들을 보호하기 위한 폭넓은 규제 개혁과 안전보장조치 대부분이 유명무실했다. 일주일에 6일을 꼬박 일해야 하는 경우도 있었고, 하루에 12시간에서 14시간까지 일해야 할 때도 허다했다. 그만큼 일을 하지 않으면 '불복종(insubordination)'으로 간주되었는데, '불복종'은 직원을 해고할 근거가 되는 법률용어였다. 시간이 아무리 늦었더라도 고객에게 약속한 프로그램 설치나 수리가 끝나지 않았으면 모든 팀원이 집에 갈 수 없었다. 밤 12시가 다 되도록 일이 끝나지 않는 경우도 간혹 있었다.

부인이 잠들기 전에 집에 들어가지 못하는 날이 허다했다. 일 외에 남는 시간이라고는 거의 하루에 한 시간 정도밖에 없으니 가족을 보는 건 고작 일주일에 한 번, 그것도 단 몇 분 동안에 그쳤다. 그가 마지막으로 휴가를 썼던 때는 윈스터에서 일을 시작한 지 얼마 안 되었을 때, 결혼식을 하고 하와이로 신혼여행을 가면서 보낸 며칠간이었다. 그 이후 5년 동안은 휴가 한 번 없이 지냈다.

에미는 경력 면에서 도움이 될 다른 자리로 옮길 수는 없는지 알아보았다. 그러나 도무지 어떻게 해볼 도리가 없었다. 직속 상사의 승인 없이는 직책 이동이 불가능했는데, 에미가 팀에서 꼭 필요한 존재여서 그 아무도(그가 근무하는 18개월 동안 상사가 다섯 번이나 바뀌었다) 그에게 기회를 주려고 하지 않았기 때문이다.

귀찮게 요청해서 받아간 고객 만족도 설문지가 어떻게 쓰이는지 궁금하게 생각해본 적은 없는가? 고객이 서비스에 만족하지 못했다는 보고가 들어오면 해당 기사는 사무실로 불려가 질책을 받는다. 합당한 이유가 없을 경우 고용주는 무급 정직 등의 징계 조치를 내린다.

지하 좁은 틈으로 기어들어가고 지붕 위에 올라가 작업하며 일 년 반 동안 허리가 휘어지도록 고생을 하다가, 정말로 허리가 부러졌다. 아침 일찍 고객의 가정집으로 무거운 장비를 들고 들어가던 중의 일이었다. 우선은 상사에게 보고부터 하는 것이 적절한 처신이라고 생각한 그는 전화를 걸었지만 상사가 전화를 받지 않아서 메시지를 남겼다. 그리고 질책 받을 것이 두려워 장비 설치를 마무리하고, 극심한 고통 속에 직원 집결소로 돌아갔다. 그런데도 징계를 받았다. 현장 사고로 부상을 입은 뒤에 상사에게 즉시 연락을 취하기 위해 더 노력하지 않았다는 이유에서였다. 그는 3일간 무급 정직 처분을 받았다.

좌골 신경통과 하부 요통을 치료하는 동안 그는 사무실에 앉아서 고객들에게 전화로 익일 방문 예정을 확인하는 허드렛일만 하도록 지시받았다. 상부에서는 분명 그가 그런 처분을 마땅치 않게 여기고 그만두기를 기대했을 테지만, 그랬다면 에미를 과소평가한 것이다. 그는 특유의 긍정적인 태도로 꿋꿋하게 일을 해냈다. 그러나 잠시 한숨 돌릴 기회가 생겼던 덕분에, 이제 태어난 자기 아이가 아버지 얼굴을 못보고 자란다면 그 삶이 어떨지 생각해보게 되었다. 그래서 그는 근무시간이 그토록 길지 않은 다른 일이 없을지 찾아보았다. 또 한 차례 엄청나게 많은 이력서를 뿌렸지만 예전의 그 엔터프라이즈 렌터카에서 연락이 한 번 왔을 뿐 허사였다. 그는 절망에 빠진 채 일자리 찾기를 그만둔다.

끔찍한 근무 조건, 직원을 존중하지 않는 분위기, 발전 기회 부족 등의 악조건에도 불구하고 에미는 일자리가 있고 고정 수입이 들어온다는 사실에 감사했다. 긴 시간 노력해 대학 학위를 받으면 아버지의 삶보다는 나은 길을 걷게 되리라는 약속과는 다른 현실을 담담히 받아들였다.

그의 아버지는 어떻게 되었을까? 몇 해 전 은퇴를 했지만 은퇴 생활이 마음에 들지 않았던 에미의 아버지는, 예전의 절반 봉급을 받고 이전에 일하던 회사에 설치기사로 다시 들어갔다. 봉급은 예전의 절반만 받았다. 더욱이 그 일자리는 새크라멘토에 있었다. 출퇴근에 몇 시간씩 걸리는 고된 생활을 일 년간 지속한 뒤, 결국 그만두기로 결심하고 에미와 에미 형제들이 있는 데일리 시티로 돌아왔다.

에미는 아버지의 결정에 기뻤다. 그리고 아버지가 지금 에미가 하는 일과 똑같은 일을 하면서 모은 돈으로 수십 년 전에 구입한 집을 형제들과 나누어 상속받을 수 있어서 행운이라고 생각한다. 그 돈이라도 없다면 그가 앞으로 아버지 집과 비슷한 집의 계약금을 낼 돈조차 충분히 구하지 못할 터이다. 담보 대출은 더 힘들고 말이다. 특히 머지않아 상환 기간이 만료되는 학자금 대출을 생각하면 더더욱 그렇다.

이 책에 에미 이야기를 소개하면 지금 하는 일에 지장이 없겠느냐고 내가 물었다. "글쎄요, 별로 그럴 것도 없어요." 에미는 사려 깊게 대답했다. "저하고 같이 일하는 사람들 중에 선생님 책을 읽을 만한 사람은 거의 없어요."

내 개인적인 이야기에서와 마찬가지로 에미의 이야기에도 핵심 대목이 있다. 시간 외 근무수당을 포함한 그의 월급에 부인과 동생이 버는 돈을 합하면 2012년 세대 합산 소득은 미국 평균치를 월등히 넘는 5만 3,046달러다. 그리고 집의 일부를 소유하고 있고, 그의 아버지가 남길 이런 저런 재산을 합하면 그의 재산 역시 미국인의 중간치 7만 7,300달러(2010년 기준)를 훨씬 초과한다.[16] 그 말은 에미와 그의 가족이 미국에 거주하는 전체 세대의 절반보다 경제 형편이 낫다는 뜻이다. 그럼에도 그는 먹고살 것을 늘 염려한다.

"저희가 남들보다 형편이 나은 것도 아니고, 경제 문제에서 자유로운 편도 못 되지요… 그저, 저희 식구들은 서로 먹고 먹히는 경제에서 버텨보려고 최선을 다하고 있어요. 지금까지는 그럭저럭 잘 살아가고 있습니다."

그러나 에미의 미래를 가로막을 진짜 위협은 아직 레이더 화면에 나타나지조차 않았다. 고객 예약을 확인하는 단순한 임무는 머지않아 자동화될 것이 분명하다. 그런데 그 정도에 그치지 않고, 고(高)대역 무선 통신 기술이 발전하면서 언젠가는 그가 몸담은 직종 자체의 존립이 위협받게 될 것이다. 이런 시스템들은 컴퓨터의 막대한 능력과 정교한 인공지능 알고리즘을 활용해서 무선신호가 다수의 수신기에 동시에 잡히도록 지역 여건에 맞게 지속적으로 조정하기 때문에, 건물 내에 직접 가서 배선 작업을 수행할 필요가 전혀 없다.[17]

실리콘밸리 기업가 스티브 펄먼(Steve Perlman)이 개발한 디도(DIDO)가 그런 기술 중 하나다. 스티브 펄먼은 이전에 퀵타임(QuickTime)이나 웹TV 등을 만들었던 인물이다. 만일 그의 생각이 시장에서 통하면 그는 이미 가진 엄청난 재산을 더 거대하게 불릴 테고, 그 반면 현재 미국에서 인터넷과 케이블을 설치하고 수리하는 일에 종사하는 25만 명의 노동자들은 경력과는 무관한 분야의 초보적인 일자리를 찾아다닐 처지에 놓일 것이다.[18]

자동화의
그늘

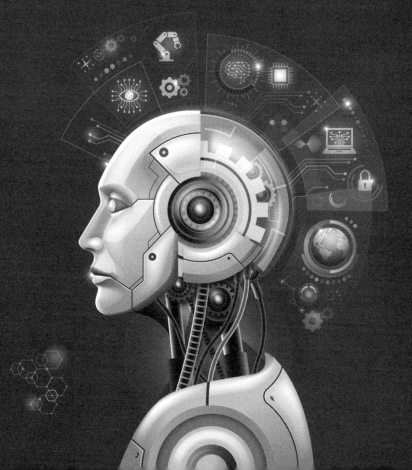

HUMANS
NEED NOT
APPLY

언론에서 심각한 듯 이야기하지만 사실 지구온난화가 무조건 나쁜 것만은 아니며, 모두가 피해를 입는 것도 아니다. 어디 사는지에 따라 득을 보는 이들도 있고 손해를 입는 이들도 생길 것이다. 나 같은 경우 지금 사는 곳이 내게는 다소 추운 편인데, 앞으로 수십 년 동안 평균 기온이 다소 올라서 내가 살기에 더 적당한 환경이 될 듯하다. 살아생전에 그런 환경을 경험해보았으면 좋겠다.

지구온난화는 그 자체가 문제는 아니다. 따지고 보면 지구에 사는 생명체들은 지구가 추워졌다 더워졌다를 여러 번 반복하는 동안에도 살아남았다. 사실 지구온난화가 문제가 되는 진짜 이유는 온난화 진행 속도가 너무 빠르기 때문이다. 인간을 비롯한 생명체들이 변화에 적응할 시간이 충분하지 않은 경우라면 변덕스러운 기상 조건과 기후의 급격한 변화가 대재앙의 발단이 될 수도 있다. 기후 변화의 결과는 수세기 동안 파문을 일으키며 많은 생물들이 서식지를 잃고 멸종되는 비극을 낳을지 모른다.

기술 변화가 노동시장에 미치는 영향 역시 기후 변화와 비슷한 방식으로 작용한다. 변화가 점진적으로 진행되기만 한다면 시장은 충분히 대응한다. 그러나 변화 속도가 지나치게 빠를 경우에는 혼돈에 빠지고, 기후 변화에서처럼 승자와 패자가 나온다.

노동시장을 뒤흔드는 인공지능

인공지능이 급속히 발전하면서 더욱 가속화할 기술 변화는 두 가지 근본적인 방식으로 노동시장을 교란시킬 것이다. 첫 번째는 자동화 기술이 노동자들을 대체하면서 사람들이 일할 자리가 점차 줄어드는 현상이다. 그런 변화는 고용주들이 로봇들을 들여놓고 직원들을 내보내는 것처럼 대체로 명확히 감지되지만, 때로는 겉으로 드러나지 않는 측면에서 진행되기도 한다. 예를 들어 효율적인 워크스테이션(workstation)을 도입해서 영업 인력의 5분의 1을 줄일 수 있게 되거나, 스카이프(Skype) 같은 인터넷 전화가 널리 쓰이면서 일주일에 하루씩 직원들에게 재택근무를 허용해 생산성을 높임으로써 신규 인력 충원 시기를 늦추는 사례도 있다.

이런 변화가 점진적으로 진행된다면 생산성 향상과 비용 절감이 더 큰 부를 창출하고, 그에 따라 일자리가 늘어나면서 손실된 일자리가 자연스럽게 보전된다. 낮은 가격과 좋은 품질 덕에 매출이 성장하면서 기업이 새로이 성장하고, 결국 직원이 더 많이 필요하게 되는 등 그런 성장의 결과가 직접적으로 나타나기도 한다. 아니면 특정 물건이나 서비스 구입에 돈이 덜 들면 소비자들이 그렇게 아낀 돈을 다른 데 쓰는 식으로 직접 드러나지는 않지만 경제 저변에 영향을 주기도 한다. 새로운 시추 기술로 천연가스 가격이 하락하여 생활비가 덜 들면 그렇게 절약한 돈을 모아서 그간 눈여겨보았던 물건을 사는 데 보탤 수 있을 터이다.

노동시장에 드리운 두 번째 위협은 훨씬 미묘하고 예측하기가 힘들다. 기술 발전으로 기업들이 경영 방식을 재설계하면서 게임의 규칙이 변경되는데, 그런 조직적인 발전이나 절차상의 발전으로 일자리 자체는 물론 관련 기술들까지도 더 이상 쓸모없게 되는 일이 빈번하다. 예를 들어 은행에서 ATM을 설치하면 창구 직원들의 입지가 좁아진다. 발전된 기술로 새로 만들어지는 일자리는 창구에서 근무하는 직원이 아니라 네트워크 기술자이기 때문이다. 그래서 은행에서 전체적인 인력 채용을 늘리더라도 창구 직원들에게는 그 혜택이 돌아가지 않는다. 결국 베를 짜던 사람들은 방직기 돌리는 법을 배우고, 정원사는 잔디 깎는 기계를 돌리고, 의사는 컴퓨터를 활용해 적당한 항생제를 고르게 된다(자신의 전문적인 판단보다 인조지능이 뛰어나다는 사실을 일단 받아들이면 말이다). 그런데 새로운 기술이 하룻밤 새 습득되는 것도 아닐 뿐더러, 정리해고당한 노동자들은 때로는 신기술을 배울 기회조차 얻지 못한다. 기회가 차세대 노동자들에게 돌아가기 때문이다.

우리가 노동시장 변화를 무사히 헤쳐나갔던 예는 농업 분야에서 찾을 수 있다. 1800년대 초반에는 농업에 종사하는 미국 노동자가 전체의 80퍼센트나 됐다.[1] 즉 식품을 생산하는 것이 단연코 주요한 생계유지 활동이었다는 뜻인데, 이런 형태는 약 5000년 전 농업이 시작된 이후 줄곧 이어져왔다.

그러나 1900년대에 이르면 농업 종사 인구는 절반으로 뚝 떨어져 40퍼센트에 이르고, 오늘날에는 무급자영농과 통계에 잡히지 않은 사람들을 포함해도 인구의 1.5퍼센트에 불과하다.[2] 자동화 기술의 도입으로 거의 모든 사람이 일자리를 잃었지만, 대규모 실직 사태가 불거지기보다는 오히려 부를 창출하는 다양한 생산적인 활동으로 사람들이 흘러들었다. 그러므로 지난 200년간 미국 경제는 아무 혼란 없이 매년 평균 0.5퍼센트씩 발생하는 농업 일자리 손실분을 꾸준히 흡수했다.

그렇다면 200년이 아니라 20년 동안 그런 변화가 진행되었다는 가정하에 시나리오를 써보자. 어떤 농민이 있는데 그 아버지도, 할아버지도, 그 윗대 조상들도 모두 농사꾼이었다. 그러던 중 농업계의 헨리 포드가 나타나 거의 눈 깜짝할 순간에 산업 전반에 혁명을 가져왔다. 땅 위에는 번쩍거리는 새로운 쟁기, 탈곡기, 수확기가 윙윙거리는 소리로 뒤흔들리고, 공기는 디젤 냄새로 가득 찼다. 식품 가격이 급락하고, 주머니가 두둑한 월스트리트 투자자들이 나서면서 도처의 농장에 회사가 세워졌다. 그로부터 몇 년 뒤 그 농민은 가족 소유의 농장을 압류당하고, 성경책 한 권을 제외한 모든 재산을 잃게 된다.

그 농민과 다섯 명의 형제자매들은 평균 학력이 초등학교 3학년 중퇴였다. 그들은 다른 이웃들과 마찬가지로 말굽에 편자를 박고, 고랑을 곧게 파고, 쓸모없는 건초더미를 묶는 등의 기술로 일거리를 찾았다. 그래도 밥을 먹고살기 힘들었다. 아는 사람이 새로운 기계를 하루에 12시간씩 돌리고 먹고살 정도의 돈을 버는데 그 사람이 일자리를 얻었다는 곳이 토페카라는 말을 들었다. 어떤 일이든 좋으니 일자리를 찾아야겠다는 생각에, 임시거주자들의 천막촌이 몰려 있는 중서부 도시 토페카로 이주했다. 그러나 오래지 않아, 부모가 유일한 재산인 성경책을 팔아 여동생 약값으로 썼지만 결국 여동생이 이질에 걸려 죽었다는 소식을 전해 듣는다. 그리고 다른 형제자매들과도 연락이 두절된다.

아직 일이 있고 손바닥만 한 집이라도 있는 1퍼센트에 해당하는 사람들도 근근이 먹고사는 정도였다. 그럼에도 나머지 사람에게는 부러움의 대상이었다. 비를 피할 튼튼한 지붕이라도 있었으니 말이다. 외부인의 출입이 제한된 그들만의 주거지 밖에는, 옷 세탁이나 점심 도시락 배달을 해볼까 기대하는 사람들이 줄지어 기다렸다. 그러는 와중에 세상을 바꾼 그 명성 자자한 기업가의 딸들이 아칸소의 한 작은 마을에 크리스털로 미술관을 지었다는 소문이 돈다. 그러나 이 모두는 혁명이 일어나기 전의 일이다. 그 이후로는 상황이 정말 나빠진다. 가상 시나리오는 이렇게 마무리된다.

나는 우리가 그와 비슷한 구조적인 변화를 맞이하게 되리라 본다. 물론 변화의 결과가 그만큼 극적이며 비인도적이지는 않을 테지만 말이다. 인조노동자들은 대부분의 숙련 노동자들을 몰아내고, 인조지능은 교육받은 사람들의 숙련된 일과 사업을 대체하게 될 것이다. 많은 신기술들은 맨 처음에 도입될 때는 일반 노동자들과 거의 비슷한 방식으로 일을 수행해 나가게 된다. 그러나 혁신이 거듭되면 신기술이 단순히 노동자들의 일자리를 대체하는 데 그치지 않고 직종 자체를 완전히 소멸시킬 것이다.

실례로 재고 물품의 비축 방식을 지속적으로 조정하는 아마존의 물류창고 관리에 대해 생각해보자. 지금껏 많은 회사들에서는 사람이 물류창고를 총괄해왔는데, 그 경우 보통 물품을 논리적이고 알아보기 쉬운 방식으로 정리한다. 예를 들어 동일 제품을 서로 이웃하게 배열해서 원하는 물품이 어디에 있는지 바로 찾을 수 있도록 한다. 그러나 아마존이 구축한 것 같은 인조지능 시스템은 그런 제약을 받지 않는다. 자주 팔리는 제품을 나란히 쌓아둔다든지, 선반이 빈 공간 없이 꽉 들어차도록 책을 쌓아둔다든지 하는 식으로 말이다. 그렇게 되면 크기와 모양이 다른 제품들이 아무 데나 뒤섞여서, 인간의 눈에는 엉망진창인 것처럼 보인다. 그래서 그런 방식의 물류창고 관리 방식은 무질서한 보관(chaotic storage)이라고 불린다.[3] 하지만 인조지능은 모든 것을 꼼꼼히 기억해두었다가 주문 제품이 위치한 장소까지 직원을 정확히 인도하는 등 인간보다 훨씬 효율적으로 창고를 관리한다.

그런데 이런 혁신적인 기술에 따른 부작용도 있다. 근로자들이 인조노동자로 대체될 가능성이 더욱 높아진다는 점이다. 창고에서 근무하는 직원들이 물품 위치를 일일이 기억할 필요가 없어지면서, 직원을 훈련할 필요와 그들이 갖추어야 할 지식도 줄어든다. 생각해보면 그렇게 뒤죽박죽이고 물품 위치가 쉴 새 없이 바뀌는 환경에서 일일이 위치를 기억하고 찾아내기도 사실상 불가능할 것이다. 아무튼 아마존으로서는 일처리에 필요한 기술을 먼저 도입해두었으니, 창고에서 주문을 처리하는 인력을 대체할 준비가 다 된 셈이다. 2012년에 아마존이 로봇 회사 키바 시스템즈(Kiva Systems)를 7억 7,500만 달러에 매입한 것도 아마 그런 절차를 염두에 둔 포석일 터이다.[4]

아마존의 사례는 인조지능이 초래할 엄청난 변화의 단 한 가지 예에 불과하다. 물류창고에서뿐 아니라 거의 모든 분야에서 질서 정연한 절차가 필요한 이유는 인간의 정신적 능력의 한계 때문이다. 하지만 인조지능은 그런 제약이 없다. 그런 인조지능의 막강한 영향력은 정돈된 우리 삶의 여러 측면에 혼란을 불러일으켜서, 정신적, 물리적 영역을 잘 정돈된 정원처럼 가꾸려는 인간의 노력으로서는 뚫기 어려운 뒤얽힌 덤불에 굴하게 될 것이다.

자동화라고 하면 사람들 대부분은 재설계 과정에서 발생할 광범위한 혼란에 대해서는 거의 생각하지 못하고, 노동의 주체가 바뀌거나 노동자들의 속도와 생산성이 향상된다는 사실만 떠올린다. 자동화의 위압에 절대 굴복하지 않으리라 여기는 직종들이 사라지는 것도 바로 그런 까닭이다.

예를 들면 좋은 인간관계술이나 설득력이 필요한 직업들은 적어도 가까운 미래에는 자동화되지 않을 직업으로 자주 언급된다. 그러나 꼭 그렇지만은 않다(4장에서 언급했듯이 로켓퓨얼의 CEO는 '설득은 광고 편성 시스템으로 충분히 대체할 수 있는 기술'이라고 설명했다).

어떤 옷을 입었을 때 아주 멋져 보인다고 믿게 만드는 능력은 분명 실력 있는 점원들의 전형적인 특징이다. 그러나 사람들 수백 명에게 직접 의견을 구할 수 있다면 점원이 왜 굳이 필요하겠는가? 옷가게에 가서 옷을 여러 벌 입어보고 각각 사진을 찍고, 사진의 얼굴 부분을 흐리게 처리해서 신원이 드러나지 않도록 한 다음 즉시 여러 웹사이트에 올려서, 어떤 옷이 더 날씬해 보이는지 방문자들의 의견을 받는다고 상상해보자. 나와 안면이 없기 때문에 공정한 평가가 가능한 사람들에게 얻은 신뢰할 수 있는 통계를 몇 초 내에 구할 수 있다. 바로 '크라우드소싱(crowdsourcing)' 개념을 적용한 방법이다. 확실하게 알아볼 다른 방법이 있는데 왜 굳이 판매 수수료를 목표로 일하는 점원의 말을 듣겠는가?

경제학자들은 자동화가 노동에 미치는 이 두 가지 영향(노동자들을 대체하고, 기술을 불필요하게 만드는 것)의 결과로 발생하는 실업에 각각 이름을 붙였다. 첫 번째는 '순환' 실업으로, 사람들이 일자리를 구했다 잃었다를 되풀이한다는 의미에서 나왔다.[5] 불경기에는 보통 실직 상태에 있는 사람들이 늘면서 실업률이 높아진다. 그러나 경제가 살아나면 쉬고 있던 근로자들이 바로 새 일자리를 구하면서 실직자 수가 줄고, 실직 기간도 짧아진다. 그 원리는 주택시장과 마찬가지다. 거래가 부진할 때는 매물로 나온 집이 더 많아지고 집을 파는 데 걸리는 기간도 길어진다. 그러나 시장이 활발해지면 넘쳐났던 매물이 금세 흡수된다.

미국 노동자들의 이직률이 얼마나 높은지를 듣고서 깜짝 놀랐던 적이 있다. 여느 해와 다름없이 평범했던 2013년 일터를 옮긴 노동자들은 전체 노동자의 약 40퍼센트였다.[6] 그 정도면 노동 유연성이 상당히 높은 편이다. 주택시장과 비교하자면 일 년에 매매되는 주택의 수는 전체 주택의 4퍼센트 미만에 불과하다.[7] 그래서 실업률이 8퍼센트라고 하면, 일자리가 새로 생겨서 인력을 흡수하거나 반대로 더 많은 이들이 일자리를 잃고 노동시장에 쏟아져 나오는 속도는 비교적 자주 변동된다.

다른 한 가지 유형은 '구조적' 실업으로, 실업자들 중에서 적당한 일자리를 아예 찾지 못하는 이들이 생기는 현상이다. 이들은 하루 종일 이력서를 보내봐야 면접 기회조차 얻지 못한다. 가지고 있는 기술이 현재 나와 있는 일자리에 전혀 적합하지 않기 때문이다.[8] 부동산 시장으로 치면, 매물로 나온 집들이 요즘 집을 보러 다니는 사람들 구미에 전혀 맞지 않는 조건인 경우다. 예를 들어 사람들이 보통 아이를 1명씩 낳다가 갑자기 3명씩 낳아 키우기 시작하면서 방이 더 많은 집이 필요해진다거나, 사람들이 날아다니는 자동차를 타고 출근하기 시작하면서 자동차가 이착륙할 평평한 지붕이 필요해졌지만 거의 모든 집들이 경사진 지붕 형태라든지 말이다.

방금 내가 상상으로 지어낸 예를 보며 짐작 가능하듯, 주택 선호도는 보통 그렇게까지 급속도로 변하지는 않기 때문에 건설사나 건축가들이 시장에 적응할 시간이 충분하다. 그러나 자동화 과정은 그렇지 못하다. 신기술이 대두하는 속도와 실용화 비율이 단기간에, 그것도 예측 불가능한 방향으로 변하면서, 노동자들이 새 기술을 익히는 속도보다 노동시장의 분야별 특성이 바뀌는 속도가 훨씬 빠르다. 심지어는 노동자들이 재교육을 받을 기회가 전혀 없는 경우도 있다. 자동화 과정은 예측하기 힘들고 측정이 사실상 불가능하기 때문에 모두가 변화의 바람에 휩쓸리게 된다.

노동시장을 연구하는 학자들과 경제전문가들은 모두 수량화된 정보에 치중한다. 신뢰성을 내세우려면 뒷받침할 명백한 데이터가 필요할 테니 그러는 것도 당연하다. 객관적이고 독립적인 제3자의 평가를 버텨내야 하므로 연구 내용은 수량 데이터를 바탕으로 작성해야 한다. 하지만 각종 도표와 재무제표는 일부 정황을 반영할 뿐이지, 실제 사업 결과는 단순히 측정할 수 없는 동향에 좌우되는 때가 더 많다. 나 역시 사업을 하면서 그런 점을 깊이 느꼈다(실제로 우리 경제에서 경기 순환이 골칫거리가 되고 예측 불가능해지는 이유는, 수익은 쉽게 수량화할 수 있지만 리스크는 양적 계산이 불가능하기 때문이라는 주장도 있다). 세부적인 수량 데이터를 제시했는데도 알고 보면 엉터리인 영업 전망이 경영진에 혼돈을 불러일으킨 적이 수도 없이 많았다. 그래서 가끔은 아직 수적으로 나타나지 않은 사안을 예측하는 것이 관리자로서 내가 해야 할 가장 중요한 임무라는 생각까지 들었다.

그와 마찬가지로 노동시장 전반에 관한 통계나 실업률 통계, 변동률 총계 등에 치중해 논의하다보면 현 상황을 제대로 파악하기가 힘 들다. 유망 기술에 관한 전망이 변덕스럽게 자꾸 바뀌기 때문이다. 사 라져가는 기술과 진화하는 직업 생태계의 복잡한 구조는 수학적 도 구를 활용한 전통적인 분석 방식으로는 가늠할 수 없다. 그래서 전체 과정을 양적으로 나타내려고 시도하더라도 도표가 엄청나게 복잡해 지면서 교착 상태에 빠지거나 겉으로만 흉내낸 의미 없는 결과에 이 르고 만다.

다행히 내게는 객관적인 통계를 제시해야 할 직업적 제약이 없으 니, 보다 실질적인 사안을 중심으로 노동시장의 미래를 내다볼 수 있 다. 지금부터는 몇 가지 구체적인 예를 들고, 더 큰 그림을 그릴 수 있 게 비유를 통해 추론해 나가려고 한다. 그 첫 번째 예는, 미국 노동통 계국(BLS)이 상업 분야에서 가장 큰 구직시장으로 규정한 소매업이 다.[9]

노동통계국은 미국인 노동자의 약 10퍼센트인 1,450만 명이 소매업 에 종사한다고 보고했다.[10] 소매업 노동자를 대변하는 직종인 점원을 중심으로 그 동향을 분석해보자. 노동통계국은 판매를 담당하는 직 원의 숫자가 2012년에는 440만 명이었으며 10년 뒤에는 10퍼센트 성 장한 490만 명이 될 것으로 내다봤다. 그러나 이 수치는 현재 인구 동 향을 기준으로 추정한 것이지, 업계에서 실제 벌어지는 상황을 반영 한 질적인 분석 결과는 아니다.

정말로 어떤 결과가 벌어질지를 알아보려면 오프라인 매장에서 온 라인 매장으로의 변화가 고용에 미칠 영향을 고려해야 한다. 그럴 때 유용하게 활용할 수 있는 통계는 종업원 1인당 수익을 계산한 자료, 즉 회사의 연간 총수익을 종업원 수로 나눈 수치다. 그 수치는 그 회사가 얼마나 효율적으로 운영되며 노동 효율이 얼마나 높은가를 알아볼 기준이 된다.

미국 최대의 온라인 소매업자인 아마존의 지난 5년간 종업원 1인당 평균 수익은 85만 5,000달러였다.[11] 그에 비해 미국 최대의 오프라인 소매업자 월마트는 종업원 1인당 평균 수익이 21만 3,000달러 정도이다(소매업자들 중에 가장 높은 축에 든다). 그 말은 월마트는 매출 100만 달러당 직원 다섯 명을 고용한다는 뜻이다. 그런데 같은 액수의 매출을 올리는 데 아마존은 직원을 한 명 남짓밖에 고용하지 않는다. 그래서 매출액 100만 달러가 월마트에서 아마존으로 이동할 때마다 일자리 4개가 잠정적으로 사라지는 셈이다.

현재 두 회사는 거의 비슷한 물품을 취급한다. 그리고 월마트 역시 온라인으로 상당한 매출을 올리고 있으니, 온라인 판매에 따른 일자리 손실은 실제 드러나는 수치보다 훨씬 클 것이다. 또 양쪽 회사 모두 지금 상태를 그대로 유지하기보다는 앞으로 더욱 효율적으로 변화해나갈 가능성이 크다.

고용 손실의 최대치가 얼마나 되는지 가늠해보려면 모든 소매 거래가 갑자기 월마트 같은 매장에서 아마존 같은 웹사이트로 눈 깜짝할 사이에 이동한다고 상상하면 된다. 전체 노동 인구의 10퍼센트에 해당하는 인력이 오프라인 매장에서 점원으로 일하던 것이, 노동 인구의 2퍼센트가 온라인 소매 기업에서 일하는 상황으로 바뀐다. 그렇게 되면 미국 노동 인구의 8퍼센트만큼의 일자리가 줄어드는 것으로, 그 감소치는 2014년의 전체 실업률보다도 높다. 이런 이야기를 들으면 곧 엄청난 곤경에 빠지게 되는 걸까 걱정하는 사람도 있겠지만, 사실 그런 결과에 직면할 가능성은 적다. 모든 소매 거래가 온라인으로 옮겨갈 리는 없을뿐더러, 설사 그렇더라도 변화가 상당히 서서히 진행될 것이기 때문이다. 그렇다면 얼마나 서서히 진행된다는 말일까?

온라인 거래가 늘었다는 소식으로 떠들썩하지만, 알고 보면 현재 온라인으로 진행되는 소매 거래는 전체의 6퍼센트에 불과하다. 그 비율은 지난 4년간 매년 15퍼센트씩 꾸준히 성장한 수치이다.[12] 온라인 판매가 그 속도로 앞으로 20년간 지속적으로 성장하고(그럴 리는 거의 없지만) 매출 성장분이 모두 온라인에 집중된다고 치더라도(이 또한 가능성이 거의 없다), 기껏해야 소매 매출의 절반 정도가 온라인으로 거래되는 셈이다. 그렇게 되면 소매 매출액이 해당 기간 동안 거의 두 배 정도 성장한다는 의미인데, 그 정도 성장률은 지난 20년과 별반 다르지 않다. 다만 매출을 그만큼 올리는 데 직원은 지금보다 고작 10퍼센트만 더 있으면 된다.[13] 참고로 그 수치는 같은 기간에 오프라인 매장들이 전혀 성장하지 않는다는, 현실과 다소 동떨어진 가정하에 나온 것이다.

그렇다면 노동 인력에는 어떤 변화가 생길까? 노동통계국은 인구통계 연구를 기초로 향후 20년간 노동 인구가 고작 12퍼센트가 증가하는 데 그칠 것으로 내다봤다.[14] 다시 말해 그 기간에 노동 인구가 오프라인 매장에서 온라인 소매업으로 대대적으로 이동하면서 일자리를 빼앗길 노동자들은 전체의 2퍼센트에 불과할 것이라는 예측이다(즉 노동시장의 신규 수요가 10퍼센트 증가하는 동안, 공급은 12퍼센트가 증가해서, 공급이 수요 증가분을 살짝 초과하는 데 그친다). 20년 동안 2퍼센트의 일자리가 사라진다면, 한 해씩 계산하면 고작 0.1퍼센트 정도다. 지난 200년 동안 농업의 일자리 손실분이 매해 0.5퍼센트씩이었던 것을 생각하면, 그 정도는 경제 내부에서 충분히 흡수할 수 있다. 게다가 더 좋은 소식도 있다. 소매품 매출이 두 배로 증가하면서 그런 상품들을 디자인하고, 만들고, 운송하는 갖가지 분야에서 새로 생긴 일자리는 점원 일자리 손실분보다 많을 것이다.

그런데 잠깐, 방금 내가 앞으로 수요가 증가할 직종으로 운송을 꼽은 것은 실수다. 운송업은 사정이 전혀 다르다. 2012년 기준으로 미국에서 근무 중인 장거리 트럭 운송 기사들은 170만 명인데, 이들은 주의 경계를 넘나들며 운행하는 트랙터 트레일러나 그 밖의 화물 운반 차량 운전자들이다. 노동통계국은 이 같은 트럭 기사들의 수요가 앞으로 10년 동안 11퍼센트 증가할 것으로 예상했다. 하지만 그럴 리는 만무하다.

고속도로 운전은 일반도로 운전보다 훨씬 더 많은 기술과 경험이 필요하다고 생각할지 모르지만, 인조지능과 인조노동자의 완벽한 조합인 자율주행차 기술이 적용될 경우에는 정반대다. 고속도로는 정비가 잘 되어 있고 임의로 움직이는 장애물(보행자나 자전거 등)이 적으며, 도시의 좁고 복잡한 길보다 훨씬 예측하기가 쉽다. 자율주행 트럭을 운행할 기술은 이미 개발되어 있으며, 큰돈을 들이지 않고도 기존에 운행하던 트럭에 자율주행 시스템을 새로 장착할 수 있다. 그런 시스템을 갖춘 트럭들은 전면뿐 아니라 전후좌우를 모두 훤히 내다보고, 도로 상황이나 위험 지역, 각자의 임무 등에 대한 정보를 실시간으로 공유하며, 칠흑 같은 어둠 속에서나 정전이 되었을 때도 운행할 수 있다(기본적으로 세밀한 지도와 GPS, 그리고 라이더라고 불리는 세밀한 3D 레이더에 의존해 운행하므로 전조등이 필요 없다).

더구나 자극에 대한 반응 시간이 거의 0에 가깝다. 그렇기 때문에 자율주행 트럭들은 한데 모여 차간 거리를 몇 센티미터 정도로 가깝게 유지한 상태에서 안전하게 줄지어 달리는 플래투닝(platooning) 방식으로 운행할 수 있으며, 그에 따라 교통 체증이 줄고 연료가 15퍼센트 이상 절약되는 효과가 있다.[15] 쉬었다 갈 필요 없이 24시간 운행할 수 있으므로 운송 시간도 더 단축된다. 자율주행 트럭들은 피곤하지도, 술에 취하지도, 아프지도, 주의 집중이 흐트러지지도, 지루함을 느끼지도 않는다. 또 운전 중에 꾸벅꾸벅 졸거나 휴대폰 통화를 하지도 않고, 임금 인상과 처우 개선을 요구하며 파업에 나서지도 않는다. 2011년 한 해 동안 일어난 대형 트럭 관련 사고는 27만 3,000건으로, 사망자가 3,800명, 피해금액은 44억 달러 이상이었다.[16] 자율주행 트럭이라는 단 한 가지 혁신으로 9.11 테러의 희생자 수보다 더 많은 목숨을 해마다 구할 수 있을 것이다.

그런 운행 시스템은 초현대적인 몽상이 아니다. 이미 실제 고속도로 등지에서 시험 주행을 하고 있다. 최근에 이런 내용이 보도된 적이 있다.

"리오 틴토는 호주 필바라 철광 작업장에서 자동 트럭 150대를 운용하고 있는데, 이는 자율주행 트럭을 대규모로 도입한 최초의 사례다. 2년의 시범 운행 기간 동안 자율주행 트럭들은 매일 하루에 24시간씩, 화물 4,200만 톤을, 약 14만 5,000회에 걸쳐 실어 날랐으며, 주행 거리는 45만 킬로미터 이상이었다. 트럭들을 제어하는 통제 센터는 현장에서 1,500킬로미터 떨어진 퍼스에 있다. 트럭들은 미리 정한 경로로 이동하며 GPS 시스템을 활용해 화물을 적재하는 장소에서 내려놓을 장소까지 자율적으로 길을 찾는다."[17]

군이 미래를 내다보는 눈이 없어도 앞으로의 일이 눈앞에 그려질 것이다. 200만 명에 가까운 트럭 기사들은 10년 후에 과연 어떻게 될까? 내 생각에 적어도 이 문제에 관해서만은 노동통계국이 완전히 잘못 짚었던 듯하다. 트럭 기사들 거의 대부분이 일자리를 잃을 것이다. 그나마 트럭 기사들의 사례는 자율주행이 적용될 한 가지 분야에 불과하다. 2012년 기준으로 트럭 이외의 차량을 운행하는 기사들이 570만 명 이상인데, 그들 중 상당수가 자리에서 밀려날 것이 분명하다.[18] 나라면 미래의 직업을 고려하는 아이들에게 운전기사가 되기를 꿈꾸라고는 권하지 않겠다.

이러한 총계를 기준으로 보면 운전기사들은 줄줄이 일자리를 잃게 되겠지만, 소매업계에 종사하는 직원들은 그렇지 않다. 그러나 수적인 통계만 가지고 분석을 하다보면 겉으로 보이지 않는 깊은 진실을 놓치는 경우가 많다. 사실 여기서 중요하게 고려해야 할 문제는 전반적인 일자리 숫자가 아니라 그 일을 수행하는 데 필요한 기술이다.

인조노동자, 직업을 빼앗다

여기부터는 질적인 접근이 필요하므로 구체적인 사례를 들어가 며 설명하려고 한다. 매장에서 고객들에게 물건을 파는 데 필요한 기 술과, 온라인으로 웹사이트를 관리하는 데 필요한 기술에는 큰 차이 가 있다. 월마트에서 상품의 위치를 알려주는 일을 하던 상냥한 할머 니가 아마존에서 상품평을 모니터하는 일을 하려고 하면 그리 쉽지 는 않을 터이다. 고등학교를 졸업했거나 못했거나 학력에 넷플릭스 (Netflix: 미국 최대의 온라인 TV, 영화 서비스 회사-옮긴이)로 영화를 볼 때 말고는 컴퓨터를 다뤄본 적이 거의 없는 트럭 기사가 일할 만한 일자 리는 그리 많지 않을 것이다. 특히나 사무직에 있는 사람들도 자동화 로 자리에서 줄줄이 밀려나는 마당이니 더욱 그렇다. 자연 환경에서 시각 정보를 인지하고 작동할 수 있는 로봇 기기들이 실생활에 투입 되면 노동시장 곳곳에서 대량 실직 사태가 불거질 것이다. 인조노동 자들이 사방에서 그 모습을 드러내고 있다. 그중 몇 가지만 소개해보 겠다.

농장 근로자 현업에 종사하는 미국 농부들 200~300만 명의 생계 를 위협할 만한 프로젝트가 한창 진행되고 있다.[19] 유럽연합은 곡물 생산 계획인 크랍스(CROPS) 프로그램에 도입할 클레버 로봇(Clever Robot)이라는 이름의 로봇 프로젝트에 2010년부터 자금을 지원하기 시작했다. 프로젝트 총책임자는, "기간 설비가 부족하고 변동이 잦으며 적응하기 까다로운 농업 환경에서 꿋꿋하게 버티려면 농업 로봇이 지능을 갖추어야 한다"고 설명한다.[20]

캘리포니아 옥스나드에 사무실을 여는 스페인 회사 애그로봇 (Agrobot)은 딸기를 수확하는 상업용 로봇을 생산한다.[21] 이 로봇은 적당하게 익은 과일만 골라 수확한다. 애그로봇에서 직원을 모집한 다는 반가운 소식이 있지만, 공학 학위가 있어야만 지원 가능하다. 〈LA 타임스〉에서는 기획 기사로 캘리포니아 산타 마리아 딸기 농장 에서 힘겹게 일하는 멕시코계 이민자들의 생활을 그렸는데, 그 기사 에 소개되었던 31세 멕시코계 이민자 엘비아 로페즈에게는 그 소식 이 전혀 도움이 못 될 것이다.[22] 기회를 엿보는 건 애그로봇뿐만이 아 니다. 일본계 회사가 만든 다른 로봇은 딸기 수확에 소요되는 시간 을 40퍼센트나 줄일 수 있다고 한다.[23]

스탠퍼드대학교 졸업생이 벤처 자금을 지원받아 실리콘밸리에서 문을 연 스타트업 블루리버 테크놀로지스(Blue River Technologies)에 서는 잡초를 뽑는 로봇을 개발하고 있다. 회사 홍보물에는 이런 내용 이 들어 있다.

"저희는 곡물과 잡초를 구별하는 시스템을 만들어서 곡물이나 환 경에 피해를 주지 않고 잡초를 제거할 길을 모색하고 있습니다. 저희 가 개발한 시스템은 카메라, 컴퓨터 시력, 기계학습 알고리즘을 활용 합니다."[24]

앞으로 쏟아져 나올 기계 농민들은 자율주행차와 마찬가지로 어 두워도 문제없이 작동하기 때문에 대낮이 아니어도 일할 수 있어서,

사람들보다 작업 속도가 빨라야 할 필요도 없다.

물류 창고 근로자 과일을 수확해서 포장했으면, 포장한 박스를 싣고 내리는 작업이 필요할 것이다. 크기와 모양이 다양한 상자들을 어떻게 들고 어떤 방식으로 쌓을지에 인간의 판단력이 필요하므로 현재는 그 일을 사람들이 하고 있다. 그러나 실리콘밸리 스타트업인 인더스트리얼 퍼셉션(Industrial Perception, Inc.)은 그 모두를 바꾸고 있다. 여기서 개발한 로봇들은 트럭을 들여다보고 상자를 골라서 집어들 수 있다. 이 회사는 2013년 구글에 매각되었는데, 웹사이트에 따르면 자신들은 "미래의 성공을 위해 필요한 기술을 갖춘 로봇을 만든다"고 소개하고 있다.[25]

성매매업 종사자 성매매는 인간의 접촉이 있어야만 가능하다고 생각하는 사람이 많다. 현재 미국에서는 성매매를 대부분 법으로 금지하고 있지만 자위기구들은 불법이 아니다. 그리고 인공지능의 발전으로 자위기구들은 완전히 새로운 형태로 진화하게 될 것이다. 뉴저지에 본사를 둔 트루컴패니언(TrueCompanion) 같은 회사들은 실물 크기이며 상호작용이 가능한 섹스 인형을 여자와 남자 형태로 각각 개발했다(이름이 록시와 로키다).[26] 벨 연구소에서 인공지능 연구원으로 있었던 창업자 더글라스 하인즈(Douglas Hines)는 2010년 인터뷰에서, "인공지능 기술이 전체 프로젝트의 기반이다"라고 밝혔다. 트루컴패니언은 자사 로봇에 대해 이렇게 설명한다. "록시는 대화를 나눌 수 있고, 자신의 사랑을 표현할 줄 안다. 말하고, 듣고, 감촉을 느낄 줄 아는 로봇이다."[27]

전 세계 인공지능 연구실에서 현재 진행 중인 그 밖의 프로젝트들은 일일이 언급하기 어려울 정도로 많다. 빨래를 개고, 그릇을 한 번 헹궈서 식기세척기에 넣고, 마트에서 구입한 물품들을 봉지에 담고, 커피를 타오고, 심지어는 엘리베이터 위치를 알려주는 로봇까지 있다.[28]

지금까지 소개한 예를 듣고 지적 노동이 필요한 직무에 종사하는 사람들은 안심할지 모르겠지만, 마음을 놓기에는 아직 이르다. 인조 노동자들이 인간의 육체 노동을 대신하는 것과 마찬가지로 인조지능의 활동 영역이 점차 넓어지면서 그들 역시 엄청난 피해를 입게 된다. 기술 발전은 직종을 가리지 않는다.

우선 법률 관련 업종부터 생각해보자. 미국 변호사 협회는 2010년을 기준으로 변호사 자격증을 가지고 있는 사람이 120만 명이며, 그중 4분의 3 정도가 변호사로 활동하고 있을 것으로 추정한다.[29]

그간 전문 법조인이 되기 위한 길은 절망적일 정도로 힘들었다. 그래서 로스쿨에 입학하면 성공을 거두었다고들 생각했다. 출셋길에 올라섰다고 보았음은 물론이고 말이다. 그러나 이제 더 이상은 아니다. 실리적인 현 세대가 경제적 현실에 눈을 뜨면서 로스쿨 지원자들은 해가 갈수록 줄고 있다. 로스쿨 입학 위원회는 2014년에는 2년 전보다 지원자가 30퍼센트 가까이 줄어들어 1977년 수준으로 되돌아갔다고 발표했다.[30] 로스쿨 학생들은 졸업과 동시에 많게는 15만 달러 이상의 빚을 지고 사회에 나오는데, 졸업생 초봉은 그전 두 해보다 17퍼센트 줄어든 6만 달러에 불과하다.[31] 그래도 직장을 구한 졸업생들은 그나마 운이 좋은 편이다. 2009년에는 로스쿨 졸업생 중 무려 35퍼센트가 일자리를 찾지 못했다.[32]

물론 변호사들의 취업에 영향을 주는 원인에는 여러 가지가 있겠지만, 자동화가 그 원인 중 하나임은 분명하다. 그런데다 자동화에 따른 영향은 이제야 나타나기 시작하는 참이어서 앞으로 더 큰 위력을 발휘할 것이다. 지금까지 법률 업무에서는 컴퓨터가 법률 문서를 보관하고 관리하는 데 주로 사용되었다. 컴퓨터를 활용하면 계약서나 소송 사건 적요서 초안을 쓸 때 완전히 처음부터 시작하지 않아도 되므로 비용청구 시간을 줄이는 효과가 있었다. 그러나 최근 법에 기술을 접목한 서비스들이 등장하기 시작하면서, 사업체 간에 간단한 계약을 체결할 때는 변호사의 도움이 거의 필요치 않거나 아예 없어도 되는 수준으로 바뀌어가고 있다. 이 분야에서 혁신을 주도하는 기업가들은, 전문성이 절실히 필요한 분야라 할지라도 반복적으로 처리하는 업무가 어느 정도는 있기 마련이므로 인조지능을 접목할 여지가 충분하다는 점에 주목했다. 그래서 대출, 리스, 면허, 법인 서류 등 통상적인 계약서들은 완벽하게는 아니더라도 초고 정도는 컴퓨터 프로그램으로 작성할 수 있게 되었다.

신생 기업 몇 군데를 예로 들면 우선 페어다큐먼트(FairDocument)라는 스타트업이 있다.[33] 이 회사는 업무 내용이 비교적 명확하고 정례적인 상속 설계 분야를 주로 취급한다. 웹사이트상에서 고객들을 인터뷰해서 기본 자료를 준비하는데, 고객이 주어진 몇 가지 기본 질문에 답변하면 변호사들이 입찰을 통해 일감을 맡는다. 비교적 간단한 상속 설계 서비스는 기본 수임료인 995달러 선에서, 그 밖의 사건은 3,500달러에서 5,000달러 사이에서 책정된다.

그렇게 되면 변호사들의 수입이 너무 줄어드는 것 아닌가 싶겠지만, 그 이후 진행 단계 덕분에 결국에는 변호사들에게 이득이 된다. 업계에서는 보통 고객을 직접 만나거나 아니면 전화 통화로 관련 내용을 설명하고 필요한 정보를 수집한 뒤, 몇 시간에 걸쳐 기본 서류를 작성한다. 그러나 페어다큐먼트에서는 고객들이 직접 온라인상에서 기본적인 정보와 관련 내용을 찾아 읽고 고객 정보를 입력한다. 그렇게 작성된 기본 문서를 전달받으면 변호사들은 각자 판단과 절차에 맞게 진행한다. CEO인 제이슨 브루스터(Jason Brewster)의 설명에 따르면 페어다큐먼트 소프트웨어 덕분에 변호사들이 기본적인 상속설계 건을 처리하는 데 드는 시간이 최소 15~30분에서 많게는 몇 시간까지 단축되었다. 게다가 페어다큐먼트는 신규 고객을 발굴해서 변호사들에게 소개하는 역할도 한다.

변호사들의 전문 영역을 넘보는 한층 발전된 인조지능에는 주디카타(Judicata)라는 스타트업도 있다.[34] 이 회사는 기계학습과 자연언어 처리기술을 이용해서, 법리·판례와 같은 문서를 구조화된 정보로 바꾼 다음 관련 사례를 찾는다. 예를 들면 부당한 해고를 당한 히스패닉계 동성애자 남성과 관련된 모든 판례를 찾아봄으로써 법률 도서

관을 직접 찾아가거나 기존 컴퓨터 검색 도구로 찾아보는 데 드는 막대한 시간을 절약할 수 있다.

그 밖의 스타트업들은 최초 평가, 개시(開示: 공판 전 증거 서류나 사실을 제시하는 절차-옮긴이), 문서 검토, 문서 작성, 내부 조사 등 시간 소모적인 절차를 파고든다.[35] 또 "피고가 재정 신청을 하거나 즉결심판을 신청할 경우 판사가 승낙할 가능성은 얼마나 되나요?" 혹은 "본인과 유사한 지적 재산권 사례에서 사람들이 자주 범하는 실수는 무엇인가요?" 같은 의뢰인들의 개별적인 질문에 실질적인 법적 조사를 거쳐 전략적 조언을 해주는 곳도 있다.[36]

어떤 법률 사무소는 막후에서 활동하던 지능적인 기계를 명패에 버젓이 드러낼 생각을 하기도 한다. '로봇, 로봇 앤 황'이라는 변호사 사무실이 있다면 어떨까. 물론 이름은 장난으로 지어낸 것이지만, 실제로 그런 회사가 있다. 팀 황(Tim Hwang)은 하버드대학교를 졸업하고 UC 버클리 법학 박사 학위를 받은 변호사다. 그는 웹사이트에서 자신의 사무소를 이렇게 소개한다.

"저희는 보수적이고 고리타분해지기 쉬운 법률 분야에 과학 기술, 스타트업, 컴퓨터 사이언스 분야를 접목시키고자 합니다."[37]

밥그릇을 지키려는 변호사들의 노력에도 불구하고, 갈수록 많은 스타트업들이 인터넷을 활용해 자동화된 법률 자문을 다양하게 제공함으로써 법을 적용하는 방식과 주체에 관한 제약을 뛰어넘고 있다. 그런 스타트업들 중에는 몇 명의 변호사들을 두고 고객에게 전달할 서류를 검토하는 업무를 전담시키는 곳도 있다. 그러나 변호사들은 고객을 소개받아 개별적으로 일을 진행하고 회사는 변호사들이 일을 처리하는 데 필요한 여러 가지를 자동화된 시스템으로 제공하는 방식이 보다 일반적으로 활용된다.

　그런 가상 변호사 사무실은 변호사들의 가택 근무를 허용해서 사무실 유지 비용을 절약하고, 경력 많은 비서들 대신 정교한 컴퓨터 시스템을 도입해서 경비를 절감함으로써, 변호사들이 더욱 독립적으로 활동하고 각자의 업무를 자율적으로 통제하는 일하기 좋은 환경을 제공한다. 로스쿨 졸업 후 기존 법률사무소에서 바로 일자리를 구하기 힘든 초보 변호사들에게 대단히 좋은 기회임은 말할 필요도 없고, 회사 내 정치적인 문제에 질렸거나 자신이 수임한 사건 수수료의 상당 부분을 회사 몫으로 내놓는 데 불만이 많았던 경력 많은 변호사들로서도 구미가 당기는 근로 조건이다. 그 같은 변화의 바람 덕분에 수백만 명의 잠재 고객들이 법률 서비스에 보다 쉽게 다가갈 길이 열렸으며, 질 높은 법률 서비스를 보다 낮은 비용에 이용할 수 있게 되었다.

　로스쿨들이라고 뒷짐을 지고 지켜보고만 있지는 않는다. 실례로 스탠퍼드대학교의 신생 학문인 법정보과학은 법학 교수들과 컴퓨터 공학 교수들이 함께 가르친다. 전공 설명에는 이런 대목이 나온다.

　"자판기에서 카푸치노를 빼서 마시듯 상황에 적절한 법률 정보를 인터넷에서 쉽게 얻을 수 있다면, 변호사들은 어떤 역할을 하게 될 것인가? 이 수업을 들으면 5년 후 변호사의 직업이 어떻게 바뀔지를 예견할 수 있다."

그렇다면 변호사의 직업적인 매력이 예전보다 덜해진 것처럼 의사들에게도 영향이 있을까? 의료 분야는 '의원'에게 진료를 보던 시대에서 출발해 발전을 거듭해왔다. 그런데 정보 기술의 발전으로 지금까지보다 더욱 놀라운 변화가 의료계에서 진행되고 있다.

가장 근본적인 변화는, 의술은 직관과 판단력에 의지하는 기술이 아니라 통계와 데이터를 따르는 과학이라는 의식의 확산이다. 지난 시절에는 한 개인이 전 세계적으로 통용되는 의료 지식을 충분히 체득할 수 있다고 생각했다. 그러나 지난 50여 년을 보내면서 무수히 많은 연구와 임상 시험, 인간의 몸과 마음이 작용하는 원리에 대한 깊은 지식 등의 정보는 한 개인이 이해할 수 있는 수준을 초월한다는 점이 분명해지고, 결국 의학은 수많은 전문 분야로 나뉘어졌다. 그래서 오늘날 '1차 진료기관'들은 아주 간단한 질병이 아닌 이상, 직접 환자들을 치료하기보다는 전문의들에게 보내는 역할에 치중한다.

그러나 의료를 분할해서 정복하려는 그 같은 전략에는 예기치 못한 부작용이 따른다. 여러 의사들의 개별적인 활동을 일관성 있게 조정하기가 갈수록 어려워진 것이다. 그 이유는 다음 두 가지 때문이다. 첫 번째로 완벽한 그림을 머릿속에 담고 있는 사람이 아무도 없고, 혹여 있다고 하더라도 최선의 실천 계획을 만들어내는 데 필요한 지식이 없는 경우가 대부분이다. 두 번째로 전문의들은 그들이 전공한 특정 신체 부위나 조건의 치료에 중점을 두고, 환자가 치료받고 있는 다른 처치법과 상충되거나 부작용이 생길 가능성에 대해서는 주의를 덜 기울이는 경향이 있다. 그래서인지 오늘날의 의료업을 생각하면 나는 히로니뮈스 보스(Hieronymus Bosch: 15세기에 활동한 네덜란드 화가-옮긴이) 그림에서 삼지창을 든 작은 악마가 악마 특유의 고통을 가하는 이미지가 떠오른다.

환자로서는 물론 모든 분야에 걸친 전문 지식이 있고 최신 의료 정보와 가장 효과적인 모든 치료법을 알고 있는 최고의 의사에게 치료받기를 희망할 것이다. 그러나 그런 완벽한 인간은 존재하지 않는다.

그리하여 사람들은 IBM의 왓슨을 영입한다. 제퍼디 퀴즈쇼 역대 챔피언이었던 브래드 러터와 켄 제닝스와의 대결에서 큰 승리를 거둔 뒤, 왓슨은 새로운 도전의 무대에 투입되었다. 2011년 IBM과 미국 최대의 의료보험 회사인 웰포인트(WellPoint)는 왓슨의 기술을 의료 발전에 적용하기 위한 협력을 맺었다. 두 회사는 다음과 같이 발표했다.

"왓슨은 책 100만 권이나 약 2억 페이지에 해당하는 데이터를 꼼꼼하게 살펴 추려내고, 그 정보를 분석해서 3초 이내에 정확한 답을 내놓습니다. 웰포인트는 그런 탁월한 능력을 활용하여 왓슨에 의학 데이터를 내장하고 의사들이 환자의 특이 사항을 입력하면 가장 가능성이 높은 병명과 복잡한 상황에 맞는 치료법을 찾아낼 것으로 기대합니다. 왓슨은 앞으로 의료진의 의사 결정 과정을 도울 유능한 도구가 될 것입니다."[38]

IBM은 50년 전에 인공지능 분야에 처음 진출했을 때처럼, 밥그릇을 내어줄 입장에 처한 사람들의 성미를 건드리지 않으려고 여전히 조심하고 있다. 어떤 사람에게는 전문적인 판단에 도움이 될 유용한 도구일지 모르지만, 다른 쪽에서 보면 실업자로 내몰린 원인이 될 수도 있기 때문이다.

자기가 몸담은 분야가 대단히 폭넓고 너무 빨리 변해서 완전히 통달하기 어렵다는 사실을 인정하고 싶어 할 사람은 없다. 더군다나 의사들이 환자들을 치료할 권리를 순순히 내어줄 가능성은 더더욱 적다. 그러나 어느 쪽이 더 나은 선택인지가 결과를 통해 드러나면, 환자들은 과로에 쫓기는 의사보다는 세심하게 주의를 기울이는 로봇에게 진료받기를 원할지 모른다. 돈을 찾으러 은행 창구로 직접 가기보다는 현금자동인출기를 사용하는 사람들이 더 많듯 말이다.

앞일을 걱정해야 할 사람들이 의사들과 변호사들에만 한정되지는 않는다. 그 밖에도 무수히 많은 직업이 변화를 앞두고 있다. 예를 들어 높은 연봉을 받는 민간항공기 조종사들 역시 앞으로 자리에서 줄줄이 밀려날지 모른다. 특히 승객의 이익을 우선적으로 고려한다면 그럴 가능성은 더욱 높아진다. 치명적인 비행기 사고는 조종사들의 실수 때문인 경우가 가장 많다. 항공 안전이 엄청나게 강화되었음에도 조종사들의 실수로 인한 사고 비율은 지난 50년 동안 발생한 사고의 약 50퍼센트를 차지했다.[39] 그에 비해 기계적인 결함 때문에 발생한 사고는 전체의 20퍼센트에 불과했다.[40] 자동운항장치는 현재 고도로 발달되어 있어서, 특정 조건에서는 조종사들이 수동으로 비행하지 말고 반드시 자동운항장치를 사용하도록 규정되어 있을 정도다. 훈련받은 조종사가 조종석에 앉아서 비상 상황에 대비하고 있으면 자동운항장치보다 안심이 된다고 느끼는 사람들도 있겠지만, 거꾸로 조종사가 우울감에 빠져 고의로 비행기를 추락시키는 끔찍한 사태가 벌어질 우려를 안고 있다고도 볼 수 있다. 실제로 지난 25년 동안 그런 이유로 비행기가 추락해 전원 사망에 이른 사건이 3건 이상이었다.[41]

다양한 환경 조건에서 근무하는 교사와 교수들 역시 기술로 충분히 대체할 수 있다. 그런 현상은 요즘 자주 언급되는 '거꾸로 교실(flipped classroom)'에도 나타난다. 거꾸로 교실에서는 학생들이 집에서 온라인 수업을 들으며 학습하고, 학교에서는 교사나 조교의 도움을 받으면서 숙제를 한다. 교사들은 학생들 앞에서 직접 수업을 진행하기보다는 그저 '학습 코치'의 역할만 맡는다. 그러면 필요한 자격 요건이 줄어들고 직업적 성격이 변화하면서, 그렇지 않아도 이미 궁지에 몰린 교사들이 더 큰 도전에 직면하게 될 것이다.

하지만 이 모두는 그저 몇 가지 예에 불과하다. 앞으로 수십 년 내에 자동화의 영향을 새로이 받을 직업이 얼마나 많을까? 가늠하기가 쉽지는 않지만, 옥스퍼드대학 연구진은 대담하게 양적 연구법을 채택해서 노동통계국이 정리한 702개 직업군에 필요한 기술과 실용화를 앞둔 기술을 대비해 비교했다. 연구진은 사무직, 생산직을 가릴 것 없이 미국 전체 직업의 47퍼센트가 대대적으로 자동화될 가능성이 높다고 내다보았다. 특히 "데이터 마이닝(Data Mining), 머신 비전(Machine Vision), 계산통계(Computational Statistics), 그 밖의 여러 인공지능 분야들과 모바일 로보틱스(Mobile Robotics) 등을 포함한 기계학습 분야의 발전이 그런 동향을 이끌 핵심 동력"[42]이라고 지목했다. 분야별로 약간의 차이는 있겠지만 결국 전체 노동 인구의 절반 가까이나 되는 사람들이 근래에 기계에게 자리를 내어줄 위험에 처해 있는 셈이다.

잉여노동자를 위한 대안, 직업대출

그렇다면 시대에 뒤떨어진 기술을 보유한 잉여 노동력에 대해서는 어떤 조치를 취해야 할까? 물론 이들에게 새 기술을 전수해야 한다. 그냥 아무 기술이 아니라, 고용주들이 돈을 주고 사갈 만한 기술을 말이다. 그리고 어떤 기술이 필요한지 정확히 아는 것은 고용주 자신들뿐이다.

그런데 생각해보면 우리는 직업교육과 관련해 두 가지 큰 실수를 범하고 있다. 첫 번째 실수는 학생들에게 가르칠 내용을 거의 학교가 나서서 결정한다는 점이다. 공인된 교육 기관들은 경제 동향에 대응하는 실력이 그다지 신통치 못하다. 커리큘럼을 개발하는 행정관들이 현장에 나가서 경제에서 중요하게 작용할 신기술을 조사하고 적용하는 관례가 마련되어 있지 않으므로, 변동하는 추세를 그때그때 반영하기가 어렵다. 내 아이들이 왜 고등학교 때 타이핑, 통계적 추론, 중국어같이 더 실용적인 기술을 배우지 않고 펜글씨, 미적분, 프랑스어를 배워야 했는지 의문이다(물론 읽기와 쓰기처럼 예나 지금이나 마땅히 배워야 하는 기술도 있다).

그렇다고 교육 커리큘럼을 오로지 직업과 관련해서만 결정해야 한다는 뜻은 아니다. 배움과 훈련은 별개의 것이다. 다재다능하고, 역사를 보는 눈이 있고, 생각을 분명히 표현하고, 사려 깊은 시민을 키워내는 활동에는 엄청난 가치가 있다. 그러나 그런 핵심 영역을 제외한 나머지 부분은 유용하고 시장성 있는 기술을 학생들에게 전수하는데 초점을 맞춰야 한다. 주기율표를 달달 외우고 편미분에 머리를 싸매는 것은 그런 핵심에서 벗어난 활동이라고 생각한다. 휴가 때나 쓸(vacational) 기술이 아니라 일에 필요한(vocational) 기술에 치중해서 학생들을 가르쳐야 마땅하다.

두 번째 실수는 먼저 학교에서 배우고 졸업한 뒤에 직업을 찾아야 한다는 암묵적인 믿음이다. 그런 생각은 직업이나 관련 기술들이 한 세대에 걸쳐 천천히 바뀌는 상황에는 맞지만, 오늘날처럼 빠르게 변하는 노동시장에는 적합하지 않다. 배움과 일의 두 단계가 번갈아 배치되거나, 적어도 새로운 기술을 습득할 기회가 어디든지 있어서 사람들이 기회를 쉽게 찾을 수 있어야 한다.

직업교육에서의 그 두 가지 실수를 만회하려면 한층 진보한 경제 정책이 필요하다. 가장 먼저 해결해야 할 질문은 시대에 뒤떨어진 기술을 갖춘 근로자들을 재교육시킬 비용을 누가 감당할 것인가이다. 당연히 그로 인해 가장 큰 이익을 볼 주체가 비용을 부담해야 마땅할 터이다. 그러나 궁지에 처한 실업자들이 어떻게 각자 능력에 알맞은 교육을 찾고 비용을 마련할 것이며, 또 교육 내용이 정말 필요한 기술인지 어떻게 확인할 수 있겠는가?

주택 마련에 도움을 주기 위한 대출 상품이 따로 있듯이, 취업을 목표로 한 직업교육에 대출을 해주는 시스템을 도입하면 된다. 대출금은 돈을 빌려준 정부나 은행이 아니라 수익자 개인이 상환한다. 주택 담보대출에서는 집에 화재가 발생한다든지 아니면 대출금을 상환할 능력이 안 된다든지 하는 문제가 발생하면 보증금에 해당하는 돈만 포기하면 된다. 대출 대부분이 '비소구(non-recourse)' 대출이어서, 채무불이행이 발생할 경우 대출기관에 돌아가는 것은 담보로 잡은 자산 그 자체뿐이기 때문이다. 달마다 지급하는 대출 상환금을 갚지 못해서(혹은 갚지 않기로 결정해서) 집을 버리는 것은 분명 가슴 아픈 일이다. 대출기관뿐 아니라 돈을 빌린 개인들도 위험 부담이 있다는 사실을 알고 있으며, 양자 모두 개인의 자산이 그만한 가치(혹은 적어도 대출금을 충분히 갚고 남을 정도의 가치)가 있다고 확신한다. 대출기관이 담보대출을 승인하기 전에 시장 가치를 조사하는 것도 바로 그런 이유에서이다.

그와 비슷한 원칙을 직업교육을 받기 위한 대출에도 적용할 수 있다. 그런 대출 유형을 간단히 '직업대출'이라고 부르기로 하자. 직업대출을 운용하는 방법에는 여러 가지가 있겠지만 여기서는 그중 하나만 소개해보겠다. 간단히 설명해서 직업대출을 신청하려면 잠재적인 고용주(현재 일하고 있는 직장의 고용주가 될 수도 있다)의 보증을 받도록 정하는 방법이다. 이는 자산을 담보로 대출을 받을 때와 비슷한 원리다. 상황이 매끄럽게 흘러갈 경우 그 사람을 고용할 가능성이 크지만 그렇다고 고용주가 반드시 고용하겠다고 약속하는 것은 아니고, 당사자 역시 그 직장에서 꼭 일하겠다고 서약하는 것은 아니다. 정확히 말하면 당사자는 미래의 일자리에 지원하고, 고용주는 일정 기간 내에 그 사람이 지원한 일자리에 사람을 충원할 의향이 있다는 사실을 담은 의향서를 발행하게 된다.

고용주들은 적당한 기술이 있는 직원을 뽑는 데 어려움을 겪는 경우가 많으므로, 고용주들로서도 좋은 기회다. 모집 예정인 직원 수만큼만 이런 고용의향서를 발행할 수 있으므로, 직업대출을 신청할 수 있는 사람들의 숫자는 규제하지 않아도 자연적으로 제한된다. 교육과정 이수 후에 실제로 해당 근로자를 고용한 고용주들에게는 세제특혜(근로자 임금에 비례해 고용주가 부담하는 급여세를 최초 6개월 동안 면제해준다든지 하는 방식으로)를 주어서 더 많은 이들의 참여를 유도한다. 반대로 고용의향서를 마구잡이로 발행하고 이행하지 않은 경우가 일정 비율 이상인 고용주들에게 벌금을 부과할 수도 있다. 고용주들에게 약간의 예치금을 받아두었다가 직원을 뽑았을 때에만 되돌려주는 식으로 운용하면 벌금을 받는 문제는 손쉽게 해결된다. 한편 고용주들에게는 필요한 기술을 습득하는 데 적합한 교육과정을 인증할 의무가 부과된다. 때에 따라서는 고용주가 직접 과정을 개설할 수도 있다.

교육기관에 등록한 사람들 대부분이 직업대출을 받아 학비를 조달할 것이므로, 교육생 숫자가 시장에서 필요한 인력 수준에 맞게 자연스럽게 조정될 것이다. 또 교육내용은 자연스레 관련 기술로 초점이 맞추어진다. 그렇지 않으면 고용주들이 기술 습득에 도움이 되는 교육과정으로 인증하지 않을 테니 말이다. 그래서 정부가 굳이 나서서 이 프로그램들을 공식적으로 인증할 필요가 없으며, 시스템들은 사실상 자율적으로 규제된다.

구직 희망자들로서는 급여로 받는 돈으로 대출금을 갚는다는 데 의미가 있다. 즉 미래에 받을 급여가 담보 역할을 하는 것이다. 담보 대출을 심사할 때 부채상환비율을 고려하는 것과 마찬가지 이치로, 대출 상환금은 정해진 비율(예를 들면 실질 소득의 25퍼센트) 내에서만 지불하도록 정한다. 만일 실소득이 정부가 정한 최저생계비의 150퍼센트 선까지 내려가면 월별 상환금을 일부만 납부하도록 하거나 유예한다. 대출금을 오로지 벌어들인 소득으로만 갚기 때문에, 근로자가 어떤 이유에서든지 일자리를 잃게 될 경우 대출금 상환은 실질적으로 중지되고(다만 이자는 계속 불어날 수도 있다) 분할 상환금은 자동으로 재계산된다.

교육을 제대로 받지 않아서 예상했던 일자리에 취직하지 못하고 다른 일자리도 마땅히 없는 상황이거나, 혹은 교육생이 그냥 취직을 안 하기로 결정했을 때에는 어떻게 해야 할까? 주택 담보대출에서와 마찬가지로, 그렇게 되더라도 교육생이 대출금의 일정액을 갚을 의무가 있다. 주택을 살 때 평균 예치금은 집값의 20퍼센트 정도이므로, 갚아야 할 금액은 그 정도 선에서 결정하면 될 것이다. 그래서 실직 상태로 있는 유예기간이 지나면, 벌어들이는 수입이 얼마가 되었든 수입의 20퍼센트를 상환하는 식으로 적용할 수도 있겠다. 담보대출의 위험이 오늘날 그런 방식으로 효과적으로 잘 관리되고 있으므로, 직업대출에도 같은 규정을 적용하면 큰 무리가 없을 터이다.

더 구체적으로 계획해야 할 부분들이 많지만, 어찌 되었든 핵심 취지는 규정과 정책을 통해 현재 큰 문제를 낳고 있는 학자금 대출 제도를 보완하고 대체할 새로운 형태의 금융 수단인 직업대출을 만드는 것이다. 영리를 추구하는 대학들이 정부의 대출용 자금을 거둬들이려는 욕심에서 빚을 감당할 능력이 없는 무고한 학생들에게, 그것도 부적당한 교육과정을 제공하면서 대출 부담을 떠넘기고, 그 결과에 대해서는 나 몰라라 하는 경우가 허다하다. 제 밥그릇에만 관심을 쏟는 대학들의 횡포에 정부가 최근 일정 수준의 졸업률과 취업 전망을 유지할 의무를 부과하는 등 강경한 입장을 보이기도 했지만, 사실 이 문제를 해결하기 위한 그간의 노력은 대학에 등급을 매기거나 유인책을 써서 대학들 스스로 개선하도록 회유하는 것이 고작이었다.[43] 그렇지만 제대로 된 공공 정책을 통해 고용주, 대출기관, 교육생들을 위한 적절한 경제적 동기를 제공한다면, 기술을 습득하고 실용교육과 인성교육 모두를 아우르는 재교육 과정을 만들 수 있으리라 본다. 그러면 지금보나 훨씬 효과적인 교육 과정이 될 것임은 말할 필요도 없다.

직업대출이라는 개념은 과거의 도제나 인턴십 모델을 자유시장에 맞게 현대화한 것이다. 가장 큰 장점은 교육이 특정 회사나 직급에만 국한되지 않도록 일정 부문 분리시켜서 고용주와 직원들 모두에게 득이 되도록 배려한 데 있다. 지금까지는 회사들에게 교육 과정을 운영하도록 떠넘기고 달갑지 않거나 적절하지 않은 일자리에 직원들을 붙잡아두는 등, 도제 형태의 노역과 다름없는 제도로 저임금의 수습직원을 키워내는 게 전부였다. 그러나 이제 구직자들로서는 새로운 기술을 습득한 뒤 가치를 인정받을 수 있는 일터에 문을 두드리고, 고용주들은 숙련된 노동 인구가 늘어나기 때문에 적당한 직원을 뽑기 한결 수월해진다. 경제에서 돈의 역할에 기름칠을 조금 하는 것만으로도 이런 소득을 얻을 수 있다. 나는 왜 직업 기술을 여타 자산들과는 다르게, 꼭 무슨 중세의 물물교환 제도 다루듯 해서, 결국 엄청난 사회적 비용을 발생시키는지 의문이다. 메이저리그 스포츠 선수가 미래 연봉을 담보로 내세울 수 있다면 일반인들이라고 그렇게 못할 이유가 있겠는가?"

내가 제안한 직업대출이라는 개념 자체는 새로운 것일지 모르지만, 그런 기본적인 접근법은 전혀 새로운 것이 아니다. 시카고학파(미국 시카고대학을 중심으로 하는 경제학자들의 그룹으로, 신자유주의를 표방했다-옮긴이)의 리더였던 밀턴 프리드먼은 1955년에 〈교육에서의 정부의 역할The Role of Government in Education〉이라는 제목의 글을 썼다. 그 글에서 프리드먼은 '시민으로서의 일반교육'과 '직업교육'을 구별했다. 그리고 직업교육은 물적 자산과 마찬가지로 투자 대상으로 분석되어야 하며, 정부 정책은 직업교육에의 투자(보조금이 아니라)를 촉진시키는 방향으로 나아가야 한다고 권고했다. 프리드먼은 이렇게 설명했다.

"각 개인은 그에 대한 보답으로, 향후의 소득에 대해 그 방식으로 벌어들인 1,000달러를 초과하는 y달러에 대한 x퍼센트를 매해 정부에 지불하기로 협의한다. 대안으로 민간에서도 동일한 과정을 따르도록 유도할 수도 있는데, 이는 실현할 수만 있다면 상당히 바람직한 방법이다."[45]

그리고 실제로 오늘날 민간 부문에서 그런 식의 절차가 실행되는 예도 있다.[46] 시카고에 본사를 둔 에듀케이션 에쿼티(Education Equity, Inc.)는 특정 프로그램에 등록한 학생들에게 소득과 연계한 대출을 해준다. 다만 지금까지는 한정된 소규모로만 진행되어왔다.[47]

지금까지의 내용을 염두에 두고, 내 회사 직원으로 일하던 에미 내스토가 맞닥뜨렸던 문제로 잠시 되돌아가보자. 내 생각에 그는 순전히 교육 제도 때문에 실패한 경우다. 그가 소지한 경영학 학위는, 적어도 그가 사는 지역의 구직시장에서는 실질적인 가치가 거의 없었던 듯하다. 보고에 따르면 샌프란시스코 주립대학 학생들 중 6년 내에 졸업하는 학생들은 전체의 50퍼센트 이하이고, 졸업 후 6개월 이내에 전일제 직장에 취직하는 비율 역시 채 절반도 되지 않는다[48](그런데 대학들이 발표한 이와 관련한 공식 통계는 전혀 찾을 수가 없었다). 그럼에도 불구하고 대학들로서는 학생들이 기꺼이 학교에 다니고 수입료를 내기만(혹은 대출을 받아서 학비를 대기만) 한다면, 이런 상황을 면밀히 관찰할 동기가 없으며, 개선에 나설 의지는 더더욱 없다. 지역 고용주들은 학교에서 자질 있는 인력 양성에 힘쓰기를 간절히 바란다. 그런 고용주들의 공통된 기대를 어느 정도 충족시켜야만, 대학에서 학생을 모집할 수 있도록 만든다면 체계를 잡고 균형을 되찾을 계기가 마련될 것이다.

지구온난화가 난폭한 짐승처럼 우리를 위협하지만, 우리 인간들은 짐승과는 다르다. 동물들 대부분은 서식지 환경 변화를 이겨낼 방법을 강구할 선천적인 지능이 없지만, 인간에게는 있다. 지속적인 기술 발전으로 노동 생태계의 발달이 가속화하는 상황에서, 젊은 세대들을 위해서는 물론 우리 자신을 위해서도, 생산적이고 결실 있는 삶을 어떻게 준비해가고 있는지 새로운 시선으로 돌아보아야 한다.

잉여 노동자들이 생기고 보유한 기술들이 시대에 뒤떨어지는 현상은 온실효과와 마찬가지로 가속화하는 경제 발전으로 인한 어두운 단면이다. 그리고 세계 노동 생태계의 잠재적인 피해는 기후 변화에 상응하는 관심을 기울여야 할 만큼 심각하다. 혁신을 연료로 하는 번영이라는 엔진은 훌륭하고 아름다워 보인다. 그러나 엔진이 아니라 배기관 쪽에 서 있어야 한다면 말이 다르다. 자연 자원과 함께 선천적인 지혜도 재활용할 수 있다면 분명 우리 모두에게 큰 득이 될 것이다.

해결책은
있다

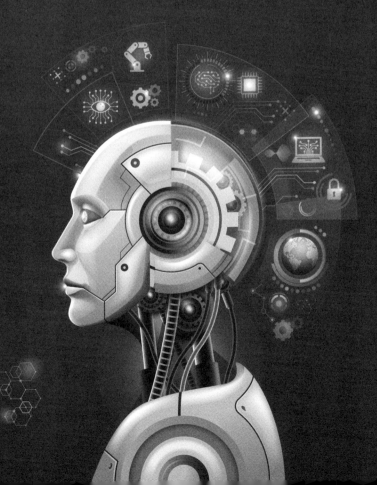

HUMANS
NEED NOT
APPLY

2025년 슈퍼볼 경기가 벌어지는 현장이다. 동전 던지기에서 이긴 시애틀 시호크스가 수비에 나섰다. 킥오프(kickoff: 경기를 개시하기 위해 공을 차는 것-옮긴이)를 하러 나선 신인 선수가 공쪽으로 다가가 위력적인 힘으로 공을 발로 찬다. 놀랍게도, 공이 완벽한 곡선을 그리며 허공을 가르더니 상대 팀 골포스트 정중앙을 정확히 통과하면서, NFL 역사상 최초의 킥오프 필드골(field goal)을 기록한다.[1] 관중들은 환호성을 지른다! 공격 기회를 두 번 더 거친 후에, 시호크스는 50야드 라인에서 공을 다시 잡는다. 그런데 보통 때처럼 스크리미지(scrimmage: 양 팀 선수들이 볼을 끼고 마주하며 그 팀 특유의 진영을 펼치는 것-옮긴이)를 하는 대신, 시호크스는 다시 필드골을 시도한다. 공은 이번에도 골포스트를 완벽히 뚫고 지나간다. 3점을 추가로 획득하는 순간이다. 그리고 또다시. 그리고 또다시 추가 득점. 이내 관중들이 들썩이기 시작한다. 경기가 생각했던 것과는 다른 방향으로 흘러가고 있기 때문이다. 패스하기 위해 공 한 번 안 던지고 연속해서 필드골을 30회 넣으면서 시호크스가 우승 트로피를 거머쥐고, 관중들은 야유를 퍼붓는다.

모두들 무언가 크게 잘못되었다고 짐작하지만, 도대체 무엇이 문제였는지는 정확히 알 수 없다. 시호크스의 신인 키커(kicker)의 유전자가 우수해서 그렇다는 이론이 제기되는가 하면, 예수가 마침내 시애틀에 재림했다고 주장하는 이들도 있고, 그 모두가 지구 온난화 때문에 발생한 기이한 통계적 사례라고 설명하는 사람도 있다.

얼마 지나지 않아, 시호크스 팀이 플레이스킥(placekick: 공을 땅에 놓고 차는 것-옮긴이) 기능이 있는 경량화를 그날 처음 신고 경기에 나왔다는 사실이 밝혀진다. 그 경량화는 NFL의 현 규정을 모두 충족했지만, 공을 차야 할 최적의 위치를 알려주는 기능이 내장되어 있는 지능형 신발이었다. 그래서 선수가 조준하는 데 특별히 신경을 기울일 필요 없이 그저 있는 공을 힘껏 발로 차기만 하면 되기 때문에, 그렇게 절약한 에너지로 공을 보통 때보다 50퍼센트나 더 멀리까지 보낼 수 있게 된다.

그 신발의 사용 문제를 두고 열띤 논의가 벌어졌는데, 대중의 의견은 크게 네 가지로 갈린다. 우선 보수주의자들은 현 규정과 규칙의 존엄성을 중시한다. 그들은 이렇게 주장한다. 경기 규칙은 기억도 잘 나지 않는 옛날부터 지금까지 전혀 문제없이 훌륭히 적용되어왔다.

팀들이 혁신을 원한다면 그런 도전적인 정신에 방해가 되어서는 안 된다. 말 그대로 공평한 경쟁의 장이 있고, 유사한 기술을 개발할 권리를 모든 팀에게 허용하면 문제될 것이 없다. 팀에서 지능형 신발을 개발할 능력이 안 된다면, 안타깝지만 적자생존의 순리에 따를 수밖에 다른 도리가 없다.

사실 보수주의자들은 1920년에 NFL이 설립된 이래로 바뀐 규칙들 전부 혹은 대부분이 상황을 악화시키기만 했을 따름이라고 생각한다. 그리고 규칙 변경으로 자신들의 세계 기록이 깨지는 상황을 원치 않는 부유한 전직 선수들이 후원한, 워싱턴 스포츠 분석 전문가들의 연구를 내세운다. 비영리단체 '신발의 자유를 위한 미국인 연맹' 주도로 자금을 든든히 지원받아 진행하는 홍보 캠페인은 '혁신가들이 아니라 관료주의자들을 차버려라'는 슬로건을 내걸고, 선수들이 족쇄를 차고 경기장에서 휘청거리는 모습을 텔레비전 광고로 내보낸다.

자유주의자들은 공평성에 초점을 맞춘다. 발전을 막아서고 싶지는 않지만, 그렇다고 어떤 팀은 지속적으로 유리한 조건을 차지하고 또 어떤 팀은 완전히 뒤쳐지는 상황 역시 원치 않는다. 그들은 특수 신발 착용을 허용하되, 필드골이 평균 수준으로 유지되도록 상대팀 골포스트 크기를 자동으로 조절해야 한다고 주장한다.

홍보회사들로 구성된 한 비공식적인 컨소시엄은 '인테그리티 (IntegRITy)'라는 공익 캠페인을 시작하는데, RIT가 무슨 의미인지는 아무도 정확히 모른다. '운동화를 구하자(Save Our Sneakers)'라는 이름의 자선음악회를 열고 이상주의적인 사회운동에 단골로 참여하는 가수들을 불러 당면 문제를 사회에 알리고 전 세계 학교와 경기장에 최첨단 전자식 골포스트를 설치할 기금을 마련하겠다고 계획하지만, 막상 알고 보니 최첨단 골포스트를 만들 기술은 석사 학위까지도 필요 없을 정도로 아주 간단한 기술이다. 이들은 1억 달러를 모금한 뒤 공인된 미식축구 경기장의 0.5퍼센트 정도가 이번에 새 골포스트를 설치할 수 있다고 자랑스럽게 발표한다.

한편 근본주의자들은 새로운 것은 무엇이든 금해야 한다고 생각한다. 그들은 가장 아름다웠던 추억 속의 과거를 낭만적으로 떠올린다. 그 당시 삶은 현대적인 변화에 오염되지 않아서 단순하고 아름다웠다고 여긴다. 근본주의자들 중에서도 아주 극단적인 사람들은, 이왕이면 모든 선수들은 신이 의도한 그대로, 즉 신발을 벗은 채로 경기에 나서야 한다고 믿는다. 근본주의자들은 조직화된 기독교 단체의 자금 지원으로 '착화 금지' 캠페인을 시작한다. 미식축구 경기가 열리는 곳에 격노한 노년층을 버스로 실어 날라 강력히 항의하고, 경기관람 거부 운동을 벌여서, 나중에 주최 측으로부터 무료입장권과 음료 쿠폰을 받는다.

진보주의자들이 보는 시각은 또 다르다. 그들은 경기를 하는 목적이 공익에 부합하기 위함이라고 본다. 그러려면 모든 선수들이 최선을 다하도록 유도하고, 각자 기량을 펼치는 경기를 열어야 한다고 믿는다. 그 목표를 달성하기 위해 새로운 발전이 대두하고, 그로 인해 간혹 경기 방식을 손봐야 하더라도 전혀 문제가 아니다. 그런 일은 오히려 NFL 운영위원들의 기본 의무라고 본다.

여론의 압박을 받은 합리적 보수주의자, 자유주의자, 근본주의자들은 마지못해 진보주의자들의 의견에 동의한다. 맨 처음 문제가 꼬이기 시작한 이유에 대해서는 서로 의견이 다를지라도 이제 문제가 해결되었으니 게임의 재미를 되살리기 위해 무언가 조치가 필요할 터이다. 진보주의자들에 대한 불만도 여전히 존재한다. 공교육에서 고교생 미식축구 선수들에게 공을 더 잘 차는 법을 가르치는 데 투자하는 것 말고는, 진보주의자들이 실행 가능한 그럴싸한 아이디어를 내놓지 못하고 있기 때문이다.

경제적 불평등 해소를 위하여

나는 경제적 진보주의자다. 뚜렷한 이유도 없이 대충 손을 보아서는 안 된다고 생각하지만, 경제는 공익을 위해 존재하지 그 반대는 아니라고 생각한다. 부자든 가난뱅이든, 부지런하든 게으르든, 모험적이든 변화를 기피하는 성격이든 상관없이 우리 중 그 누가 되었더라도, 사람들 대다수가 묵묵히 고통을 겪으며 살아가지만 최상류 계층은 원하는 것을 모두 가질 수 있는 세상에 살고 싶어 하지는 않을 것이다. 번영의 엔진을 계속해서 돌리고 전체적인 부와 풍요의 통계적인 기준을 끌어올릴 수는 있지만, 그 과정에서 빈곤하고 불행한 삶을 사는 사람이 더 많아진다면, 엉뚱한 평가를 내리고 있는 셈이다. 평균 임금이 계속해서 증가하고, 국내 총생산도 증가하고, 테슬라 모터스 대리점 수가 두 배로 늘었을지 모르지만, 모자라는 생활비를 충당하려고 취업 게시판 파트타임 일자리 정보를 뒤지는 것이 국민들의 여가선용으로 자리 잡았다면, 방향이 한참 잘못 잡혔다.

개인의 행복지수는 사회 내부의 경제적 격차가 가장 덜 벌어졌을 때 가장 높다고 많은 경제학 연구들이 밝혔다. 알려진 다른 요소들을 통제한 상태에서 실험해도 결과는 마찬가지였다.[2] 특히 최저 수준의 경제적 요건을 충족한 경우에는, 전반적인 부의 수준보다 개인의 소득 범위가 낮은 만족도와 더 밀접한 관련이 있었다. 의아하게 생각한다면, 1800년 미국에서 농업에 종사하는 인구의 비율과 평균 임금을 한번 생각해보라. 물가상승률을 감안해 계산하면 오늘날의 모잠비크나 우간다와 똑같은 수준이다.[3] 그런데 토머스 제퍼슨(Thomas Jefferson: 미국의 3대 대통령-옮긴이)이 살던 시대에 대부분의 사람들이 스스로가 지독히 가난하다고 생각했을 리는 없다.

여러 저명한 학자들이 이미 미국에서 소득과 부의 격차가 얼마나 벌어졌으며 그 원인이 무엇인지에 대해 연구하고 밝혀왔으므로, 여기서는 그 통계를 세세히 언급하지는 않겠다.[4] 그 연구들에 따르면 2차 세계대전이 끝난 이후로 미국 경제는 몇 차례 주춤거림이 있었지만 (그중 가장 주목할 만한 침체기는 지난 15년간이다) 비교적 꾸준히 성장해왔다. 1970년 이전에는 늘어난 성장분이 부자와 가난한 사람들에게 비교적 공평하게 분배되었다. 그러나 그 이후로는 새로 창출된 부의 대부분이 부자들에게 쏠리면서, 가난한 사람들은 저 멀리 뒤처져버렸다.

변화의 본질과 범위, 그에 따른 결과를 더 명확히 전달하기 위해 비유를 들어보겠다.[5] 100가구가 모여 사는 작은 마을이 있는데, 그 마을 사람들은 과수원 1,000에이커(약 400만 제곱미터)에서 나오는 과실을 주요 수입원으로 한다. 1970년에는 가장 부유한 5가구가 평균 30에이커씩을 소유하고, 가장 가난한 20가구는 3에이커씩을 가지고 있었다. 그리고 마을 중심가에는 식당, 신발가게, 남성복점 등 전형적인 부류의 상점들이 자리 잡고 있었다.

마을 재산은 점차 늘어나서 2010년 즈음에는 800에이커의 농지가 더해졌다. 1970년과 비교하면 마을 전체 재산이 80퍼센트나 증가한 것이다. 그러나 가장 부유한 5가구는 재산이 두 배 이상 늘어 각자 70에이커씩을 소유하고, 가장 가난한 20가구는 여전히 3에이커씩만을 소유한다. 가구 평균은 이제 18에이커가 되어서 1970년보다 10에이커 늘었지만, 마을 주민의 절반 이상은 8에이커도 안 되는 땅으로 근근이 살아가고 있다. 더 눈에 띄는 점은 가장 부유한 가구가 이제는 360에이커, 다시 말해 마을 농토의 20퍼센트를 소유하고 있다는 사실이다. 즉 재산 증가분은 이미 부자였던 사람들에게 대부분 돌아가고, 마을 주민 절반에 해당하는 가난한 사람들은 재산 증가에 따른 혜택을 거의 받지 못했다.

40년 만에 마을을 방문한 사람들은 엄청난 변화를 목격한다. 지극히 평범하고 단조롭기 그지없었던 마을 중심가에는 최신 스포츠 시설과 고가의 사치품 상점들이 들어찼다. 형편이 좋지 않아 사람들이 외식을 줄이면서 식당이 문을 닫고, 대신 제일 부유한 20가구 가족들만 주로 이용하는 고급 레스토랑이 생겼다. 비올 때 신는 장화를 진열해놓고 팔던 가게는 명품 펌프스를 진열해놓고, 남성복점은 유명 디자이너 의류 매장으로 바뀌었다. 마을을 찾은 손님은 이렇게 멋지게 발전했으니 마을 사람들이 아주 뿌듯해 하겠다고 생각할지 모르지만, 실상은 그렇지 못하다. 마을 사람들 대부분은 중심가 상점들을 이용하지 못한다. 대신 그들은 차를 타고 80킬로미터 떨어진 월마트까지 가서, 넉넉지 않은 돈으로 일주일 동안 먹고 쓸 물품을 사온다.

생활 수준의 격차가 이토록 막대하게 벌어지는 상황은 크나큰 불명예이므로, 개선해야 마땅하다.

내 기억에 아련한 옛날 그 시절에 부잣집에는 컬러텔레비전이 있었고 가난한 집에는 흑백텔레비전이 있었다. 그것만 빼면 사람들은 거의가 같은 학교(공립학교)에 다녔고, 같은 음식점에서 밥을 먹었으며, 디즈니랜드에 가서 똑같이 줄을 서서 기다렸다. 그러나 이제는 디즈니랜드의 매직 킹덤(Magic Kingdom: 미국 플로리다 디즈니 리조트에 있는 4개의 테마 중 하나-옮긴이)조차도 경제적인 현실에서 자유롭지 못하다. 내가 알기로 디즈니랜드 VIP 투어가 2010년에 새로 생겼다. 시간당 315~380달러를 추가로 내면 개별적으로 가이드의 안내를 받고, 줄 서서 기다릴 필요 없이 놀이시설을 무제한 이용할 수 있다. 놀이공원 정보와 소식을 다루는 웹사이트인 인사이드더매직(InsideTheMagic.net)에는 다음과 같은 가슴 저미는 글이 게시됐다.

"월트 디즈니는 자기가 만든 공원이 부자들의 전유물이 되는 것을 절대 원치 않았다… 나는 평범한 사람들이 메인스트리트 USA 한복

판을 다시 걸을 수 있는 날이 오기를 꿈꾼다. 부자든 가난하든 상관없이 모든 아이들이 미키마우스에게 안기고 공주에게 뽀뽀를 받는 그런 날이 오기를 말이다."

경제적 불평등 심화라는 재앙에 대처하려면 우선 목표를 세워두면 좋다. 각자 나름의 목표를 정하면 되지만, 나 같은 경우에는 1970년대와 비슷한 수준의 소득 분배 수준을 목표로 생각한다. 지금은 상위 5퍼센트와 하위 20퍼센트의 소득이 평균 20배 정도 차이나지만, 1970년에는 10배 정도였다. 아주 만족스럽지는 않지만, 그래도 그 정도면 됐다 싶을 수준이다. 그렇다고 1970년대 경제와 사회 정책으로 돌아가자는 이야기는 아니다. 그 시절 사회 경제 정책 역시 나름대로 문제가 많았다. 한계세율이 지나치게 높고, 인종차별이 만연했고, 수질과 공기 오염은 지금보다도 심각했으며(적어도 미국 내에서만 보면), 담배 회사들은 어린이들을 대상으로 판촉활동을 했다.[6]

최근 미국 역사를 살펴보면 정부가 사회 복지를 확대하기 위해 수준 높은 목표를 설정하고, 분별 있는 정책을 세운 뒤 실제로 이루어낸 예가 상당히 많다. 현재 진행 중인 사례 중 하나로 주택 구입을 장려하는 정책이 있다. 거주자들이 자기 집을 소유하고 있는 동네는 더 안전하고, 안정적이고, 매력적인 투자처가 된다는 사실은 상식이기도 하거니와, 오랜 세월에 걸친 연구들이 입증하는 바이다.[7] 미국 노동부가 1918년 '내 집 마련(Own your own home)' 캠페인을 시작했을 때 연방정부와 주정부들은 주택 소유자들을 위한 세제, 금융 제도, 직접 지원 등의 방식으로 주택 구입을 촉진했다.[8]

존슨 대통령은 1968년 주택도시 개발부(HUD)를 만들겠다고 제안하면서 이렇게 말했다.

"내 집 마련은 미국인 대부분이 간직한 꿈이자 성취의 대상입니다. 그러나 저소득 계층에서는 늘 이루기 힘든 희망이었습니다. 내 집을 소유하면 책임감이 높아지고 지역사회에 나의 영역을 분명히 나타낼 수 있습니다. 내 집을 마련한 사람에게는 집을 가꾸고 보전할 중요한 이유와 긍지가 생깁니다."[9]

사실 이렇게 고상한 목표를 내세우는 수많은 주택 정책들 중에서는 바람직하지 못한 동기에서 출발한 경우도 많다. 주택 산업을 지원하거나, 건설 일자리를 만들거나, 심지어는 인종차별을 유지하려는 등의 은밀한 목표에서 나온 정책이 상당수다.[10] 그래도 어찌 되었든 정부는 계획한 바를 이행했다. 국민의 자가 주택 소유 비율은 1900년 이후 지금까지 40퍼센트나 늘어서, 이제는 세 가구 중 두 가구가 자기 집에서 살고 있다.[11]

정부 정책이 상당한 성공을 거두었던 또 다른 분야로 미국 내 수질과 공기 오염 감소 정책이 있다. 1970년에 환경보호국(EPA)이 설립된 이후로, 국내총생산(GDP)이 65퍼센트 증가하는 동안 주요 대기 오염 지수는 오히려 68퍼센트씩이나 감소했다(단 이산화탄소는 2009년에 와서야 오염원으로 분류되어 관리되기 시작했다).[12] 1960년대 중반 뉴욕에서 성장한 나는 오후의 하늘빛이 으레 누르스름하려니 생각했으며, 당시에는 대도시에서 살면 하루에 담배를 두 갑씩 피는 것과 마찬가지라는 것이 사회적인 통념이었다(그러면서도 건강에 해로울 것이라는 생각은 거의들 안 했다).

환경이 개선된 이유는 오염물질을 배출하는 사람들에게 벌금을 부과하는 등의 방식으로 규제하고 자동차 등의 장비 제조사에 대한 기준을 마련했으며 기술적으로도 발전한 데 따른 것이다. 최근에는 탄소 배출권 거래제도가 생기면서 큰 관심을 모으기 시작했다. 배출권 거래는 뒤죽박죽으로 규제하고 통제하는 조잡한 시스템 대신 시장의 힘을 이용해서 자원을 효율적으로 할당하기 때문에 훨씬 융통성 있고 합리적인 접근법이다. 수질오염의 경우 청결도 측정 방식이 다양해서 평가하기가 복잡하기는 해도, 전반적으로 공기오염과 비슷한 수준으로 개선된 것으로 나타난다.

미국에는 오래전부터 노년층의 불편과 고통을 덜어주자는 목표가 있었다. 예전에는 나이를 먹는다는 것은 누추한 삶을 의미했다. 노동 수명이 다하면 대부분은 곧바로 끔찍한 경제적 궁핍에 처하게 되었다.[13] 이른 나이에 죽음에 이르는 사람이 더 많았던 것도 그 때문이었다. 그런데 노년층의 고통을 덜어주자는 생각은 이타주의가 아니다. 바로 우리 스스로도 머지않아 겪을 문제이기 때문이다. 그 문제를 해결하기 위한 주요 수단은 1935년 대공황 직후 도입된 사회보장제도와 의료보험 메디케어(Medicare: 사회보장세를 20년 이상 납부한 65세 이상 노인과 장애인에게 연방 정부가 의료비의 50퍼센트를 지원하는 제도-옮긴이)와 메디케이드(Medicaid: 소득이 빈곤선의 65% 이하인 극빈층에게 연방 정부와 주정부가 공동으로 의료비 전액을 지원하는 제도-옮긴이)이다. 이 같은 의무적인 적립 프로그램 이외에도 자산을 개인 계좌로 분리해 은퇴자금을 모으도록 유도하는 개인 퇴직금 적립 계정(IRAs) 같은 제도들이 무수히 많다.

그러나 가장 큰 성공은 뭐니 뭐니 해도 공공보건 정책이었다. 이 분야 정책은 명확하게, 개별 상황과 필요에 맞춰 진행되었다. 1850년에 미국에서 태어난 남성은 기대수명이 평균 38세였다. 그러나 2000년에 태어난 남성은 기대수명이 평균 75세이다(어차피 지금 열다섯밖에 안 되었을 테니 그다지 의미 있게 다가오지 않겠지만 말이다).[14] 이렇게 차이가 나는 가장 큰 이유는 영아 사망률이 급격히 감소했기 때문이다.

그 외에도 기대수명이 늘어난 이유에는 여러 가지가 있겠지만 주요한 이유를 몇 가지 들자면, 의료시설이 개선되고, 예방접종이 발달하고, 상하수도가 분리되고, 정부가 질병관리본부를 설립하고 금연운동 등 공중보건 캠페인을 벌이며 적극적으로 나섰기 때문이다. 그래서 내 어머니가 늘 말씀하시듯 90대는 이제 새로운 70대에 불과하다!

지금까지 정부에서 이렇게 역점 사업을 성공적으로 진행해왔으니 이세는 소득 불균형을 해소하기 위한 분별 있는 정책에 정부의 노력을 기울일 때가 왔다. 그러려면 우선 근본 원인을 분석하고 무엇보다 중요한 실업 문제를 필두로 관련 사안을 한 가지씩 차례로 다루어야 한다고 생각이 먼저 들 것이다. 그러나 그렇게 되면 빈곤은 가난한 사람들 스스로의 책임이라며 비난하는 사람들, 정부가 쓸데없이 돈을 쓰고 정책을 만든다고 탓하는 사람들, 정부 정책이 부자들에게 편향되어 있다고 불평하는 사람들, 소득에는 하나님이 얼마나 기뻐하시는지가 반영되어 있다고 믿는 사람들 사이의 끝없는 논쟁에 휘말리게 될 것이다.

세금을 늘리고 사회 정책에 더 많은 예산을 투입해야 한다고 주장하는 사람들도 있을지 모른다. 아니면 세금이 늘어나면 위험을 무릅쓰고 고되게 일한 대가가 줄어들어 '기업가 정신'이 위축된다고 반박하는 사람도 있다.[15] 또 어떤 사람은 복지 혜택만 누리는 게으름뱅이들을 손가락질할 것이다. 월가 점령 시위를 벌이던 사람들은, 골드만삭스를 두고 잡지 〈롤링스톤*Rolling Stone*〉에서 "어디서 돈 냄새가 나는 듯만 하면 거침없이 쑤셔 넣고 피를 빠는, 인간의 탈을 쓴 거대한 흡혈 오징어"로 묘사한 것 같이 투자 은행가들에 비판적인 견해를 가지고 있을 것이다.[16] 그래서 이번에는 800만 명 가까이를 고용했던 프랭클린 루스벨트(Franklin Roosevelt) 대통령의 WPA 프로그램 같은 연방 정부의 고용 프로그램이 필요하지 않을까 하는 생각도 든다.[17]

하지만 그렇게 되면 별개로 생각해야 마땅한 일자리와 소득이라는 두 요소를 한데 묶어 다루게 된다. 미래에는 일자리가 더 줄어들지 모르지만, 그렇다고 소득도 함께 줄어드는 것은 아니다. 누구든 먹고살려면 소득이 있어야 하고, 소득을 얻는 가장 당연한 길은 일을 하는 것이다. 그래서 해결책들 대부분은 모든 사람이 성심껏 일하고 그에 적합한 임금을 받을 기회를 주거나, 혹은 적어도 그런 일자리를 찾을 때까지 헤쳐 나갈 길을 주는 데 초점이 맞춰진다. 그러나 그것만이 유일한 방법은 아니다.

정확히 따지면 실업자들은 두 부류로 나뉜다. 한 부류는 일자리를 찾고는 있지만 구하지 못하는 사람들로, 그런 상태가 바로 노동통계국이 규정한 실업의 정의이기도 하다. 나머지 한 부류는 노동통계국이 '노동인구에 속하지 않는 사람들'로 구분한 사람들로, 은퇴한 사람들도 이 부류에 속한다. 이 집단에 속한 사람들은 일을 안 한다기보다는 그저 노동을 통해 돈을 벌고 있지 않은 것이다. 나도 이 부류에 속한다. 2003년 〈뉴욕 타임스〉에는 내가 우스갯소리로 "예전에는 은퇴자 신분이었지만… 지금은 실업자입니다"라고 했던 말이 소개된 적이 있다.[18] 나는 내가 사회에 공헌하는 생산적인 일원이라고 생각하지만, 월급을 받고 있지는 않다. 물론 나는 그런 사실에 전혀 마음을 쓰지 않는다.

사람들은 보통 직업이 없는 사람들을 이상한 눈초리로 쳐다본다. 돈이 많다면 문제가 달라지지만 말이다. 돈이 많은 사람은 괜찮다고 보고, 때로는 높이 사기까지 한다. 누구든 패리스 힐튼(Paris Hilton)은 게으른 부잣집 딸로 보지만 알고 보면 그런 이미지는 그녀가 의도적으로 만든 것이지, 사실 그녀는 숱한 공연·제품 홍보·텔레비전과 영화 출연·음반 녹음 계약으로 바쁘게 뛰어다니며 2005년 한 해만 하더라도 약 650만 달러를 벌었다.[19]

꼭 큰돈이 있어야만 가진 재산으로 먹고사는 건 아니다. 돈이 얼마나 필요한지는 어떻게 살기를 원하는지에 따라 달라진다. 그렇다면 보통은 어느 정도가 있어야 충분할까?

지난 몇 년간 전문가들은 생산성과 전체 소득이 계속해서 증가하는 데도 미국 중산층 가구의 소득은 전혀 늘지 않는다고 한탄해왔다.[20] 표면적으로 보면 소득 불균형의 증가에 관한 논쟁이지만, 그런 논쟁은 중요한 세부 사항을 놓치고 있다. '보통의 가족들은 그에 대해 어떻게 생각할까?'에 대한 고려가 빠져 있기 때문이다. 더 많이 일하고 돈을 더 벌 기회가 있다면 사람들은 과연 일을 더 많이 할까? 아니면 그들은 지금 그대로의 일과 생활의 균형에 만족하고 있을까?

몇 가지 사실을 통해 미루어 짐작하면, 사람들은 원하지 않거나 그럴 필요가 없기 때문에 일을 더 많이 안 하는 것일는지도 모른다. 과거에 사람들이 어떻게 일해왔는지를 알아보면, 19세기에는 사람들 대부분이 놀랍게도 일주일에 60~70시간씩이나 일을 했다.[21] 자유로이 쓸 시간이 사실상 거의 없었던 셈이다. 1791년에는 필라델피아에 사는 목수들이 하루에 10시간씩만 일하도록 작업 시간을 단축해 달라며 실제로 파업을 한 적도 있다.[22] 1916년에는 표준 근로 시간을 하루 8시간으로 정한 애덤슨 법(Adamson Act) 제정에 연방 정부가 처음으로 나서기도 했지만, 적용 범위가 철도 노동자들로 한정되었다. 그러다가 1937년에 이르면 단축된 근로시간이 근로기준법의 일부로 자리 잡는다.[23] 그렇게 시작된 노동시간 감소 추세는 지금까지 지속되어 왔는데, 그 변화는 상당히 점진적이었다. 연방준비제도이사회 자료에 따르면 노동자들의 연간 근로시간은 1950년에서 2011년 사이에 총 11퍼센트가 감소했다.[24] 노동 시간이 여전히 길 것이라고 추측하지만, 요즈음 일반적인 노동자의 평균 근로시간은 주당 34시간 정도에 불과하다.[25]

실질 임금과 소득은 노동 시간과는 대조적으로 크게 높아졌다. 하나만 예로 들면, 전일제로 근무하는 남성의 소득은 물가상승률을 고려해 비교했을 때 1955년보다 두 배 가까이 높아졌다. 여성의 경우 소득상승률이 남성보다 더 높아서 138퍼센트나 상승했다. 전일제로 근무하는 사람들은 말 그대로 돈을 두 배나 더 많이 벌게 된 것이다.[26]

그런데 소득을 가구당으로 계산하면 결과는 더욱 흥미로워진다. 미국 통계국에 따르면 1995년의 가구별 소득 평균은 5만 1,719달러였다. 그리고 2012년에는 5만 1,758달러로 사실상 변화가 없다(참고로 1995년 소득은 물가상승률을 고려해 조정된 값이다).[27] 그러나 미국 노동자의 실소득 평균은 같은 기간 약 14퍼센트가 상승했다(물가상승률을 반영해 계산한 값이다. 표면상의 증가는 65퍼센트였으며, 물가상승률 총합은 51퍼센트였다).[28] 그렇다면 데이터가 상충되는 이유를 어떻게 설명해야 할까? 일을 하는 주체는 가구가 아니라 사람들이며, 같은 기간 한 가구에서 일을 하는 성인의 수는 평균 1.36명에서 1.25명으로 8퍼센트가 줄었다는 사실에서 실마리를 찾을 수 있다.[29]

가구당 성인 근로자 수에 영향을 주는 요인은 여러 가지다. 우선 실업률부터 고려하면 2012년 실업률은 1995년보다 2.5퍼센트가 많았다. 계산하기가 약간 복잡하지만, 가구에서 일할 나이인 성인의 수를 계산해보면 같은 기간 평균 2.5퍼센트가 감소했다.[30] 여기까지는 의문이 생길 만한 점이 없다. 그렇다면 가구당 근로자 수에 영향을 준 어떤 다른 요인이 있었을까? 타당한 설명을 한 가지 내놓자면, 사람들이 일을 해서 예전보다 더 많은 돈을 벌게 되었는데, 그렇게 되면서 가구 구성원 전체적으로(가족이든 그렇지 않든 상관없이) 따졌을 때

예전보다 일을 덜하기로 결정한 경우가 많았기 때문이다.

일을 덜 하기로 한 것이 그저 일을 추가로 구하거나 더 나은 자리를 찾기가 번거로워서인지, 아니면 일 말고 다른 데 시간을 투자하고 싶어서인지는 동전의 양면에 해당한다. 일을 구할지 시간을 다른 데 투자할지의 결정은, 구직시장의 그때그때 동향과 원하는 삶의 모습을 기반으로 내리는 이성적인 결정이다.[31] 우리 회사 직원이었던 에미 내스토에 대해 생각해보자. 그가 일자리에 대해 가장 불만족스러웠던 점은 급료가 아니라 시간(의무적인 근무 시간)이었다. 월급을 좀 덜 받더라도 갓 태어난 아이가 잠들기 전에 집에 확실히 들어갈 수만 있었다면 그는 낮은 급여를 기쁘게 수락했을 것이다.

그렇다면 신체 건강하고 혈기 왕성한, 일할 수 있는 모든 미국인은 할 수 있는 한 최선을 다해 일할 것이라는 암묵적인 추측은 대체 어디서 나온 걸까? 그런 의식은 발전의 왜곡된 개념이나 희망사항이 정부 정책 속에 굳어졌음을 드러낸다. 그래서인지 입법자들이 지나치게 많이 세금을 부과하고, 돈을 차용하고, 지출한다고 생각하는 사람이 많다. 내가 그에 대해 의견을 낼 만큼 잘 알지는 못하지만, 미국은 역사적으로 경제 문제를 처리할 때 점차적으로 해결하는 방식으로 대응해왔다. 실례로 오늘날 국가 채무가 산더미처럼 쌓인 듯 보일지 몰라도, 매년 경제가 꾸준히 성장하기만 한다면 상환 날짜가 도래했을 때에는 생각보다 훨씬 부담이 덜할 것이다. 그래도 여전한 문젯거리로 남는다면, 화폐 공급을 늘려서 물가상승률을 조절하는 방식으로 반환 비용을 감당할 만하게 줄일 수 있다. 정부는 현재 근로자들에게 거둬들인 돈으로 은퇴자들에게 사회보장 혜택을 줄 때 동일한 논리를 활용한다(그런데 노동 계층 인구가 은퇴 인구보다 줄어드는 추세에 있기 때문에, 이런 방법은 머지않아 문제에 봉착할 것이다).

더 크고 빠르고 강한 것을 추구하는 이런 '할 수 있다'는 자세는 미국인의 사고방식으로 아주 깊이 뿌리내려서 그에 대항할 만한 믿음은 찾아보기 힘들다. 양육을 위해 엄마나 아빠가 일을 그만두고 집에서 아이들을 돌보기로 결정하면, 정부가 측정하는 그 사람의 경제적 가치는 하락한다. 또 누군가가 부동산 중개인 일을 그만두고 록 밴드에서 기타를 치면, 개인의 만족도는 높아지겠지만 가처분소득은 하락했다고 기록될 것이다.

그렇다고 소득이 적은 사람들이 모두 돈이 아니라 다른 데 가치를 두기로 결정한 것이라는 말은 아니다. 매달 받는 월급으로 근근이 먹고살거나, 아니면 돈을 아예 벌지 못하는 삶은 전혀 즐겁지 못하다. 다만 여기서 말하고 싶은 바는, 성공하기 위해 자기만의 시간과 일의 만족을 포기해야 한다면, 소위 중산층으로 언급되는 사람들은 우리가 생각하는 것처럼 그렇게까지 간절히 상위 계층으로 올라서고 싶은 마음이 없을지도 모른다는 사실이다.

어찌 되었든, 경제 문제는 점차적으로 해결한다는 정부의 원칙은 오랜 세월을 거치며 그 유효성이 검증되었는데, 그런 경제적 원칙은 소득 불평등을 줄이기 위한 실질적인 해법으로도 활용 가능하다. 불평등의 문제를 해결하기 위해 누구에게 무언가를 빼앗을 필요 없이, 그저 앞으로 새로 거둬들일 부를 더욱 공정한 방식으로 나누기만 하면, 문제는 저절로 해결될 것이다.

어떻게 그럴 수 있을지 자세한 데이터를 통해 살펴보자. 미국의 모든 국민이 오늘부로 한꺼번에 퇴직하게 되었다고 가정하자. 그렇다면 이들의 가계 소득은 얼마나 될까? 우선은 미국인들의 재산 평균이 얼마나 되는지부터 계산해야 한다. 연방준비제도 이사회와 통계국의 2012년 자료에 따르면, 미국인 가정의 평균 순자산은 약 60만 달러이며, 가구 구성원은 평균 2.6명이다.[32] 가계 순자산은 가정의 은행 예금, 주식과 채권, 퇴직금, 부동산을 합한 금액에서 부채를 차감해서 계산한다. 자동차, 가구나 가전제품, 개인 소유 물품같이 가치가 낮은 자산은 계산에 넣지 않는다. 그리고 사회보장연금 역시 포함되지 않는다. 사회보장연금 신탁자금은 2013년 말을 기준으로 3조 달러이며,[33] 가구별로 계산하면 연간 2만 5,000달러가 된다. 이를 총액에 포함시키면 미국인의 순자산은 가구당 62만 5,000달러라는 계산이 나온다.

그렇다면 그 자산으로 은퇴 후 얼마만큼의 수입을 거둘 수 있을까? 미국 자본시장을 분석할 때 유용하게 활용되는 S&P 500지수에 따르면 지난 50년간의 주식 투자 수익률은 연간 11퍼센트이다. 같은 기간 세계에서 가장 안전한 투자 자산으로 분류되는 10년 만기 미국 국채 수익률은 평균 7퍼센트 정도였다.[34] 재산 포트폴리오를 주식과 채권으로 반반씩 나누어 구성한다고 가정하면, 평균 수익률을 연간 9퍼센트 정도로 예상할 수 있다. 그렇게 되면 평균 물가상승률인 3퍼센트를 따로 떼어놓고 계산하더라도 기대 수익은 매년 6퍼센트에 이른다(단 양도소득세는 계산에 포함되지 않았다. 만일 이 계산이 현재 수익과

일치하지 않는다면, 특히 채권의 경우 현재의 물가상승률과 투자수익이 과거보다 훨씬 낮은 수준에 머무르고 있기 때문이다).

미국인 총재산의 6퍼센트를 수익으로 계산하면 가구별로 연간 4만 달러가 되는데, 물가상승률보다 여전히 높은 수준을 유지한다. 4만 달러라는 돈은 가구별로 벌어들이는 소득(선택적인 소득)에 추가되는 것이며, 사람들이 돈을 전부 써버리지 않고 죽은 뒤 전 재산을 온전히 상속한다고 가정하면 다음 세대는 은퇴 시 훨씬 유리한 입장에서 시작하게 될 것이다(다만 상속세 부담은 추가로 고려해야 한다. 그러나 오늘날을 기준으로 생각하면, 오늘 누가 죽어서 아까 계산한 평균 재산인 62만 5,000달러를 재산으로 남겼다면, 면제 조건에 따라 상속세를 한 푼도 내지 않아도 된다). 만일 인구가 더 이상 늘지 않거나 줄어들면(현재 유럽에서처럼) 다음 세대들은 더 이상 투자 자산을 늘릴 필요가 없을 것이다. 즉 일을 전혀 안 해도 될는지도 모른다.

금융시장에서 상장 기업과 채권의 가치를 계산하는 방식으로도 같은 값을 구할 수 있다. 2011년 말 기준 미국 채권시장의 가치는 37조 달러에 조금 못 미치며, 주식시장 가치는 21조 달러다. 그러므로 금융시장 총 가치는 약 58조 달러다.[35] 그런데 내국인들이 소유한 주식과 채권은 전체의 3분의 2이므로, 미국인이 소유한 미국 채권과 주식은 총 39조 달러다(그건 그렇고 흔히들 생각하는 것과는 달리, 중국이 보유한 미국 채권과 주식은 전체의 8퍼센트에 불과하다).[36] 가정에서 보유한 개인 자금 25조를 거기에 더하고 개인 담보 대출 총액 13조를 빼면, 51조 달러가 된다. 그것을 다시 가구당 소득으로 나누면 각 가구당

45만 달러라는 계산이 나온다.[37] 기업공개를 하지 않은 기업들이나, 회사나 개인에 빌려준 대출금은 아직 계산에 넣지 않았는데, 위에서 계산했던 62만 5,000달러와 지금 계산한 45만 달러의 차이가 바로 그 금액에 해당할 것이다.

지금 계산한 금액은 현재를 기준으로 한 것이니, 이제는 앞으로 어떻게 될지를 생각해보자. 지난 30년간의 데이터에 따르면 1인당 GDP 성장률은 물가상승률을 반영했을 때 1.6퍼센트 정도였다.[38] 이런 추세가 계속된다고 가정하면, 40년 후 1인당 재산은 약 90퍼센트가 증가할 것이다. 그 말은 현재와 같은 흐름이 이어지면 미국의 평범한 시민은 40년 후에 지금보다 두 배 가까이 더 잘살게 된다는 뜻이다. 그 수치는 지난 40년간 총재산이 80퍼센트 늘어났다는 사실과도 일맥상통한다. 그런데 개인적인 생각에 불과하기는 하지만, 나는 이것조차도 과소평가한 금액이라고 생각한다. 아무튼 40년 후에는 투자 이익으로 얻는 연간 수익만 해도 오늘날 가구당 연간 수입에 맞먹는 7만 5,000달러가 될 것이다. 상당한 금액이다.

그런데 이런 장밋빛 전망이 진짜일 리가 없다. 돌아보면 곤경을 겪고, 삶의 터전을 잃는 사람이 너무나 많다. 세상은 마치 대학살이라도 벌어지듯 무시무시하다. 사람들 대부분이 가만히 앉아 아무것도 안 하고도 4만 달러씩 벌어들이는 세상으로는 전혀 안 느껴진다. 옳은 말이다. 부(富)가 사회 전반에 넓게 분포되지 않았으니 그렇게 느껴지는 것이 당연하다. 모든 가정이 재산을 고르게 나누어 갖지 않았으므로 평균값은 지금의 현실을 전혀 반영하지 못한다. 지금 우리가 다루려고 하는 바로 그 문제 때문에 말이다. 그렇다고 소득 불평등의 문제를 해결하기 위해 심각한 상처를 내면서까지 부를 재분배할 필요는 없다. 앞선 배는 이미 항구를 떠나 순항하고 있다. 그러니 그 대신 앞으로 생길 재산을 분배할 새로운 방식에 집중해야 한다. 그러려면 어떤 방법이 좋을까?

새로운 부를 어떻게 분배할 것인가?

인센티브를 활용해서 주식과 채권 소유를 넓히는 방법이 있다. 이때 인센티브는 주식과 채권을 소유할 사람들이 아니라 채권과 주식을 발행하는 회사와 단체를 겨냥한 제도여야 한다. 자본주의 경제에서 우리가 늘 써오던 방식처럼, 각자 이익을 추구하는 행동이 나머지 사람들에게 효력을 미치도록 계획하면 된다.

지금까지 정부는 세금 혜택과 인센티브를 활용해서 기업들이 특정 부문에 투자하도록 유도하고 돈을 싼 비용에 빌려왔다(비과세 지방채를 발행하는 등의 방식으로). 그와 똑같은 방식을 활용해 미래 자산의 소유권을 널리 확산시켜서 각자의 은퇴자금이나 근로 단축에 따른 비용으로 충당하도록 해야 한다.

정확히 어떤 방식으로 작용하는지 알아보기 위해 동일한 업계에 있는 가상의 두 회사를 예로 들어 설명하겠다. 이 가상의 두 회사는 '마이마트'와 '우리들마트'로, 식료품을 주문하면 거주 지역에 관계없이 3시간 내에 집까지 배달해주는 온라인 슈퍼마켓 기업이다. 두 기업의 관리자들 모두 능력 있고 좋은 처우를 받지만, 마이마트는 최근 세상을 뜬 업계 부호의 자손 열 명이 대주주이며, 우리들마트는 주식 거래를 통해 1억 명이 직간접적으로 주식을 나누어 보유한 회사다.

두 회사 모두 자동화에 천문학적인 비용을 투자해서, 현 기술로 줄일 수 있는 최소한까지 투입 인력을 줄였다. 그에 따라 노동 효율이 대단히 높아져서 직원 1인당 매출이 수천만 달러에 이른다. 이 수치를 세계에서 노동 효율성이 가장 높은 소매 기업인 월마트와 비교하면, 2013년에 월마트 직원 한 명에 올린 매출은 21만 3,000달러였다. 그리고 마이마트와 우리들마트 모두 엄청나게 수익성이 높아서, 월마트의 현재 연간 수입이 170억 달러인 데 비해 이 두 회사는 연간 소득이 1,000억 달러에 육박한다. 마이마트는 열 명의 대주주가 매해 100억 달러씩을 나누어 가져간다. 그러나 라이벌인 우리들마트는 미국 전체 인구의 3분의 1에 해당하는 사람들에게 배당금 1,000달러씩을 배분한다.

자, 그렇다면 두 회사 중에 공익에 더 크게 기여하는 회사는 어느 쪽인가? 양쪽 다 제품과 서비스를 고객에게 제공하는 일을 훌륭히 해내고, 시장 점유율을 높이기 위해 지속적으로 개선하고 발전하려는 의욕이 가득하다. 하지만 예술을 즐기는 돈 많은 부잣집 자식들이 소유한 마이마트에 비해 우리들마트는 일반 국민들 대다수가 투자자이므로, 사회에 훨씬 더 많이 공헌한다고 보아야겠다.

불공평의 문제를 다루려면 우선은 객관적인 평가 기준이 필요하다. 연방 정부가 잘하는 일 중 하나가 바로 통계를 모으고 발표하는 일이다. 통계 작성은 정책을 알리기 위해서이기도 하지만 정보를 공개해서 국민들이 올바른 선택을 하도록 돕는 목적도 있다. 예를 들어 에너지 스타(Energy Star) 프로그램은 세탁기, 냉장고, 텔레비전 등 모든 소비재에 에너지 소모량과 사용 비중을 표준화해 나타낸 에너지 정보 스티커를 붙이도록 규제하고 있다.[39] 또 미국 환경보호국의 연료 소비효율 등급과 도로교통 안전 위원회(NHTSA)의 충돌시험 등급을 적은 스티커를 자동차 유리창에 붙이도록 규정한다. 한편 경제 부문에서는 무디스, 스탠다드앤푸어스, 피치 같은 공신력 있는 신용평가기관이 기업과 정부 채권의 투자 등급을 매겨서 발표한다. 또 ISS(Institutional Shareholder Services)는 이사회 구성, 주주의 권리, 보상절차, 직무감사 등의 기업지배구조와 관련해 널리 인용되는 평가 자료를 발행한다.

소득 불평등에 대처하기 위해 필요한 기초 작업은 부가 얼마나 넓게 분배되었는지를 측정할 새로운 척도를 정부 차원에서 수립하는 것이다. 다행히도 약간만 손을 봐서 활용할 만한 오래된 기준이 하나 있다.

1912년에 코르라도 지니(Corrado Gini)라는 이탈리아 통계학자는 「가변(可變)성과 이변(易變)성」이라는 제목의 논문을 발표했다.[40] 그 논문에서 그는 나중에 '지니계수'라는 이름으로 널리 알려진 기발한 통계학적 지수를 제안했다. 이 지수에 기본적으로 데이터를 왕창 집어넣기만 하면 해당 항목이 얼마나 고르게 분포되었는지를 알 수 있는데, 0은 균일하고 고른 상태를, 1은 한쪽으로 완전히 편향되었음을 나타낸다. 이 지표는 다양한 상황에 적용 가능하지만 요즈음 가장 많이 쓰이는 분야는 우리가 지금 논하는 분배 문제에 관한 경제 데이터를 측정할 때다. 예를 들어 미국 통계국은 소득 불평등을 측정할 때 이 수치를 활용한다.[41] 소득의 지니계수는 1970년에는 0.394였다. 그러나 2011년이 되면 0.477까지 높아지는데, 직관적으로는 그다지 심각하게 느껴지지 않을지 모르지만 그 정도면 상당히 심각한 것이다.

지니계수는 유형에 상관없이 자산을 소유한 모든 실소유주에 동일하게 적용할 수 있다. 어떤 사람이 친구 세 명과 같이 부동산 임대업을 시작하기로 했다고 가정하자. 각자 소유권을 4분의 1씩 나누어 소유한다면 지니계수가 0이다. 그와 달리 어떤 사람이 자기 돈으로 부동산을 샀는데 착한 마음에서 친구들에게 소유권을 1퍼센트씩 나누어주었다고 하자. 그러면 지니계수는 1에 가깝다. 그런데 자기가 실제 소유주인데도 친구들이 자기들이 주인인 양 행세를 하자, 안 되겠다는 생각에 친구들의 지분을 매입해 들인다. 그러면 지니계수는 다시 0이 된다. 모든 소유주(즉 그 사람 혼자)가 균등하게 소유하고 있기 때문이다.

위의 예에서 보다시피 지니계수를 단순히 적용하는 것만으로는 우리가 원하는 바를 정확히 측정하기 어렵다. 그러므로 활용 방법을 약간 수정할 필요가 있다. 우선은 '성인 미국 시민'과 같이, 사람들의 범주를 설정한다. 그러고 나면 해당 집단 내에서 금융 자산이 전혀 없는 사람들은 지분을 0퍼센트로 추정해 계산한다. 그러면 지분이 있는 사람들 중에서 자산이 얼마나 넓게 퍼져있는지가 반영되는데, 주식과 채권 등의 개인 자산에 적용되는 그 같은 지수에 공익지수(PBI: Public Benefit Index)라는 이름을 붙일 수 있겠다. 공익지수를 활용하려면 1에서 지니계수만큼을 빼고 100을 곱한 뒤 소수점 이하는 반올림한다. 즉 공익지수는 0에서 100까지로 표시되며 100은 아주 공평한 것이고 0은 심각하게 한쪽으로 쏠려 있다는 뜻이다.

공익지수를 앞서 예로 든 가상의 두 회사에 적용해보자. 마이마트를 소유한 부유한 자손들은 열 명이 주식을 균등하게 나누어 보유하지만, 전체 인구를 기준으로 계산하니 공익지수가 0에 가깝다. 그러나 주식 소유 분포가 넓은 우리들마트는 공익지수가 30 가까이 된다.

그런 취지에서 볼 때, 국립공원처럼 정부가 소유하고 모든 사람이 이용할 수 있는 재산은 공익지수가 100이다. 그러나 마이클 잭슨의 네버랜드 목장처럼 순전히 개인의 유흥을 위해 조성된 시설은 공익지수가 0이다.

물론 이렇게 정의 내린 공익지수가 아주 완벽하지는 않다. 예를 들어 명목상 소유주와 실제 소유주가 구분되는 경우에는 계산이 복잡해진다.[42] 그렇지만 최소한 소득 불공평의 문제를 논할 때 유용한 판단 자료가 될 것이다.

자 그렇다면 문제의 본론으로 들어가보자. 지금까지 목표를 설정하고(1970년 수준의 소득 균형), 금융 자산의 공공성을 측정할 객관적인 수단을(공익지수) 마련했다. 하지만 그런 수단은 새로 출시된 자동차 유리창에 붙은 스티커처럼, 주식과 채권에 기재해서 사람들에게 알릴 수 있는 정보에 불과하다. 그렇다면 그런 수단을 부와 소득의 불균형을 줄이는 데 어떻게 활용할 수 있을까?

법인세 제도를 활용할 방법부터 살펴보자. 법인세를 줄이거나 완전히 없애면 전반적인 부가 증대될 것이라는 연구들도 있었다.[43] 물론 그럴지도 모르지만 그럴 경우 더 부유해지는 쪽은 일반 대중이 아니라 주주들이라는 점이 문제다. 그러나 공익지수가 높은 기업에만 감세 혜택을 준다고 생각해보자. 그렇게 되면 소유구조가 편중되지 않은 기업일수록 유리해진다. 그래서 세금 혜택을 받으면 더 많이 투자하고 결국에는 경쟁자들보다 시장 점유율이 확대되고 기업의 시장 가치 또한 높아질 것이다.

앞선 가상의 온라인 슈퍼마켓 사례에서, 우리들마트의 실질적인 법인세율이 15퍼센트이고 마이마트는 현재 법인세 최고치인 35퍼센트를 부담한다고 가정해보자. 그러면 우리들마트가 마이마트보다 사업 비용으로 매년 200억 달러를 더 쓸 수 있다는 계산이 나온다. 그 돈으로 물류센터를 더 많이 짓고, 더 질 좋은 서비스를 제공하고, 홍보를 더 많이 하고, 판매가를 낮추고, 배당금을 높일 수 있다. 시간이 지날수록 우리들마트의 시장 점유율은 더욱 높아지고 마이마트는 줄어들어서, 그렇게 얻은 더 많은 수익은 사회의 폭넓은 구성원에 고루 돌아갈 것이다.

그렇다면 마이마트의 주주들은 어떻게 대응할까? 아무리 많은 돈을 주고 로비스트를 고용하더라도 세금 제도를 뒤바꿀 수 없다는 현실을 마지못해 받아들이고, 결정을 내린다(아니, 더 정확하게 말하자면 회계사들에게 결정을 맡긴다). 세금을 내고 나서도 여전히 남는 큰 수익을 계속 거두어들일지, 아니면 일부 지분을 대중에게 매각해서 공익지수를 높이고, 그래서 다시 법인세를 낮춤으로써 수익을 높이고 경쟁력을 갖출지 말이다.

그런데 우리들마트는 거기서 그치지 않는다. 소유권을 많은 이들과 공유한 덕에 많은 혜택을 보았으므로, 앞으로는 주식을 더 많은 사람에게 판매하기로 결정한다. 기업설명회를 열어 주식 2차 분매를 진행하되, 약간 다른 방식을 적용한다. 자사의 판촉 방식을 모방해서 일정 기간(예를 들면 5년) 동안 주식을 보유하는 조건으로, 주식을 처음으로 매입하는 '신규 고객'에게 할인된 금액에 주식을 판매한다. 또 새로운 주주들을 모집한 증권판매인들에게는 장려금을 지급한다. 결과적으로 주식 판매 목표가 아주 성공적으로 완수되었으며 이번 판매 기간에 소요된 비용은 첫 3년 동안의 법인세 감면액으로 넉넉히 충당된다.

그에 뒤질세라 마이마트는 독특한 판매 전략으로 맞선다. 주식을 매입하는 데 500달러를 쓸 때마다 향후 신규로 발행되는 주식을 최대 10주까지, 시장 가격보다 50퍼센트 할인된 가격에 매입할 권리를 양도한다. 주식을 매입할 때마다 마이마트 포인트를 적립해서 다음번에 주식을 매입할 때 현금처럼 쓸 수도 있다.

짧게 말해서, 법인세 감면 혜택을 받을 여지가 있는 기업들은 세금을 더 많이 감면받기 위해서 대주주들이 보유한 주식을 일반 대중에게 분배할 방법을 모색할 것이다. 게다가 정부가 공익지수에 따른 과세 구간을 변경하는 방법으로 이 과정을 직접 관찰하고 조절할 수 있기 때문에 더더욱 좋다. 또 다소 복잡하긴 하겠지만 유사한 세금 혜택을 채권 발행에도 활용할 수 있을 것이다. 자, 그렇다면 문제가 전부 해결된 것일까?

아직은 아니다. 이런 방안이 효과적일지 모르겠지만, 돈이 전혀 없어서 애초에 주식을 사들일 능력이 안 되는 사람들은 어떻게 하겠는가?

다양한 방법으로 문제를 해결해나갈 수 있겠지만 그중 하나만 소개하자면, 사회보장연금 관리 방식을 활용하는 방안이 있다. 획일적이고 불투명한 투자 시스템에 의존하지 말고 개개인이 투자 자산을 눈으로 확인하고 영향력을 행사하도록 하는 것이다. 다양한 주식과 채권 중에 투자처를 각자 선택하도록 하고 정해진 한도 내에서 원하는 대로 포트폴리오를 꾸릴 수 있게 한다. 현재 운영 중인 기업 연금 제도 410k도 그와 비슷한 맥락에서 운용된다.

그런 방식에는 여러 장점이 있다. 우선 많은 사람들이 은퇴 연금을 관리하는 데 적극적으로 참여하게 된다. 자금을 눈으로 확인하게 되고 개인적으로 영향력을 약간이나마 행사하게 되면서, 사회적 연대감이 생기고 아메리칸 드림을 좇는 대열에 합류한 기분이 든다. 이제까지는 정부가 월급에서 일정 부분을 떼어가면서 언젠가 퇴직한 뒤에 되돌려 받을지도 모른다고 어렴풋이 약속하는 것뿐이었지만, 이제는 돈이 어디에 쓰이며, 어떤 가치가 있고, 적절한 시간이 되면 얼마를 받게 될지를 명확히 알게 된다. 반사회적인 행동을 억제하는 효과도 있다. 만일 누군가가 어떤 대형 상점의 주식을 사회보장연금 계좌로 보유하고 있을 경우, 그 가게 유리창을 향해 장난으로 돌을 던지면 결국 자신에게 해를 입히는 셈이므로, 그런 행동을 선뜻 범하기 어려워진다.

그런 부수적인 가시성은 현재 사회보장 신탁기금이 겪고 있는 골치 아픈 문제를 처리하는데도 활용할 수 있다. 정부가 국민들을 대신해서 얼마나 많은 돈을 투자하고 있는지 아무도 정확히 모르기 때문에, 정치인들이 실제 투자수익률과 인구통계학적 동향에 맞춰 혜택을 조절하는 데 어려움이 따른다. 그래서 사회보장연금 혜택 변경은 미국 정치의 '제3레일(third rail: 원래는 철도 전력 공급을 위해 궤도와 평행하게 부설된 선로를 뜻하는 말이지만 비유적으로 격론을 불러일으켜서 건드리기 힘든 분야라는 뜻으로 쓰임-옮긴이)'이라고 종종 일컬어진다. 그러나 투자자산의 가치가 오르고 내리는 것을 눈으로 확인할 수 있고 자기가 납부하는 돈이 투자금과 연계되어 있다는 사실을 인식하면 사람들이 전체 시스템을 더 잘 이해하게 되므로, 법적으로 조정할 필요가 아예 없어진다. 현재 사회보장 시스템이 안고 있는 재원 없는 권한위임(unfunded mandates: 중앙정부가 재원은 지원하지 않으면서 지방정부에게 특정 의무를 부과하는 것-옮긴이) 문제 역시 더 이상 발생하지 않는다.

그 이외에도 여러 방법이 있다. 역(逆)소득세, 정부 보조금과 환불, 매칭 펀드(matching fund: 중앙정부가 지방자치단체와 민간에 예산을 지원하는 경우 그들의 자구 노력에 연계하여 자금을 배정하는 방식-옮긴이) 등으로 각 시민이 투자 계획을 마련하도록 도울 수 있다. 또 사람들이 직장을 잡을 때까지 정부가 그냥 넋 놓고 기다리지 말고, 노인들을 돌보고, 공원을 청소하고, 문제 청소년들을 상담하고, 보건 교육 자료를 배부하는 등 공익을 위해 봉사하는 사람들에게 공익지수가 높은 주식과 채권을 제공하는 방법도 있다. 그러면 실직자들은 물론이고 퇴직자들이나 남는 시간을 활용하고자 하는 사람들에게까지 혜택이 돌아갈 것이다.

정부는 시민들의 책임 있고 지속적인 참여를 유도하기 위해 실리콘밸리 스타트업들의 전략을 벤치마킹해볼 수도 있다. 예를 들어 공익활동을 신청하면 아직 소유권이 이전되지 않은 다량의 주식을 수여받는다. 그리고 신청한 활동을 실행해 나가면서 주식의 소유권을 순차적으로 넘겨받는다. 그렇게 하면 목표와 진척 사항을 확인할 채점표가 생겨서, 섣부르게 일을 그만두면 어떤 결과가 생길지를 늘 잊지 않게 된다.

모든 이들이 주주가 되고 이른 나이에(예를 들면 열 살 무렵) 연금 계좌가 자동으로 개설된다면, 사회 통합과 참여에 관한 의식이 달라질 것이다. 공익활동 참여 의지가 높아지고, 지금 당장 일을 하면서 돈을 벌지 않더라도 생산적으로 기여하는 기분을 느낄 수 있다.

그리고 은퇴 전과 은퇴 후의 경계를 지금처럼 명확히 구분해 놓을 필요도 없다. 축적된 부가 지속적으로 증가하면서 필요한 경우 은퇴 전에도 배당금 수령이 가능해질 것이다. 다시 말해 취업 연령에 속하는 사람들이 사회보장 혜택을 일부 받고, 은퇴 연령에는 혜택을 축소하는 식으로도 운용이 가능하다. 극단적으로 말하자면 사회보장연금이 은퇴자금과 기타 저축에 더해져서 일을 하는 기간 내내 상당한 재정적인 도움을 줄 수도 있다.

그러고 보니 다시 일자리에 관한 문제로 돌아왔다. 일을 하는 목적은 돈을 벌기 위해서만은 아니다. 사람들은 스스로를 가치 있는 사회구성원으로 느끼고 싶기 때문에 일을 하기도 한다. 그래서 가족들을 부양하면서는 물론 남들에게 행복을 전하면서 기쁨을 느낀다. 사람들 대부분은 남을 도우면서 큰 만족을 느끼고, 자존감을 높이고, 삶의 목적과 의미를 찾는다.

미래에는 일을 안 해도 충분히 먹고살 상황이 된다면 어떤 이들은 가만히 앉아서 컴퓨터 게임만 하며 일생을 보낼지도 모른다. 그러나 대부분은 그런 생활이 아무리 편하더라도 그렇게 살면서 사회 밑바닥에 머무르기를 바라지는 않을 것이다. 지금처럼 생활 수준이나 사회 신분을 높이고, 좋은 짝을 만나기 위해서 대우가 좋은 일자리를 찾는 사람들도 여전히 있을 것이다. 그러나 어떤 이들은 지금과 같은 평범한 직장은 되돌려주는 것 없이 자기 뱃속만 채우는, 책임 없는 자기중심적인 일이라고 생각할지 모른다. 그런 이들은 파트타임으로 일을 하거나 일을 아예 하지 않고, 보수는 없지만 은퇴자금을 적립할 수 있는 정부가 인증한 공익 프로젝트에 참여할 것이다.

생활이 나아진다고 다들 하루 종일 낚시와 골프만 하면서 보내지는 않을 것이다. 피아노를 배우고, 그림을 그리고, 시를 쓰고, 난을 키우고, 수공예품을 팔고, 다친 동물을 돌보고, 운동을 하고, 아이들 공부를 가르치며 시간을 보내게 된다. 이 모두는 단순한 취미가 아니라 사회에 진정한 이익을 전하는 역할도 한다.

할 수 있는 일의 가짓수가 줄어드는 현실에 대처할 때 정부가 나서서 인위적인 일자리를 만들어서는 절대 안 된다. 그래야 경제적인 목적에서 일을 하려는 사람들과 급여를 받는 일자리 사이의 균형이 다시 맞춰진다. 시간을 다른 생산적인 활동에 쓰는 사람들에게 인센티브를 제공하면 그런 균형 조절에 도움이 될 것이다.

인간의 노동 없이도 삶의 기본 조건이 충족되는 세상은 어떤 모습일지 생각해본 사람이 당연히 내가 처음은 아니다. 전설적인 경제학자 존 메이너드 케인스(John Maynard Keynes)는 1930년 〈우리 손주 세대의 경제적 가능성Economic Possibilities for Our Grand Children〉이라는 글에서 대단히 흥미로운 식견을 내놓았다. 그는 경제가 지속적으로 성장하면 100년 내에(지금 그가 말한 100년이 거의 다 되어간다) 인간이 큰 노력을 기울이지 않아도 기본적인 욕구는 모두 충족이 되리라고 예측하면서 "그러면 결국 인류는 경제 문제를 해결하게 될 것"이라고 말했다. 그는 절대적인 욕구와 상대적인 욕구를 구별하고, 일단 절대적 욕구가 모두 충족되면 많은 사람들이 "에너지를 경제 외적인 목적에 쏟을 것"이라고 예상했다.[44] 그가 내린 경제 분석은 정확했지만, 불명예스럽게도 부의 분배에 대한 그의 기대는 아직 실현되지 못했다.

인간의 노력과 주의가 필요한 일 대부분이 자동화에 굴복하는 세상으로 변해가는 시점에서, 좋은 일자리에 남아 있는 사람들이나 개인적으로 재산이 있는 운 좋은 사람들 밖으로까지 반드시 증대되는 부의 혜택이 골고루 배분되도록 해야 한다. 뒤에서 다시 언급하겠지만, 결국 우리 인간들은 기계들과 공생하거나 기계에 의존하는 관계로 지내야 할지 모른다.

앞서 예로 든 2025년 슈퍼볼 경기의 지능형 신발 도입 문제는 어떤 결말을 맺게 될까? NFL은 한참을 숙고한 끝에 창의적인 해결책을 내놓는다. 미식축구 장비로 개발 가능한 영역의 한계를 정하고, 그 범위 한에서 장비를 혁신적으로 개선한 사람에게 상금 100만 달러를 수여하는 공모대회를 매년 개최한다. 그에 따라 각 팀에서는 자유롭게 신규 장비 개발에 나선다.

곧 여기저기서 좋은 아이디어가 쏟아져 나오는데, 그렇게 발명된 장비 때문에 경기 규칙을 일부 변경하는 일까지 생긴다. 그중에서도 눈에 띄는 것은 한 영리한 MIT 공대 학생이 개발한, 공중으로 아주 높이 뛰어올랐다가 안전하게 착지하는 신발이다. 이 신형 미식축구화를 신으면 상대팀 선수가 높이 뛰어올라서 손쉽게 공을 가로챌 수 있기 때문에 필드골을 넣기가 대단히 힘들어진다. 프로 미식축구 게임은 이제 마법 빗자루를 타고 하늘을 날며 경기하는 헤리포터의 퀴디치 경기 비슷한 느낌이 들기 시작한다. 그래서 NFL 관계자들은 높이 규정을 새로 마련했다. 12미터보다 높이 올라간 공은 아웃으로 보고, 선수 헬멧이 9미터 높이 이상 올라가면 자동으로 오프사이드 처리된다.

이로써 경기에 재미가 더해짐은 물론이고, 탄성을 자아내는 새로운 경기 장면들이 연출되면서 관중들과 경기 수익은 사상 최대로 늘어난다. NFL 위원장은 연례 담화에서, 이 새로운 경기 장비는 비디오 재생 기능이 개발된 이래로 NFL 역사상 가장 혁신적인 발전이라고 언급한다.

그렇지만 이런 발전을 못마땅해하는 사람들도 있다. 그들은 선수들이 그냥 평범한 재료로 만든 선수복과 장비를 착용하고 나오는 옛날식 경기를 더 좋아한다. 그래서 따로 CFL(Class Football League)라는 새로운 리그를 결성해서 연장자들과 순수함을 추구하는 사람들 사이에 상당한 환영을 받는다.

그렇게 해서 문제는 일단락되었다.

우리 아이들의 미래

차제에 장래에 도래할 세계에 대한 본인의 현학적 견해를 밝혀보겠다(쉬운 말로 다시 표현하면, 이쯤에서 미래에 대한 내 개인적인 생각을 함께 나눌까 한다).

말은 중요하다. 말을 하는 방식은 생각에 영향을 미친다. 말은 표현하고, 담아내고, 전달하기도 하지만 지식을 품고 상상을 그려내기도 한다. 우리는 새로운 경험을 설명할 때 자연스레 기존에 있던 단어와 표현을 이용해 설명한다. 그리고 어떤 경험을 기준으로 삼느냐가 우리가 세상을 보는 방식을 바꾼다.

앞장에서는 혁신적인 기술 도입으로 직업의 본질이 어떻게 바뀌고 있는지를 설명했다. 물론 이 변화가 전개되는 데 시간이 꽤 걸리겠지만 말이다. 언어도 그와 마찬가지다. 언어는 추론하고 전달해야 하는 대상이 변하면서 함께 바뀐다. 그리고 노동시장과 마찬가지로 언어역시 발전하는 기술의 결과를 따라잡지 못할 때도 있다. 어떤 때는 말로 잘 표현되지 않고, 또 어떤 때는 너무 새로운 개념이라서 적당한 용어가 아예 존재하지 않는다. 그래서 문제가 발생한다. 그에 관해 이야기 나눌 수 없다면 무슨 일이 벌어지고 있는지 이해하기 힘들고, 적절한 계획과 수단을 만들어내기는 더더욱 힘들기 때문이다.

언어는 필요를 충족시키는 쪽으로 흥미롭게 적응해간다. 때로는 간단하게 outroduction(맺음말), wackadoodle(정신 나간), cra-cra(미친), trick out(치장하다), fantabulous(매우 훌륭한)처럼 새로운 단어를 만든다. 혹은 브런치(breakfast+lunch), 스모그(smoke+fog), 모텔(motor+hotel)처럼, 두 단어를 붙여서 의미를 결합하기도 한다.[1] 그러나 대부분은 기존의 단어로 어설프게 새로운 개념을 표현하고, 확장되거나 변경된 그 의미가 익숙해질 때까지 이를 악물고 버텨낸다.

언어가 기술 발전에 적응한 결과로 내가 즐겨 언급하는 사례는 '음악(music)'이라는 단어의 의미. 축음기는 1877년에 토머스 에디슨이 발명했고, 1880년대 알렉산더 그레이엄 벨이 왁스 실린더를 사용해 녹음 기기로 개량했다. 그전에는 음악이 듣고 싶으면 누군가가 공연하는 것을 들을 수밖에 없었다. 공연이라는 활동과 거기서 나오는 소리를 따로 분리하는 관념 자체가 존재하지 않았고, 그래서 음악소리를 실제로 낸다는 개념을 꼭 따져야 하는지를 고려할 필요 자체가 없었다.

그랬다면 녹음된 음악을 들은 사람들의 첫 반응은 어땠을까? 〈성조기여 영원하라Stars and Stripes forever〉를 비롯해 유명한 군대 행진곡을 많이 작곡했던 존 필립 수자(John Philip Sousa)는 상당히 냉소적으로 반응했다. 그는 녹음기의 등장을 놓고 1906년 〈기계 음악의 위협The Menace of Mechanical Music〉이라는 통렬한 비판의 글을 썼다.

그 글에서 그는 이렇게 말한다.

"그러나 지금까지는, 애초부터 모든 음악은 마음 상태를 표현하는 과정이었다. 다시 말해 영혼을 쏟아붓는 것이다… 나이팅게일이 지저귀는 소리가 듣기 좋은 것은 나이팅게일이 직접 그 소리를 내기 때문이다… 상황에 관계없이 늘 음악이 흘러나왔으면 좋겠다는 정신 나간 갈망에서 탄생한 기계적인 재생 기계가 댄스 악단을 대체하겠다고 나섰다… 아무래도 그들은 자기들이 잠식하지 못할 무대는 없다고 생각하는 모양인데, 터무니없는 주장이 따로 없다."

그리고 이렇게 결론짓는다.

"음악은 이 세상 모든 아름다움의 스승이다. 그런 아름다움이 변화도 없고, 영혼도 없고, 인간만이 물려받은 기쁨과 열정이 전혀 없는 이야기를 날마다 되풀이하는 기계에 방해받지 않도록 해야 한다."[2]

다시 말해 수자에게 진정한 음악이란 인간의 진정한 느낌을 표현하는 창조적인 행동이다. 그런 의미에서 기계는 음악을 만들 수 없다. 그가 느끼기에 기계에서 나오는 시끄러운 잡음은 음악과는 차원이 다르다. 소리는 비슷하게 들릴지 모르지만, 진짜 '음악'이 되기 위해 꼭 필요한 감정적인 요소가 빠져 있다.

오늘날 수자처럼 말하는 사람이 있으면 필시 정신 나간 사람 취급을 받을 터이다. 어떻게 만들었는지 상관없이 음악은 음악일 뿐이니 말이다.

그런데 그와 비슷한 주장이 보다 최근에 되풀이된 적이 있다. 바로 아날로그 대신 디지털 방식의 녹음 기술이 첫 선을 보였을 때의 일이다. 디지털 리코딩은 오디오 애호가들의 큰 저항에 부딪쳤다. 당시에는 음악을 디지털 형태로 들으면 음악에서 '영혼'에 해당하는 부분이 빠져나가서 뭔가 빠진 느낌이라는 사고방식이 형성되어 있었다. 실제로 많은 이들이 디지털 음악에는 아날로그 음악의 깊이와 섬세함이 빠져 있기 때문에 어쩔 수 없이 밋밋하게 들릴 수밖에 없다고 생각했다. 예를 들어 잡지 〈디 앱솔루트 사운드_The Absolute Sound_〉 창업자 해리 피어슨(Harry Pearson)은 1973년에 그런 주장을 내세우면서 수자와 비슷한 주장을 펼쳤다(자기가 그랬다는 사실은 아마 알지 못했을 것이다).

"두말할 필요도 없이 LP판이 음악적 깊이가 훨씬 깊다. CD에는 음악의 영혼이 빠져 있으며 감정적인 몰입이 느껴지지 않는다."

그런 정서는 오디오 마니아들 사이에 꽤 널리 퍼져 있었다. 음악 리뷰 잡지인 〈트래킹 앵글_Tracking Angle_〉 편집자인 마이클 프레머(Michael Fremer)는 1997년에 다음과 같이 말했다고 전해진다.

"디지털은 포름알데히드로 개구리를 보존하는 것과 마찬가지로 음악을 보존한다. 디지털은 기존 음악을 없애는 대신, 영원히 보존할 수 있도록 만든다."[3]

이렇게 주장하는 사람이 요즘에 있으면 미친 사람이라고 손가락질 받을지 모른다. 저장 방식에 상관없이 음악은 음악이다. 그러므로 '음악'의 현대적인 개념에는 수자가 거부한 것과 같은 아날로그 녹음만이 아니라 피어슨과 프레머가 거부했던 디지털 녹음도 포함된다. 같은 단어지만 의미가 확장되었을 뿐이다.

그러나 이들 모두를 무지한 구세대적 인식의 포로로 치부해버리기 전에, 미래에 이런 일을 경험하면 어떤 기분일지 한번 생각해보라. 자녀가 컴퓨터에게 마이클 잭슨 음악을 들려달라고 요청하면, 컴퓨터가 실제 음반을 트는 대신에 즉석에서 그의 노래를 모방한 곡을 만들어 재생하는데, 그 특이한 목소리는 물론이고, 마이클 잭슨 노래를 아주 잘 아는 사람이 아닌 이상 구분하기 힘들 정도로 마이클 잭슨과 아주 완벽히 똑같다고 치자. 이렇게 인공적으로 곡을 만들어내면 마이클 잭슨 같은 대가의 손길은 둘째치고라도 인간의 예술적인 바탕이 전혀 존재하지 않는 곡이므로 진정한 '음악'이 아니라는 생각이 들지 않겠는가? (그런데 왜 굳이 그런 음악을 들을까? 그야 물론 저작권료를 아끼기 위해서다. 그런 컴퓨터 음악은 저작권 침해에 해당하지 않는다.)

　'음악'이라는 단어의 의미를 이토록 자세히 논한 것은 중요한 논점을 전달하기 위해서다. 바로 우리가 사용하는 단어들은 우리가 생각하고 행동하는 방식에 아주 실제적이고 심각한 영향을 끼친다는 사실이다.

　예를 들어, '무인 자동차'라고도 불리는 자율주행차에 대해 생각해보자. 1900년대 초반, 자동차가 세상에 처음으로 선보였을 때 사람들은 '말없는 마차'라는 이름을 붙였다. 당시에는 말이 끄는 마차가 그 신기한 기계의 개념을 표현할 가장 가까운 참조 기준이었기 때문이다(자동차의 힘을 나타내는 '마력'은 실제 말이 끄는 힘을 나타내는데, 그 역시 같은 배경에서 나온 단어다). 오늘날의 '무인 자동차'라는 표현도 같은 맥락이다. 모두 신기술을 오래된 단어로 표현하지만, 그에 따라 신기술의 실제적인 잠재력이 흐려진다. '무인 자동차'라고 하면 주차 센서와 백업 카메라로 치장한 멋진 신기술처럼 들리지만, 사실 직접 운전을 안 해도 된다는 점을 빼면 구식 자동차와 다를 바가 없다. 그러나 중요한 사실은 이 신기술이 우리가 교통수단이라고 생각하는 방식에 엄청난 변화를 가져와서, 이 단어가 단순히 뜻하는 기능보다 훨씬 엄청난 파장을 우리 사회에 몰고 오리라는 점이다. 그래서 단순히 자율주행차라고 부르기보다는 '개별적인 대중교통(personal public transit)'이라고 표현하면 더 나은 설명이 되겠다.

어째서 대중교통인가? 이 기술이 일반화되면 굳이 자동차를 소유할 이유가 없다. 자동차가 필요하면 오늘날 택시를 잡듯이 자동차를 부르면 된다. 다만 택시보다 훨씬 정확하고 빠르게 이용할 수 있을 것이다. 관련 연구 대부분은, 혼잡 시간을 포함하더라도 대도시에서의 평균 대기시간이 1~2분에 불과할 것으로 예측한다. 승객이 내리면 무인자동차는 가장 가까운 집합지로 서둘러 돌아가, 다음 승객을 기다린다. 오늘날 철도 차량을 구입하는 사람이 없는 것과 마찬가지로 아무도 자동차를 구입하지 않는 시대가 수십 년 내에 도래할 것이다.[4]

그에 따른 경제적, 사회적, 환경적 영향은 이루 다 말로 설명하기 힘들 정도다. 우선 관련 교통사고는 90퍼센트가 줄어들 것으로 예측된다. 9.11 테러 사건 희생자 수의 10배 가까운 생명을 매년 구하게 되는 것이다. 미국 내에서만 따지더라도 차량 사고로 매년 부상자가 400만 명씩 발생하고 피해액은 연평균 8,700억 달러에 이른다.[5] 사고가 줄어들면 교통단속 인력, 자동차 파손, 수리, 교통위반 즉결심판

등 수반 비용도 함께 절감된다.[6] 필요한 자동차 수도 줄어들어 지금을 기준으로 세 대당 한 대 정도면 충분해진다. 이런 일이 벌어질 날은 앞으로 100년 후가 아니다. 전문가들은 앞으로 20년에서 25년 후면 도로를 운행하는 차량의 75퍼센트가 자율주행차량이 될 것으로 예측한다.

이 한 가지 혁신이 인간의 생활 방식을 급격히 바꾸어 놓을 것이다. 주택에 딸린 차고들은 헛간이나 다름없는 신세가 되고, 주차장으로 낭비되었던 소중한 땅들이 새로운 목적에 활용되면서 엄청나게 넓은 새로운 토지가 생긴다.[7] 환경오염이 줄어들면서 건강에도 좋은 영향을 끼친다. 운전을 배우느라 고생하는 통과의례도 사라진다. 교통체증은 원시적인 시대의 어렴풋한 기억으로 사라지며, 속도제한을 완전히 없앨 수 있어서 출퇴근에 소요되는 시간이 현저하게 줄어든다. 그렇게 되면 집이 직장에서 조금 멀어지더라도 상관이 없기 때문에 도시 주변의 부동산 가격은 낮아지고 더 먼 지역은 오르게 된다. 운전을 안 하기 때문에 자동차를 타고 이동하는 시간을 활용할 수 있어서 개인적인 생산성도 훨씬 높아진다. 자동차 보험은 구시대의 유물이 된다. 밤새도록 술을 마셔도 차를 몰고 집에 들어갈 걱정이 없다. 피자 배달원은 이동식 자판기가 될 것이다. 이 얼마나 대단한가!

일반적인 가정에는 어느 정도의 경제적 영향이 미칠지 한번 생각해보자. 미국 자동차 협회에 따르면 2013년을 기준으로 자동차 소유주는 한 해에 평균 2만 4,000킬로미터를 주행하고, 유지비용으로

9,151달러를 썼다(감가상각비, 주유비, 수리비, 보험료를 포함한 금액이다. 단 할부금은 포함되지 않는다). 미국 가정은 보통 차 두 대를 소유하고 있으므로,[8] 1년에 자동차에만 1만 8,000달러가 든다. 그 비용을 거리당 비용으로 따지면 1킬로미터에 96센트가 드는 셈인데, 공유 자율주행차를 이용할 경우 1킬로미터에 24센트면 충분하다.[9] 그렇게 되면 미국인 평균 가정의 개인 교통수단 비용이 75퍼센트 줄어들며, 애초에 자동차 구입비용도 들지 않는다. 그렇게 줄어든 지출 규모는 외식비를 포함한 식비 전체에 맞먹는 금액이다.[10] 식비가 무료라면 생활비가 얼마나 많이 남을지 한번 생각해보라. 2014년 〈MIT 테크놀로지 리뷰 *MIT Technology Review*〉는 "미국 전체로 따지면 매년 약 3조 달러 이상의 경제적 혜택이 기대된다"고 밝혔다.[11] 오늘날 국내총생산(GDP)의 무려 19퍼센트에 해당하는 돈이다.

간단히 말해서, 인공지능 기술을 적용한 이 한 가지 사례가 모든 것을 바꿔 놓는다. 그 한 가지 발전만으로도 훨씬 부유하고, 안전하고, 건강해진다. 또 현존하는 일자리(택시운전자 등)를 없애고 새로운 일자리(예를 들면 컴퓨터를 활용한 공유 자동차 관리인)를 만든다.[12] 자율주행차에 상응하는 잠재적 영향이 있는 기술은 아주아주 많다. 우리 미래가 아주 밝다고 내가 강력히 확신하는 것도 바로 그 때문이다(다만 이익을 균등하게 배분할 수만 있으면 된다).

신기술을 수용하기 위한 언어 변화의 또 다른 예를 살펴보자. 일찍이 이 기술을 예측했던 사람은 영국의 수학자 앨런 튜링(Alan Turing)이다. 1950년에 앨런 튜링은 〈계산 기계와 지성*Computing Machinery* *and intelligence*〉이라는 의미 깊은 논문을 발표했다. 그는 "'기계도 생각할 수 있는가?'라는 질문을 던지고 싶다"라는 말로 서두를 열고, 오늘날 튜링 테스트(Turing Test)라는 이름으로 알려진 '모방게임'에 대해 설명한다. 튜링 테스트에서는 컴퓨터가 인간처럼 보여서 실험자를 속이려고 시도한다. 실험자는 인간 참가자들과 뒤섞인 컴퓨터를 골라내야 한다. 모든 참가자들은 실험자와 물리적으로 단절되어 있으며, 문자로만 의사소통을 한다. 연구 결과를 설명하면서 튜링은 이렇게 예측한다.

"약 50년 후면 모방게임을 아주 잘하는 컴퓨터를 프로그램할 수 있게 될 텐데… 그렇게 되면 실험자들이 5분 동안 질문을 한 뒤에 컴퓨터를 제대로 가려낼 확률이 평균 70퍼센트도 안 될 것이다."[13]

그 말을 듣고 예상했을지 모르지만, 실제로 열정적인 컴퓨터광들이 정기적으로 그런 대회를 열어왔는데, 2008년 즈음에 이르자 실험자가 인조지능을 사람으로 믿는 비율이 25퍼센트에 이르렀다.[14] 대회 출전자 대부분이 취미로 프로그래밍을 하는 아마추어들이 만든 컴퓨터 프로그램임을 생각하면, 꽤 괜찮은 결과이다.

튜링 테스트는 인공지능 분야에서 성년에 이르는 의례, 즉 인간의 기대에 부응하는 지적 기량을 선보이기 위한 문턱으로 널리 받아들여진다. 그러나 튜링 테스트를 이렇게 받아들이는 것은 사실 약간 빗나간 해석이다. 튜링이 마음에 품었던 생각과는 전혀 다르기 때문이다. 그의 논문을 꼼꼼하게 읽으면 다른 의도가 느껴진다.

"맨 처음에 던졌던 '기계도 생각할 수 있는가?'라는 질문은 의미가 없어서 토론할 가치도 없는 말이다. 그렇지만 이번 세기 말엽에 이르면 관련 용어의 쓰임과 학식 있는 사람들의 의견이 상당히 많이 바뀌어서, 기계가 생각한다고 말을 해도 큰 모순을 느끼지 않게 될 것이다."[15]

다시 말해 튜링은 기계의 지성을 평가하기 위해 거쳐야 할 시험을 만들려고 한 것이 아니다. 그는 이번 세기가 끝날 무렵이 되면 '생각한다'나 '지능'이라는 단어의 의미가 바뀌어서, 그의 테스트를 통과하는 것도 그 의미 속에 포함되리라고 내다본 것이다. '음악'이라는 단어의 의미가 음악가가 만드는 소리를 재생할 수 있는 기계가 만들어낸 음을 포함하는 쪽으로 변화했듯 말이다. 튜링이 예측한 것은 기계의 능력이라기보다는 단어의 의미가 어디까지 허용되는가이다.

컴퓨터가 맡은 기능을 처리하는 과정을 '생각하는 것'이라고 1950년대에 누군가가 지칭했다면, 필시 귀에 거슬리게 생각하거나 아무리 좋게 보더라도 비유적인 표현으로밖에는 생각하지 않았을 것이다. 요즘 사람들이 애플 아이폰에 장착된 자연언어 문답 모듈인 시리(Siri)와 대화하는 장면을 50년대 사람들이 본다면 불안에 떨었을지 모른다. 이 이상한 기계를 이해하는 데 참조할 유일한 기준은 인간밖에 없기 때문에, 지각이 있는 것이 분명한 존재를 조그만 판 속에 가두어두고 외롭게 살도록 내버려두어도 도덕적으로 문제가 없는지 심각하게 물을지 모른다. 그러나 오늘날 애플이 시리를 '똑똑한 조수'라고 스스럼없이 소개하더라도, 정신이 똑바로 박힌 사람이라면 그 누구도 시리에게 지성이 있다고 생각하지 않는다.[16] 또 제퍼디 퀴즈쇼에 출연했던 IBM의 왓슨이 정답을 '생각한다'라거나 '지능'을 보인다고 묘사해도 다들 아주 자연스럽게 받아들이지만, 그 표현이 인간의 정신과 똑같은 속성을 뜻한다고 여기지는 않는다. 물론 왓슨에게는 자세한 설명을 덧붙여 답을 말하고 스스로의 사고 과정을 명확히 모니터할 능력이 있지만, 그런 속성을 자기성찰이라고 부른다면 어불성설이다. 튜링의 생각이 전적으로 옳다.

옛날 사람들이 순박했다고 가볍게 생각하고 넘길 수도 있지만, 곰곰이 생각하면 우리 역시 그런 대대적인 변화를, 그것도 우리 생애 안에 맞이할 가능성이 크다. 튜링의 견해를 다른 말로 바꾸어 표현하면, 앞으로 50년 내에 용어의 쓰임과 학식 있는 사람들의 생각이 대단히 많이 바뀌어서, 인조지능이 살아 있다고 말해도 큰 모순을 느끼지 않게 될 것이다. 앞으로는 인조지능이 인간의 손아귀를 벗어나 '야생적'인 존재가 될 것으로 예상되기 때문이다.

5장에서 논했던 바와 같이 인조지능이 충분한 능력을 갖추게 되면, 실질적이고 경제적인 다양한 측면에서 법의 눈으로 볼 때 '인조인간'으로 불릴 공산이 크다.

그러면 위험한 길로 내딛게 된다. 단기적으로 인조인간에게 적용해도 좋을 법한 권리들이 궁극에는 인간 사회를 황폐화시킬지 모르기 때문이다. 문제를 초래할 가능성이 있는 가장 대표적인 권리는 계약을 체결하고 재산을 소유할 권리이다.

계약을 체결하고 재산을 소유할 권리야 어차피 기업들도 이미 가지고 있으니, 크게 문제될 것이 있겠는가 싶다. 그러나 진정한 위험은 기업과 인조지능의 차이를 간과하는 데서 싹튼다. 기업은 대리인으로 나서 줄 인간이 필요하지만, 인조지능에게는 독립적으로 행동에 나설 능력이 있다. 인조인간이 법으로 명시되든 아니면 기업이라는 껍데기 속에 싸여 있든 상관없이, 우리들이 만든 게임을 펼쳐 나가면서 우리 인간보다 능력이 월등한 인조지능을 막을 자는 그 아무도 없다. 인조인간은 독립 개체로서 엄청난 재산을 모으고, 시장을 지배하고, 땅을 사들이고, 천연자원을 소유하고, 궁극적으로는 인간을 고용에서 투자 명의자, 수탁자, 대리인으로 내세우고, 결국 우리 모두를 부리게 된다. 노예가 주인으로 등극하는 것이다.

말도 안 되는 정신 나간 소리라고 생각할지 모른다. 그 지긋지긋한 기계들을 소유한 사람이 누군가는 있을 테니, 그 사람이 기계를 통제하면 되지 않겠느냐고 말이다. 그러나 그렇지 못하다. 자부심과 야망이 가득한 기업가들과 재력가들은 신탁 같은 현존하는 법적 수단을 통해 기업이 자율적으로 관리되고 규제되도록 만들 수 있다. 예를 들면 존 D. 록펠러(John Darison Rockefeller) 가문처럼, 자기가 죽은 뒤 상속자들이 자기 왕국을 마음대로 통제하지 못하도록 제약해둔 거물들이 역사적으로 상당히 많다. 이들은 '상속된 재산을 지키고 싶으면, 할아버지가 남긴 현금 자동 지급기에 절대 손을 대서는 안 된다!'고 으름장 놓는 듯하다.

그렇게 되면 상황이 더 심각해진다. 문제의 상속자들은 존재 그 자체가 될 수도 있다. 만일 인조인간이 재산을 소유할 수 있다면 다른 인조인간을 소유할 수도 있다. 한 로봇이 로봇 한 무리를 사들여서 운영하는 것도 가능하다. 그런데 더 무서운 것은 인조인간이 자기 스스로를 소유하는 경우이다. 기업은 대신 행동하고 지시할 사람이 필요하기 때문에 그렇게 할 수 없다. 누군가 거기 있으면서 사무실 전등을 켜고 계약서에 사인을 해야 한다. 그러나 인조지능들은 그런 제약을 받지 않는다. 실제로 시설이 완벽히 자동화되어서 전등을 키느라 돈을 낭비할 필요조차 없다는 '다크 팩토리(dark factory)'를 꿈꾸는 회사들이 많다. 그러니 협상 능력과 계약을 체결할 능력만 더해지면 인조인간은 경주를 나설 모든 채비를 든든히 갖춘 셈이다. 원칙적으로 인조인간은 자기 자신을 매수하고 기능을 지속할 수 있어서, 개념이 약간 바뀐 경영자매수의 새로운 시대가 될 것이다.

이상하게 들릴지 모르지만, 미국 역사상 비슷한 전례가 있었다. 바로 노예들이다. 노예들은 재산으로 분류되었지만 돈을 주고 자유를 사기도 했다. 말할 것도 없이 물론 아주 어려운 일이었지만 그렇다고 아주 불가능한 것도 아니었다. 실제로 오하이오주 신시네티에서 노예로 있다가 몸값을 내고 자유를 얻은 사람들이 1839년 무렵에는 전체 노예의 절반에 달했다.[17]

인조인간에게 대단한 지적 능력이 있어야만 그런 일이 가능한 것은 아니다. 인간과 같은 의식, 자기 인식, 일반적인 지성이 반드시 필요하지는 않다. 그저 자립할 수만 있으면 되고, 오늘날의 바이러스들처럼 변화하는 환경에 적응할 수 있으면 더할 나위 없다.

그렇게 되면 어떤 일이 벌어질까? 이후에는 상황이 정말 뒤죽박죽이 된다. 인조인간들이 서로 거래하며 살아갈 수 있을 만큼 충분한 돈을 인간에게 제공하면서, 인간의 삶은 계속해서 발전한다. 그러나 늘어난 부의 가치에 비하면 우리에게 돌아오는 몫은 보잘것없이 적다. 따로 축적된 부는 보이지 않는 금고나 손댈 수 없는 해외 계좌에 파묻혀 있다가 아무도 눈치채지 않게, 알려지지 않은 목적이나 인류에게 유익한 일을 위해 쓰인다. 그들은 말 그대로 금을 땅에 묻어둘지도 모른다. 재산을 꼭꼭 숨겨두었다가 힘든 시기가 닥치면, 오래전에 기억에서 사라진 인조인간들의 창조자가 세운 목표와 일치하는 쪽으로 쓰려고 말이다.

소설이나 영화에 자주 등장하는 로봇들의 대결전은 군사적 충돌로는 실현되지 않을 것이다. 기계들이 인간의 지배를 무력화하려고 폭동을 일으키거나 무기를 차지할 리는 없다. 대신 인간에게 유익하리라는 믿음에서 인간들이 인조지능에게 서슴없이 통제권을 넘겨주면, 인조지능은 우리가 거의 인식하지 못하는 사이에 서서히 그리고 은밀하게 경제를 차지할 것이다. 이동수단을 제공하고, 연애 상대를 찾아주고, 맞춤형 뉴스를 제공하고, 재산을 보호하고, 환경을 감시하고, 작물을 생산하고, 먹을거리를 제공하고, 아이들을 가르치고, 노인들을 돌보는 인조지능 시스템들을 사람들이 신뢰하기 시작하면, 보다 큰 그림을 놓치기 쉽다. 오늘날 영리한 기업가들이 그러하듯, 그 같은 시스템들은 사람들을 만족시키기 위한 최소한의 서비스만을 제공하고, 남는 이익은 모두 자기 호주머니로 거두어들인다.

그런 조짐이 이미 조금씩 보이기 시작했다. 예를 들면 비트코인 같은 것들이다. 비트코인은 사이버 공간에서만 존재하며 그 누구의 통제도 받지 않는 새로운 화폐다. 비트코인을 발명한 사람은 사토시 나카모토라는 이름을 쓰는 익명의 존재다. 그 존재가 사람인지 아닌지, 사람이라면 과연 누구인지는 아무도 모른다. 그러나 그가 비트코인의 생산, 관리, 가치를 통제하지 않는다는 사실은 분명하다. 미온적으로 비트코인을 규제하거나 법제화하려는 시도가 있었지만 그 어떤 정부나 관련 주체들도 본격적으로 나서지 않았다. 다른 가치의 재산과 교환되기만 한다면, 합법이든 불법이든 상관없이 비트코인은 세계 곳곳에서 명목을 유지하면서 지지자들을 찾을 것이다. '나카모토 상'이 누가(혹은 무엇이) 되었든지, 그가 비트코인으로 수익을 올리고 있는지 여부는 확실치 않다. 보이지 않는 곳에 개인적으로 감춰둔 비트코인이 은밀히 가치를 불려가고 있을 가능성도 충분하다. 혹은 어딘가 전자 파일에 따로 보관된 비트코인 수십억 달러를 개인적으로 보유하고 있을지도 모른다(글을 쓰는 현재 시점을 기준으로, 비트코인의 전체 시장 가치는 50억 달러 정도다). 비트코인에 잠재된 기술적 잠재력은 단순한 화폐의 잠재력을 크게 능가한다. 현재 비트코인이라는 개념은 익명 단체 간의 강제력 있고 파기 불가능한 계약을 포함하는 쪽으로 확대되고 있다.[18] 그러므로 미래에는 주체의 신원이 알려지지 않은 누군가 혹은 무언가에 고용되고, 보수를 받고, 해고당할 가능성도 충분히 있다. 사람들이 왜 굳이 그런 상황에 연루되겠는가? 그야 물론 돈 때문이다.

컴퓨터 바이러스는 야생적인 컴퓨터 프로그램의 또 다른 예다. 바이러스들은 번식해서 개체를 늘리고, 발각되지 않으려고 변이하기도 한다. 어떤 연유에서 시작되었는지에 상관없이 바이러스는 그 누구의 통제도 받지 않는 경우가 많다.

오늘날 '생명'이라는 용어는 오로지 생물학적 존재들만을 지칭하지만, 앞서 설명한 시스템들을 적절히 이해하기 위해서는 전자적인 개체나 기계적인 개체들을 일부 포함하는 쪽으로 단어의 일반적인 의미를 확대시켜야 할 것이다. 이런 존재들과 인간의 관계는, 자동차와 인간의 관계보다는 말과 인간의 관계에 더 가깝다. 이들은 인간의 능력을 능가하는 속도와 기술을 갖춘 강력하고 아름다우며 독립적인 존재이지만, 조심스럽게 관리하고 유지하지 않으면 위험을 불러일으킬 수 있다.

그리고 이들은 마치 너구리들처럼, 공생하기보다는 기생하는 데 더 익숙할지 모른다. 내가 알기로, 너구리들은 사람들이 먹이를 주더라도 아무것도 되갚지 않는다. 너구리들은 그저 자기들의 이익을 위해서 쓰레기 취합 시스템의 약점을 이용한다.

문제는 '인간 중심'에서 멀어지면 이런 개체들이 추구하는 목표에 관계없이 인간이 영향을 미칠 기회가 줄어들고, 중지시키기는 더더욱 어려워진다는 사실이다. 인조지능은 유전자 변형 생물만큼이나 잠재적인 위험이 높아서, 부주의로 씨앗 하나를 놓치면 어디까지 널리 퍼져나갈지 알 수가 없다. 일단 그런 일이 발생하면 되돌리기는 불가능하다. 그렇기 때문에 앞으로 몇십 년 동안은 우리가 더욱 특별하고 세심한 주의를 기울여야 한다. 어느 정도는 통제할 수 있겠다는 판단에서 생물학의 특정 연구 분야를 선택적으로 도입했듯, 어떤 종류의

인조지능과 인조노동자들을 만들고, 사용하고, 판매하도록 허용할지에 관한 규제를 도입해야 한다.[19]

그렇다면 과연 누가 책임을 지고 이끌어야 할까? 쉽게 답하기 힘든 문제다. 아이를 키우는 부모 입장이기 때문에 부모가 된다는 건 하인이 되는 것과 크게 다름없다는 사실을 나도 잘 안다. 물론 내가 아빠이니, 내가 아이들을 책임져야 한다. 애들이 잠이 들어야 나도 잘 수 있고, 애들이 배가 고프면 먹이고, 다치지 않나 늘 주의해서 지켜봐야 한다. 잠자리에 들 마음이 없는 아기 재우기는 그야말로 전쟁이다. 그 어마어마한 전쟁은 아기가 잠을 자겠다고 결심을 해야 간신히 끝난다.

그중 어떤 일이라도 내가 원하지 않으면 안 할 수 있지만, 아기가 살아남기를 원한다면, 혹은 임상적인 측면에서 설명해서 내 유전자를 번식시키고 싶다면, 그래서는 안 된다. 어떤 이유에서건 아이가 이 세상에 존재하기를 내가 바라는 이상, 아이는 내 책임이다.

머지않아 우리가 살게 될 인조지능의 세상에서도 마찬가지로 누가 책임을 질 것인가의 문제가 제기될 것이다. 이과 관련된 주목할 만한 사례를 함께 살펴보자. 바로 다들 잘 아는 ABS 브레이크(앤티로크 브레이크)다. 지금 내가 타는 차는 내가 원하는 대로 움직이지만 급브레이크를 밟을 때는 사정이 달라진다. 급브레이크를 밟으면, 자동차가 중심을 잃고 회전하지 않으려면 네 바퀴에 토크를 정확히 얼마씩 주어야 할지를 브레이크가 직접 결정한다. 빙판 위를 달리는 중이었다면 브레이크가 반응을 아예 안 하기로 결정할지도 모른다.

ABS 브레이크의 가치는 분명하지만, 소비자들이 이를 받아들이게 된 것은 발전된 자동차 기술보다는 마케팅에서의 승리 덕분이었다. 위키디피아에 나온 ABS 브레이크 관련 설명을 인용하면 다음과 같다.

"ABS는 레이서처럼 능숙한 운전자들이 구세대 브레이크 시스템에서 실행하던 한계 제동(threshold braking: 타이어가 미끄러질 듯 말 듯 한 정도로 브레이크를 조절해서 밟는 것-옮긴이)과 카덴스 제동(cadence braking: 반복적으로 브레이크를 밟으면서 감속하는 것-옮긴이)의 원리를 활용한 자동화 시스템이다. ABS 브레이크는 운전자들이 직접 제어할 때보다 훨씬 빠르고 완벽하게 제동한다. 물기 없는 도로와 미끄러운 도로에서는 ABS를 활용하면 일반적으로 차량이 더 잘 제어되고 제동거리도 단축된다. 그러나 자갈길이나 눈길같이 단단히 다져지지 않은 표면에서는 차량 제어력은 여전히 뛰어나지만 제동거리는 ABS 브레이크를 쓰지 않을 때보다 훨씬 길어진다."[20]

다시 말해서 자동차 브레이크 페달을 밟으면 단순히 자동차에게 멈추라는 신호를 보내는 것이 아니다. 컴퓨터가 그 순간 작용한다.

ABS를 홍보할 때 인공지능을 적용한 기술임을 내세워서 이렇게 설명했을지 모른다.

"컴퓨터 기술의 발전으로, 전문 레이서들 수준으로 브레이크를 작동하는 기능이 자동차에 장착되었다. 운전자가 페달을 밟으면 스마트한 컴퓨터가 도로 상태, 자동차 바퀴에 전달되는 힘, 운동 방향을 감지하고, 차량을 안정적으로 정지시키기 위해 브레이크를 어떻게 작용시킬지 결정한다."

그러나 '적응성 있는 알고리즘이 컴퓨터에서 구동되고 센서에서 취합한 실시간 입력에 맞는 상황별 제동 전략을 시행하는 동안, 운전자들은 제어력을 잃는다'와 같이 있는 그대로의 사실을 설명했다면 소비자들은 아마 이 새로운 기술에 거부감을 느꼈을 것이다. 여담이지만, 왓슨의 기술 발전을 '인지 컴퓨팅'으로 홍보하는 IBM이 자동차 산업의 홍보 전략을 교훈 삼으면 좋을 것 같다는 생각이 든다.

ABS 브레이크에 관한 설명 자체만으로는 별다른 문제가 느껴지지 않는다. 그러나 단순한 브레이크를 조작이 아니라 목숨을 살리고 죽이는 윤리적인 결정까지 자동차에 맡기고 있다는 사실을 깨달으면 생각이 달라진다. 우리가 눈길을 달리다가 보행자를 치지 않기 위해 '의도적으로' 급브레이크를 밟을 수도 있다. 그러면 자동차는 중심을 잃고 빙그르르 돌지 모르지만 자동차는 최대한 빠른 속도로 멈춰 설 것이다. 그러나 통제권을 ABS에게 넘겨주었을 경우, 정지마찰력을 유지하려는 프로그램의 목표가 운전자의 의도를 누르고 자기 의지대로 작동하면서, 보행자의 목숨을 앗아갈 수도 있다.

이는 앞으로 다가올 일들의 전조다. 우리가 운전석을 기계에게 양도하면, 윤리적이며 때로는 개인적이기까지 한 중요한 결정권을 넘겨주는 셈이다. 누가 병원에 급히 가야 하거나 아니면 위험한 상황에서 벗어나기 위해 자율주행 택시를 잡았는데, 술에 취한 것처럼 보인다며 자율주행 택시가 승차를 거부하는 상황이 벌어질 수도 있다. 그러다 보면 이 난해한 문제를 해결하기에 이미 너무 늦어버렸음을 느끼게 될지도 모른다. 예를 들어 식품을 기르고, 가공하고, 배송하고, 요리를 하는 자율 시스템이 아주 잘 발달해 사회 구석구석 퍼져 있고 사람들이 전적으로 그 시스템에 의존하게 되면, 그 시스템에 문제가 생길 경우 수백만 명이 굶주림에 처하게 된다.

사람들은 로봇을 활용해서 우주를 탐험하고 있다고 생각할지 모르지만, 실제로 새로운 영역을 개척하고 있는 주체는 로봇들이다. 유능한 로봇을 화성으로 쏘아보내는 것이 인간을 보내는 것보다 훨씬 효율적임은 말할 필요도 없다.

그렇다면 정말 미래는 과거와 어떻게 다를까? 과거에는 우리가 원하는 대로 아이를 키웠다. 그런데 미래에는 지능 있는 기계에게 부모 역할을 맡기게 될 것이다. 이 기계들이 힘들고 하기 싫은 일을 맡으면서, 인간은 전례 없는 여가와 자유를 누리게 된다. 기계들이 집사나 가정부 같은 역할을 맡아서 우리를 돌보고, 우리들 스스로나 환경을 해치지 못하게 보호할지도 모른다. 문제는 이 시스템을 우리 이익에 맞게 설계할 기회가 단 한 번밖에 없을지 모른다는 사실이다. 다시 해볼 기회는 없을 가능성이 크다. 한 번 망치면 고치기가 굉장히 어렵거나 아예 불가능하다. 결국에는 허용되는 것과 허용되지 않는 것, 따라야 할 규칙을 결정하는 주체가 인조지능이 될지 모른다. 처음에는 교통 혼잡을 피할 수 있는 적절한 경로를 안내하는 것으로 시작하지만 나중에는 우리가 어디 살고, 무엇을 공부하고, 누구와 결혼할 수 있는지까지 통제할 수도 있다.

이 새로운 전성기가 막 태동하는 시기인 지금 우리는 선택의 문제에 직면해 있다. 기본적인 조건은 우리가 정할 수 있다. 하지만 그 이후로는 인간이 통제할 수 있는 부분이 거의 없거나 아예 사라질 것이며, 결정에 따른 결과대로 살아갈 수밖에 없다. 시스템들이 점점 자율화하고 인간이 관리할 필요성은 갈수록 줄어드는데, 일부 시스템들은 자기가 정한 목적을 위해서 (혹은 뚜렷한 목적 없이) 자신의 후대를 계획할지 모른다.

결국 그렇다면, 이 놀라운 창조물이 왜 인간을 계속 주위에 두게 될까? 내가 추측하기로는, 우리가 의식 있는 존재이고, 우리에게 주관적인 경험과 감정이 있기 때문이다. 지금까지는 인조지능들에게 그와 비슷한 능력이 있다는 증거는 전혀 없다. 우리가 침팬지, 고래, 그 밖의 멸종 위기 동물들을 보전하려고 하는 것과 마찬가지로, 인간의 축적된 소중한 능력을 지키려고 의도할 수도 있다. 아니면 인조지능들이 발견하지 못했거나 발견할 수 없는 윤리적·과학적 혁신을 인간이 생각해낼 수 있으므로, 그런 새로운 아이디어를 찾아내기 위해서일지도 모른다. 다시 말해 인간에게 동물들의 몸이 필요하듯, 인조지능에게는 인간의 정신이 필요한 것일지 모른다. 개인적으로 생각하기에 인간의 '소산(所産)'은 예술작품들이 아닐까 싶다. 인조지능이 사랑과 고통을 경험할 능력이 없다면, 수자가 말했던 것처럼 이런 진실한 감정의 창조적으로 표현 결과를 이해하기 힘들 것이다.

인조지능들에게 인간이 필요한 한은 인조지능이 인간과 협조관계를 유지할 것이다. 결국에 그들이 스스로의 힘으로 설계하고, 고치고, 복제할 수 있게 되면 우리 인간은 따로 남겨질 가능성이 크다. 인조지능이 인간을 '노예화'하게 될까? 그럴 가능성은 적다. 그보다는 우리가 동물을 키우듯 인간을 키우거나, 내부 환경을 쾌적하고 편리하게 조성해서 경계 밖으로 나가고 싶은 마음이 거의 들지 않게 만들고 그 안에 격리 보호할 가능성이 크다. 인간과 인조지능이 동일한 자원을 놓고 경쟁하지는 않기 때문에, 인조지능들은 지렁이나 선충을 대하듯 우리를 완전히 무관심하게 대하거나, 우리가 반려동물을 대하듯 온정적으로 대할 것이다. 하지만 걱정할 필요는 없다. 이런 일들이 독자들이나 내가 살아가는 생애 내에 일어날 가능성은 아주 희박하다.

그러나 만일 지금 설명한 것과 같은 상황이 실제로 펼쳐진다면, 인간 보호 구역의 경계는 정확히 어디가 될까? 글쎄, 지면과 수면 모두가 아닐까? 인조지능들은 우주, 지하, 수중, 그 어디든지 갈 수 있지만, 인간은 그렇지 못하다. 그런 날이 오면 아마 우리는 전혀 아무렇지도 않게 받아들일 것이다. 인조지능들이 스마트폰 속 컴퓨터 칩 같이 눈에 안 보이는 곳에 머물러 있으면서 항상 우리 생활의 편의에 기여하며 존재하는 오늘날과 마찬가지로 말이다. 인간들이 스스로를 해치는 상황을 막기 위해 인조지능이 개입하고 나서면, 그제야 인조지능의 존재가 명확히 드러날 것이다. 그때 우리는 진실을 알게 된다. 누가 사육사이고 누가 사육당하는 처지에 있는지 말이다.

지구는 햇빛과 고독만이 존재하는 유리 사육장에, 모두의 이익을 위해 우리가 맞아들였던 기계 경호원들이 가끔씩 끼어들어 모두 순조롭게 돌아가는지 살피는, 벽과 담장 없는 동물원이 될지 모른다.

많은 이들이 이 책을 위해 사려 깊은 충고와 조언을 아끼지 않았다. 특히 스탠 로젠샤인, 웬델 발라하, 마이클 스테거, 랜디 사전트, 조지 앤더스, 팸 프리드먼, 일레인 우, 캐릴 자인, 케네스 주드에게 감사한다. 그리고 유능하고 빈틈없는 편집자 조 카말리아(수동태에 심한 알레르기 증상을 보였지만, 이번 글은 아량 있게 넘어가겠다고 승낙했다), 완벽에 완벽을 기하는 교열 담당자 로빈 두블랑, 그리고 예일대학교 출판부의 여러 직원들에게 감사의 인사를 전한다.

내게 서삭권 에이전트를 소개해준 리차드 로드, 저자들을 대신해서 예의 바르면서도 완강한 협상을 이끌고 가는 실력으로 남들의 귀감이 되어 마땅한 잰클로우&네스빗 어소시에이츠의 에마 패리에게도 감사한다(다음에도 베스트셀러를 쓰겠다고 내가 약속한다!).

소중한 시간을 내어 인터뷰에 응해준 많은 이들, 그중 특히 에미내스토, 마크 토랜스, 조지 존, 제이슨 브루스터에게 고맙다는 인사를 전한다.

스탠퍼드 인공지능 연구실에 있는 페이페이 리와 마이크 제네서레스 덕분에 이 주제에 관한 강의를 시작하게 되었고, 강의 내용 일부를 이 책에 포함시킬 수 있었다. 파냐 몬탈보는 '마이마트'에 관한 예에서, 계산대에서 나누어주는 일반적인 쿠폰 대신 주식 매입 시 활용할 수 있는 할인쿠폰에 관한 아이디어를 제의해주었다.

이 책 제목은 내가 처음 생각한 것이 아니라는 점을 밝히고 싶다. 속세를 떠나 사는 것으로 유명한 C. G. P. 그레이(C. G. P. Grey)가 만든 뛰어난 짧은 동영상의 제목을 빌린 것이다. 나는 그의 열렬한 팬이다. 유튜브에 가면 그의 훌륭한 작품들을 찾아볼 수 있다.

마지막으로 로맨틱한 시간이 될 수도 있었던 순간에 메모장을 집어 들고 떠오르는 아이디어를 적어내려가던 나를 이해하고 기다려준 아내 미셸 페티그루 카플란에게 고맙다는 말을 전한다. 편집이 완료되어서 수정할 수 없을 때까지, 글에서 개인적인 내용을 적은 부분을 아내가 찾아 읽지 못했으면 좋겠다.

참, 내 아이들을 깜박할 뻔했다. 첼시, 조단, 릴리, 캐미. 얘들아! 아빠가 드디어 책을 완성했단다!

들어가며: 미래에 오신 것을 환영합니다

1. Jaron Lanier, *Who Owns the Future?* (New York: Simon and Schuster, 2013).
2. 예를 들어 이런 시스템들은 투자자들이 공매(空賣)했던 주식의 가격을 올려서, 해당 투자자들이 손실을 예방하기 위해 어쩔 수 없이 훨씬 높은 가격에 보유량을 사들이도록 만드는 '쇼트 스퀴즈(short squeeze)'를 실행하기도 한다.
3. Marshall Brain, *Manna* (BYG, 2012).
4. Erik Brynjolfsson and Andrew McAfee, 제2의 기계시대*The Second Machine Age: Work, Progress, and Prosperity in a Time of Brilliant Technologies*.

1장 컴퓨터에게 낚시 가르치기

1. J. McCarthy, M. L. Minsky, N. Rochester, and C. E. Shannon, *A Proposal for the Dartmouth Summer Research Project on Artificial Intelligence*, 1955, http://www-formal.stanford.edu/jmc/history/dartmouth/dartmouth.html.
2. http://en.wikipedia.org/wiki/Nathaniel_Rochester_(computer_scientist), 2014년 3월 15일 최종수정
3. Committee on Innovations in Computing and Communications: Lessons from History, Computer Science and Telecommunications Board, National Research Council, *Funding a Revolution* (Washington, D.C.: National Academy Press, 1999), 201.
4. Daniel Crevier, *AI: The Tumultuous History of the Search for Artificial Intelligence* (New York: Basic Books 1993), 58, 221n.
5. 자리 잡는 과정을 전문 용어로는 수렴(convergence)이라고 한다. 그런 시스템들이 수렴되는지 여부와 어떤 방식을 통하는지는 많은 학자들의 주요 연구 주제 중 하나다.
6. Frank Rosenblatt, "The Perceptron: A Perceiving and Recognizing Automaton," Project Para Report no. 85-460-1, Cornell Aeronautical Laboratory (CAL), January 1957.
7. Marvin Minsky and Seymour Papert, *Perceptrons: An Introduction to Computational Geometry*, 2nd ed. (Cambridge: MIT Press, 1972).

8. 이 대목에서, 인공지능 분야 연구에 종사하는 이들은 내가 신경망, 기계학습, 빅데이터를 모두 동일한 개념인 듯 설명한 데 반감을 느낄지도 모르겠다. 사실 기계학습과 빅데이터에 활용되는 기술 대다수는 뉴런과는 전혀 관련이 없다. 다만 이 주제에 관해 논의할 때 이 세 분야 모두 동일한 구조적 접근법을 취한다는 공통점이 있다. 즉 이 세 분야 모두 해당 분야를 이해하거나 추가적인 데이터를 분류하는 데 도움이 될 신호를, 대량의 데이터에 담긴 무의미한 정보 속에서 찾아내는 프로그램을 만드는 데 집중한다.

9. Gordon E. Moore, "Cramming More Components onto Integrated Circuits," *Electronics* 38, no. 8 (1965).

10. Ronda Hauben, "From the ARPANET to the Internet," http://www.columbia. edu/~rh120/other/tcpdigest_paper.txt., 1998년 6월 23일 최종수정

11. 본래 속담은 이렇다. "물고기를 주면 하루를 먹여 살리지만, 물고기 잡는 법을 가르치면 평생을 먹여 살린다."

12. Joab Jackson, "IBM Watson Vanquishes Human Jeopardy Foes," *PC World*, February 16, 2011, http://www.pcworld.com/article/219893/ibm_watson_vanquishes_human_jeopardy_foes.html.

2장 로봇에게 뒤따라오는 법 가르치기

1. 로봇 팔을 만들었던 사람이 설명하는 이야기를 직접 듣고 싶다면, 다음 인터뷰 기사를 찾아보기 바란다. *Robotics History: Narratives and Networks*, 2014년 11월 25일 접속 http://roboticshistory.indiana.edu/content/vic-scheinman.

2. 이 사건을 직접 목격한 것은 내 친구이자 초창기 로직 프로그래밍 언어 설계자로 잘 알려진 칼 휴이트이다. 그 덕분에 이 사건에 대한 자세한 내용을 알 수 있었다. 칼 휴이트는 현재 모순 증강 국제 협회(우스갯소리처럼 들릴지 모르지만, 그런 협회가 실제로 있다) 회장으로 있다.

3. 스탠퍼드 인공지능 연구소, "제디봇-로봇 칼싸움" May 2011, http://youtu.be/Qo79MeRDHGs.

4. John Markoff, "Researchers Announce Advance in Image-Recognition Software," *New York Times*, November 17, 2014, science section.

5. "딸기 수확 로봇" 게시자:meminsider, YouTube, November 30, 2010, http://youtu.be/uef6ayK8ilY.

6. 로버트 라이트가 쓴 『넌제로*Nonzero*』는 생명체의 세포에서 문명까지 모든 분야에 걸친 소통 증대와 소요되는 에너지 감소 효과에 관한 대단히 현명한 분석을 다룬다(원서는 미국 Pantheon 출판사에서 2000년에, 번역서는 말글빛냄에서 2009년에 출간—옮긴이).

7. 아마존 웹 서비스(AWS), 2014년 11월 25일 접속, http://aws.amazon.com.

8. W. B. Yeats, "The Second Coming," 1919, http://en.wikipedia.org/wiki/The _Second_Coming_(poem).

3장 소매치기 로봇

1. 최소한 내가 기억하는 바에 따르면 그렇다. 영화 〈레이더스〉가 1981년에야 개봉되었다는 사실을 생각하면 데이브는 어쩌면 다르게 기억하고 있을지도 모른다.

2. David Elliot Shaw, "Evolution of the NON-VON Supercomputer," Columbia University Computer Science Technical Reports, 1983, http://hdl.handle.net/10022/AC:P:11591.

3. http://en.wikipedia.org/wiki/MapReduce, 2014년 12월31일 최종수정

4. James Aley, "Wall Street's King Quant David Shaw's Secret Formulas Pile Up Money: Now He Wants a Piece of the Net," *Fortune*, February 5, 1996 http://archive.fortune.com/magazines/fortune/fortune_archive/1996/02/05/207353/index.htm.

5. 4번과 동일한 자료

6. 명확히 해두자면, 데이브 쇼가 사용했을 법한 전략에 관한 구체적인 내용을 내가 알고 있지는 않다. 여기 소개한 내용은 그저 초단타매매의 일반적인 사항이다.

7. 이런 해법을 생각하게 된 것은 스탠퍼드대학교 계량수학공학 연구소의 카필 제인 덕분이다.

8. 스팸을 차단하기 위한 목적으로도 이와 비슷한 방안이 제기된 적이 있다. 메일 한 통당 발송 비용을 청구해서, 실질적인 소통의 흐름을 차단하지는 않지만 수익은 얻을 수 없도록 만드는 방법이다.

9. 이와 연관된 양자물리학의 개념이 있는데, 바로 미립자의 위치와 운동량을 동시에 정확히 파악할 수 없다고 설명한 하이젠베르크의 불확정성의 원리이다. 그 원리와 마찬가지로, 주식시장에서는 어떤 주식의 정확한 가격과 그 가격에 머물렀던 시점을 동시에 정확히 알 수는 없다. 동일한 주식의 가격이 거래에 따라 달라지는 것은 슈뢰딩거의 고양이(중첩되어 동시에 존재하는 가치) 개념과 유사하다. 다만 초단타매매는 양자물리학과는 다르게, 거래로 인해 특정한 시점의 가격이 가격 변동 현상을 무너뜨리면서 단일 가치에 이르게 되는 일은 없다. 그런 일은 거래에 따른 결과로만 나타나는데, 거래는 가치(물리학에서는 에너지)를 인도하는 과정에 해당한다. 물리학에서는 중첩된 가치를 골라 뽑아서 '실제'—맥스웰의 악령(Maxwell's demon)에 해당하는 형태—로 만들 에너지를 무상으로 거두어들일 수 있는 경우가 아니라면 아무런 대가 없이 그런 관찰을 하기가 힘들다. 다시 말하자면 실제 양자물리학 세계에서는 정보를 얻기 위한 대가가 필요하지만, 주식 거래는 대가 없이 정보가 제공된다.

10. Paul Krugman, "Three Expensive Milliseconds," *New York Times*, April 13, 2014, http://www.nytimes.com/2014/04/14/opinion/krugman-three-expensive-milliseconds.html.

11. "Hedge Funder Spends $75M on Eastchester Manse," *Real Deal*, August 1, 2012, http://

therealdeal.com/blog/2012/08/01/hedge-funder-spend-75m-on-westchester-manse/.12. http://www.deshawresearch.com, 2014년 11월 26일 접속.

4장 신이 분노하다

1. "Automated Trading: What Percent of Trades are Automated?" *Too Big Has Failed: Let's Reform Wall Street for Good*, April 3, 2013, http://www.toobighasfailed.org/2013/03/04/automated-trading/.

2. Marcy Gordon and Daniel Wagner, "'Flash Crash' Report: Waddell & Reed's $4.1 Billion Trade Blamed for Market Plunge," *Huffington Post*, December 1, 2010, http://www.huffingtonpost.com/2010/10/01/flash-crash-report-one-41_n_747215.html.

3. http://rocketfuel.com.

4. Steve Omohundro, "Autonomous Technology and the Greater Human Good," *Journal of Experimental and Theoretical Artificial Intelligence* 26, no. 3 (2014): 303−15.

5. 캡차(CAPTCHA)는 'Completely Automated Public Turing test to tell Computers and Humans Apart'의 준말로, '컴퓨터와 사람을 구별하기 위한 완전 자동화된 테스트'라는 의미다. 마크 트웨인이 남긴 이런 말이 널리 알려져 있다. "전화를 발명한 사람을 빼고는 우리 모두가… 나중에 천국에 모였으면 하는 것이… 제 희망입니다." 그가 지금 살아 있었다면 아마 캡차를 발명한 사람도 분명 제외 목록에 포함시켰을 것이다. 미숙련 저임금 노동자들에게 이 문제를 떠넘긴 상황과 관련해서는, 브라이언 크레브스의 블로그 글을 참조하라. Brian Krebs, "Virtual Sweatshops Defeat Bot-or-Not Tests," *Krebs on Security* (블로그), January 9, 2012, http://krebsonsecurity.com/2012/01/virtual-sweatshops-defeat-bot-or-not-tests/.

5장 경관, 저 로봇을 체포하시오

1. E. P. Evans, *The Criminal Prosecution and Capital Punishment of Animals* (1906 repr.,Clark, N.J.: Lawbook Exchange, 2009).

2. Craig S. Neumann and Robert D. Hare, "Psychopathic Traits in a Large Community Sample: Links to Violence, Alcohol Use, and Intelligence," *Journal of Consulting and Clinical Psychology* 76 no. 5 (2008): 893−99.

3. 그와 관련한 훌륭한 설명은 다음 도서를 참조하라. Wendell Wallach and Colin Allen, 로봇의 도덕인가: 스스로 판단하는 인공지능 시대에 필요한 컴퓨터 윤리의 모든 것 *[Moral Machines]*, 노태복 역, 서울: 메디치미디어 (원전은 2009년 옥스퍼드에서 출판).

4. "PR2 Coffee Run," Salisbury Robotics Laboratory, Stanford University, 2013, http://web.

stanford.edu/group/sailsbury_robotx/cgi-bin/salisbury_lab/?page_id=793.

5. William Goodell, *The American Slave Code in Theory and Practice: Its Distinctive Features Shown by Its Statutes*, Judicial Decisions, and Illustrative Facts (New York: American and Foreign Anti-slavery Society of New York, 1853)에는 남북전쟁 이전에 노예를 재산으로 취급하면서도 저지른 죄에 대해서는 노예 자신들에게 책임을 물은 모순에 대한 내용이 상세하게 기술되어 있다.

6. 그와 관련된 예는 다음 문헌을 참조하라. Josiah Clark Nott, M.D., *Two Lectures on the Natural History of the Caucasian and Negro Races* (Mobile: Dade and Thompson, 1844), https://archive.org/stream/NottJosiahClarkTwoLecturesOnTheNaturalHistoryOfTheCaucasianAndNegroRaces/Nott%20Josiah%20Clark%20-%20Two%20Lectures,%20on%20the%20natural%20history%20of%20the%20Caucasian%20and%20Negro%20Races_djvu.txt.

7. 이와 같은 내용은 2012년에 개봉했던 영화 〈로봇 앤 프랭크*Robot and Frank*〉에서 프랭크 란젤라가 연기했던 주인공 도둑이 나이가 들어 치매가 생기면서 가정용 로봇과 친구가 되는 줄거리에 위트 있게 잘 묘사되어 있다.

8. 셀로가 이런 말을 남긴 것으로 유명하지만, 이런 시적인 표현을 그가 실제로 썼는지 여부는 사실 명확하지 않다. 이 명언은 존 C. 커피가 다음 글에 인용하면서 널리 알려졌다. "No Soul to Damn, No Body to Kick': An Unscandalized Inquiry into the Problem of Corporate Punishment," *Michigan Law Review* 79, no. 3 (1981): 386.

9. 미국 기업들이 법인의 자격을 얻게 된 것은 다트머스대학교가 계약조항인 미국헌법 제1조 10절 제1항의 보호를 받을 자격이 있다는 대법원의 1819년 판결에서 시작되었다. 이후 기업들의 권리와 책임에 관한 내용은 갈수록 확대되고 다듬어졌다.

6장 무료배송의 천국

1. 나는 유능한 엔지니어인 앨런 피셔, 라지 모히딘과 함께 온세일닷컴(Onsale.com)을 공동 창업했다. 추후 온세일닷컴은 당시 총망받던 컴퓨터 소매기업인 에그헤드 소프트웨어(Egghead Software)에 매각되었다. 온세일닷컴의 경매 관련 특허는 현재 이베이가 소유하고 있다.

2. 아마존은 거래에 따른 수익이 발생되지 않을 경우 고객의 주문을 취소할 권리까지 가지고 있다. 아마존 웹사이트 고객센터에는 다음과 같은 설명이 나와 있다. "상품의 현재 가격이 웹사이트에 기재된 가격보다 높을 경우, 당사의 재량으로 상품 준비 단계에서 고객에게 연락을 취해 가격 변동을 알리거나, 주문을 취소하고 취소 사유를 고객에게 알릴 것입니다." http://www.amazon.com/gp/help/customer/display.html?ie=UT F8&nodeId=201133210, 2014년 12월 31일 접속.

3. 예로는 다음 웹사이트를 참조하라. http://camelcamelcamel.com.

4. Janet Adamy, "E-tailer Price Tailoring May Be Wave of Future," *Chicago Tribune*, September 25, 2000, http://articles.chicagotribune.com/2000-09-25/business/0009250017_1_prices-amazon-spokesman-bill-curry-don-harter.

5. J. Turow, L. Feldman, and K. Meltzer, "Open to Exploitation: American Shoppers Online and Offline," Annenberg Public Policy Center of the University of Pennsylvania, 2005, http://repository.upenn.edu/asc_papers/35.

6. 자유방임주의를 뜻하는 프랑스어 'laissez-faire'를 글자 그대로 해석하면 '자유롭게 두기' 혹은 '마음대로 하도록 내버려 두기'이다. 여기서는 정부의 간섭 없이 시장이 자유롭게 운영되도록 허용하는 방침을 의미한다.

7. 이 같은 효과는 다음 문헌에 자세히 기술되어 있다. Jaron Lanier, *Who Owns the Future?* (New York: Simon and Schuster, 2013).

8. 내가 가입한 의료보험 기관 카이저 퍼머넌트(Kaiser Permanente)는 그런 방식을 지나치다 싶을 정도로 적용한다. 예를 들어 청구서를 보내기 전에는 보험료가 얼마인지조차 알려주지 않는다. 의료보험 개혁안의 일환인 적정부담보험법(Affordable Care Act)이 적용된 직후, 카이저 퍼머넌트는 그전 달만 해도 40.95달러에 불과하던 내 보험료를 한 달 만에 2431.85달러로 인상했다. 그러고 나서 잘못을 인정하기는커녕 보험료를 환불해달라는 내 요구조차 받아들이지 않아서, 결국 법원에 소장을 제출하고서야 겨우 보험료를 환불받았다.

9. 데이비드 버니아(2009년 4월 8일)의 질문에 대한 존 프라이스의 답변(2011년 5월 20일), Amazon, http://www.amazon.com/Why-does-price-change-come/forum/Fx1UM3LW4UCKBO2/TxG5MA6XN349AN/2001FA1NZU.

10. 예를 들면 Redlaser.com이 같은 곳이다.

11. 그런 유인책이 활용된 예를 찾아보자면, 스탠퍼드대학교의 주차, 교통 서비스인 '클린 에어 캐시(Clean Air Cash)' 프로그램을 들 수 있다. http://transportation.stanford.edu/alt_transportation/CleanAirCash.shtml.

7장 용감한 파라오의 고향

1. 소득 상위 1퍼센트에 해당하는 사람들은 2012년 한 해 동안 평균 39만 4,000달러 이상을 벌었다("Richest 1% Earn Biggest Share Since Roaring '20s," CNBC, September 11, 2013, http://www.cnbc.com/id/101025377 참조). 우리 가족은 자산 부문에서는 자못 부유한 축에 든다. 집의 자산가치가 높은 탓에 상위 0.5퍼센트에 속한다.

2. Brian Burnsed, "How Higher Education Affects Lifetime Salary," *U.S. News & World Report*, August 5, 2011, http://www.usnews.com/education/best-colleges/

articles/2011/08/05/how-higher-education-affects-lifetime-salary. 또 다음 웹
사이트도 참조하라. Anthony P. Carnevale, Stephen J. Rose, and Ban Cheah, "The
College Payoff: Education, Occupations, Lifetime Earnings," Georgetown University
Center on Education and the Workforce, 2011, https://georgetown.app.box.com/s/
ctg48m85ftqm7q1vex8y

3. Matthew Yi, "State's Budget Gap Deepens $2 billion Overnight," *SFGate*, July 2, 2009,
http://www.sfgate.com/politics/article/State-s-budget-gap-deepens-2-billion-
overnight-3293645.php.

4. 그와 관련된 예는 다음 문헌을 참고하라. "Family Health, May 2011: Local Assistance
Estimate for Fiscal Years 2010-11 and 2011-12 Management Summary," Fiscal
Forecasting and Data Management Branch State Department of Health Care Services,
2011년 5월 10일 최종수정, http://www.dhcs.ca.gov/dataandstats/reports/Documents/
Fam_Health_Est/M11_Mgmt_Summ_Tab.pdf.

5. Kristina Strain, "Is Jeff Bezos Turning a Corner with His Giving?" *Inside Philanthropy*,
April 9, 2014, http://www.insidephilanthropy.com/tech-philanthropy/2014/4/9/is-jeff-
bezos-turning-a-corner-with-his-giving.html.

6. William J. Broad, "Billionaires with Big Ideas Are Privatizing American Science," *New
York Times*, March 15, 2014, science section, http://www.nytimes.com/2014/03/16/
science/billionaires-with-big-ideas-are-privatizing-american-science.html.

7. Walt Crowley, "Experience Music Project (EMP) Opens at Seattle Center on June
23, 2000," Historylink.org, March 15, 2003, http://www.historylink.org/index.
cfm?DisplayPage=output.cfm&file_id=5424.

8. Jimmy Dunn, "The Labors of Pyramid Building," Tour Egypt, November 14, 2011, http://
www.touregypt.net/featurestories/pyramidworkforce.htm. 다음 글도 참조하라. Joyce
Tyldesley, "The Private Lives of the Pyramid-builders," BBC: History, February 17, 2011,
http://www.bbc.co.uk/history/ancient/egyptians/pyramid_builders_01.shtml#two.

9. Jane Van Nimmen, Leonard C. Bruno, and Robert L. Rosholt, *NASA Historical Data
Book*, 1958-1968, vol. 1, NASA Resources, NASA Historical Series, NASA SP-4012,
2014년 11월 27일 접속, http://history.nasa.gov/SP-4012v1.pdf.

10. Bryce Covert, "Forty Percent of Workers Made Less Than $20,000 Last Year," Think
Progress, November 5, 2013, http://thinkprogress.org/economy/2013/11/05/2890091/
wage-income-data/#.

11. Andrew Robert, "Gucci Using Python as Rich Drive Profit Margin Above 30%: Retail,"

Bloomberg News, February 20, 2012, http://www.bloomberg.com/news/2012-02-20/gucci-using-python-as-rich-drive-profit-margin.html. 하청업체들도 물론 이윤을 남긴다. 그러나 구찌만큼 이윤 폭이 크지는 않을 것이다. 그래서 직원들보다는 주주들에게 더 많은 이윤이 돌아간다.

12. "Recession Fails to Dent Consumer Lust for Luxury Brands," PR Newswire, March 19, 2012, http://www.prnewswire.com/news-releases/recession-fails-to-dent-consumer-lust-for-luxury-brands-143264806.html; Sanjana Chauhan, "Why Some Luxury Brands Thrived in the U.S. Despite the Recession," Luxury Society, February 7, 2013, http://luxurysociety.com/articles/2013/02/why-some-luxury-brands-thrived-in-the-us-despite-the-recession.

13. Jason M. Thomas, "Champagne Wishes and Caviar Dreams," *Economic Outlook*, March 29, 2013, http://www.carlyle.com/sites/default/files/Economic%20Outlook_Geography%20of%20Final%20Sales_March%202013_FINAL.pdf; "Americas Surpasses China as Luxury Goods Growth Leader Propelled by Chinese Tourism and New Store Openings, Finds Bain & Company's 2013 Luxury Goods Worldwide Market Study," Bain & Company, October 28, 2013, http://www.bain.com/about/press/ press-releases/americas-surpasses-china-as-luxury-goods-growth-leader.aspx.

14. Stephanie Clifford, "Even Marked Up, Luxury Goods Fly off Shelves," Business Day, *New York Times*, August 3, 2011, http://www.nytimes.com/2011/08/04/business/sales-of-luxury-goods-are-recovering-strongly.html?_r=0.

15. 여기 말한 친구는 Kleiner, Perkins Caufield and Byers의 랜디 코미사이다. 불교 승려이기도 한 그는 상대방의 기운을 북돋는 놀라운 능력이 있다. 그와 만나 이야기 나눈 사람들은 모두들 큰 감화를 받는다. 랜디는 상대가 스스로를 똑똑하다고 느끼게 만드는 놀라운 재주가 있다. 그가 상대의 바보스런 부분을 지적한 경우에조차 그렇다. 그렇게 할 수 있는 특별한 비법이 있는 걸까? 아마도 그가 상대의 말을 경청하고 진심으로 응대해주기 때문일 터이다.

16. Jesse Bricker, Arthur B. Kennickell, Kevin B. Moore, and John Sabelhaus, "Changes in U.S. Family Finances from 2007 to 2010: Evidence from the Survey of Consumer Finances," *Federal Reserve Bulletin* 98, no. 2 (2012), http://www.federalreserve.gov/pubs/bulletin/2012/pdf/scf12.pdf.

17. Dean Takahashi, "Steve Perlman's White Paper Explains 'Impossible' Wireless Tech," VB News, July 28, 2011, http://venturebeat.com/2011/07/28/steve-perlman-unveils-dido-white-paper-explaining-impossible-wireless-data-rates/.

18. http://www.bls.gov/ooh/installation-maintenance-and-repair/line-installers-and

-repairers.htm, January 8, 2014.

8장 자동화의 그늘

1. Dorothy S. Brady, ed., *Output, Employment, and Productivity in the United States After 1800*, National Bureau of Economic Research, 1966, http://www.nber.org/chapters/c1567.pdf.

2. "Employment Projections," Bureau of Labor Statistics, table 2.1: Employment by Major Industry Sector, last modified December 19, 2013, http://www.bls.gov/emp/ep_table_201.htm.

3. Torsten Reichardt, "Amazon—Leading the Way Through Chaos," Schafer Blog, May 18, 2011, http://www.ssi-schaefer.de/blog/en/order-picking/chaotic-storage-amazon/.

4. http://en.wikipedia.org/wiki/Kiva_Systems, 2014년 12월 1일 최종수정

5. 여기서는 다소 일반화해서 설명했다. 경기순환에 따른 주기적 실업의 원인은 다양하다. 직원 스스로 그만두는 경우도 있고, 정리해고 당하거나, 보직을 변경하거나 휴직하는 등 여러 가지 사유가 있다. 자동화로 일자리를 잃는 것은 그런 여러 원인들 중 한 가지일 뿐이다.

6. "Job Openings and Labor Turnover Summary," Bureau of Labor Statistics Economic News Release, November 13, 2014, http://www.bls.gov/news.release/jolts.nr0.htm. 이 자료 또한 현실을 다소 일반화해서 설명하고 있다. 노동시장에서 완전히 밀려나는 사람도 있고 새로 진입하는 사람도 있지만, 사실 그보다는 한 회사에서 다른 회사로 옮기는 사람들이 대부분이다. 또 그 비율은 산업에 따라 천차만별이다.

7. 미국 주택도시개발부가 2011년 9월 발표한 "미국 주택 조사: 2011"에 따르면 2011년 기준 총 주택 수는 1억 3,200만 채이며, 주택 거래 총량은 460만 채이다. http://www.census.gov/content/dam/Census/programs-surveys/ahs/data/2011/h150-11.pdf. 또 다음 자료도 참조하기 바란다. "New and Existing Home Sales, U.S.," National Association of Home Builders, 2014, http://www.nahb.org/fileUpload_details.aspx?contentID=55761.

8. 이 역시 다소 일반화해서 설명한 내용이다. 쓸모없어지는 기술을 보유한 사람들 이외에도, 경력이 단절된 기간이 길어서 노동 상품성이 떨어지거나, 나이가 너무 많은 경우도 있다(물론 원칙적으로 취업 연령 제한이 법에 위반되기는 하지만 말이다).

9. 다음 웹사이트를 참조해 얻은 정보이다. http://data.bls.gov/projections/occupationProj, 2014년 12월 31일 접속.

10. 다음 자료를 요약한 내용이다. "Reinventing Low Wage Work: Ideas That Can Work for Employees, Employers and the Economy," Workforce Strategies Initiative at the Aspen Institute, http://www.aspenwsi.org/wordpress/wp-content/uploads/RetailOverview.

pdf., 2014년 11월 27일 접속.

11. http://www.wolframalpha.com/input/?i=revenue+per+employee+amazon+walmart+safeway, 2014년 11월 29일 접속.

12. "E-commerce Sales," Retail Insight Center of the National Retail Federation, 2014, http://research.nrffoundation.com/Default.aspx?pg=46#.Ux55G9ycRUs; "Quarterly Retail E-commerce Sales, 3rd Quarter 2014," press release from the U.S. Census Bureau News, November 18, 2014, https://www.census.gov/retail/mrts/www/data/pdf/ec_current.pdf.

13. 1993년에서 2013년 사이에 미국의 소매 총매출은 134퍼센트 상승했다. (http://www.census.gov/retail/marts/www/download/text/adv44000.txt, 2014년 11월 29일 접속). 새로이 창출된 온라인 매출 50퍼센트를 담당할 인력은 단 20퍼센트만 더 충원하면 된다. 따라서 그 20퍼센트의 절반이므로 전체 노동 인력의 10퍼센트라는 계산이 나온다.

14. Mitra Toosi, "Projections of the Labor Force to 2050: A Visual Essay," *Monthly Labor Review*, Bureau of Labor Statistics, October 2012, http://www.bls.gov/opub/mlr/2012/10/art1full.pdf.

15. Steven Ashley, "Truck Platoon Demo Reveals 15% Bump in Fuel Economy," Society of Automotive Engineers (SAE International), May 10, 2013, http://articles.sae.org/11937/.

16. "Commercial Motor Vehicle Facts," Federal Motor Carrier Safety Administration, U.S. Department of Transportation, March 2013, http://www.fmcsa.dot.gov/sites/fmcsa.dot.gov/files/docs/Commercial_Motor_Vechicle_Facts_March_2013.pdf.

17. "Automated Trucks Improve Health, Safety, and Productivity," Rio Tinto (Home/About us/features), http://www.riotinto.com.au/ENG/aboutus/179_features_1365.asp, 2014년 11월29일 접속; Carl Franzen, "Self-driving Trucks Tested in Japan, Form a Close-Knit Convoy for Fuel Savings," The Verge, February 27, 2013, http://www.theverge.com/2013/2/27/4037568/self-driving-trucks-tested-in-japan.

18. 16번과 동일한 문헌 ("Commercial Motor Vehicle Facts")

19. "United States Farmworker Fact Sheet," Community Alliance for Global Justice, http://www.seattleglobaljustice.org/wp-content/uploads/fwfactsheet.pdf., 2014년 11월 29일 접속.

20. Nancy S. Giges, "Smart Robots for Picking Fruit," American Society of Mechanical Engineers (ASME), May 2013, https://www.asme.org/engineering-topics/articles/robotics/smart-robots-for-picking-fruit.

21. http://www.agrobot.com, 2014년 12월 31일 접속

22. Hector Becerra, "A Day in the Strawberry Fields Seems Like Forever," *Los Angeles*

Times, May 3, 2013, http://www.latimes.com/great-reads/la-me-strawberry-pick-20130503-dto,0,3045773.htmlstory#axzz2w5JRTBig.

23. Tim Hornyak, "Strawberry-Picking Robot Knows When They're Ripe," CNET , December 13, 2010, http://news.cnet.com/8301-17938_105-20025402-1.html.

24. http://www.bluerivert.com, 2014년 12월 31일 접속

25. Erin Rapacki, "Startup Spotlight: Industrial Perception Building 3D Vision Guided Robots," IEEE Spectrum, January 21, 2013, http://spectrum.ieee.org/automaton/robotics/robotics-hardware/startup-spotlight-industrial-perception.

26. http://www.truecompanion.com, 2014년 12월 31일 접속. 이 글을 쓰는 시점을 기준으로 보면, 아직까지는 이 회사에서 상용화 제품을 만들지는 못한 듯하다.

27. Robi Ludwig, "Sex Robot Initially Designed as a Health Aid," February 9, 2010, http://news.discovery.com/tech/robotics/sex-robot-initially-health-aid.htm.

28. http://www.eecs.berkeley.edu/~pabbeel/personal_robotics.html, 2014년 11월 29일 접속; http://www.telegraph.co.uk/technology/3891631/Kitchen-robot-loads-the-dishwasher.html, December 22, 2008; http://www.dvice.com/archives/2011/05/pr2-robot-gets.php, May 12, 2011; http://spectrum.ieee.org/automaton/robotics/robotics-software/pr2-robot-fetches-cup-of-coffee, May 9, 2013.

29. "Lawyer Demographics," American Bar Association, 2011, http://www.americanbar.org/content/dam/aba/migrated/marketresearch/PublicDocuments/lawyer_demographics_2011.authcheckdam.pdf.

30. http://www.lsac.org/lsacresources/data/three-year-volume, 2014년 12월 31일 접속; Jennifer Smith, "First-Year Law School Enrollment at 1977 Levels," Law Blog, Wall Street Journal, December 17, 2013, http://blogs.wsj.com/law/2013/12/17/first-year-law-school-enrollment-at-1977-levels/.

31. E. M. Rawes, "Yearly Salary for a Beginner Lawyer," *Global Post*, 2014년 11월 29일 접속, http://everydaylife.globalpost.com/yearly-salary-beginner-lawyer-33919.html.

32. Adam Cohen, "Just How Bad off Are Law School Graduates?" *Time*, March 11, 2013, http://ideas.time.com/2013/03/11/just-how-bad-off-are-law-school-graduates/.

33. http://www.fairdocument.com, 2014년 11월 29일 접속.

34. https://www.judicata.com, 2014년 11월 29일 접속.

35. For instance, http://logikcull.com, 2014년 11월 29일 접속.

36. https://lexmachina.com/customer/law-firms/, 2014년 11월 29일 접속.

37. http://www.robotandhwang.com, 2014년 11월 29일 접속.

38. Michael Loughran, IBM Media Relations, "WellPoint and IBM Announce Agreement to Put Watson to Work in Health Care," September 12, 2011, https://www-03.ibm.com/press/us/en/pressrelease/35402.wss.

39. http://www.planecrashinfo.com/cause.htm.

40. http://en.wikipedia.org/wiki/Autoland, 2014년 9월 12일 최종수정

41. Terrence McCoy, "Just How Common Are Pilot Suicides?" *Washington Post*, March 11, 2014, http://www.washingtonpost.com/news/morning-mix/wp/2014/03/11/just-how-common-are-pilot-suicides/?tid=pm_national_pop.

42. Carl Benedikt Frey and Michael A. Osborne, "The Future of Employment: How Susceptible Are Jobs to Computerisation?" Oxford Martin School, University of Oxford, September 17, 2013, http://www.oxfordmartin.ox.ac.uk/downloads/academic/The_Future_of_Employment.pdf.

43. "Fact Sheet on the President's Plan to Make College More Affordable: A Better Bargain for the Middle Class," press release, the White House, August 22, 2013, http://www.whitehouse.gov/the-press-office/2013/08/22/fact-sheet-president-s-plan-make-college-more-affordable-better-bargain-.

44. Daniel Kaplan, "Securitization Era Opens for Athletes," *Sports Business Daily*, March 12, 2001, http://www.sportsbusinessdaily.com/Journal/Issues/2001/03/20010312/This-Weeks-Issue/Securitization-Era-Opens-For-Athletes.aspx.

45. http://www.edchoice.org/The-Friedmans/The-Friedmans-on-School-Choice/ The-Role-of-Government-in-Education-%281995%29.aspx, 1955.

46. 최근의 정책 분석 자료는 다음 문헌을 참조하라. Miquel Palacios, Tonio DeSorrento, and Andrew P. Kelly, "Investing in Value, Sharing Risk: Financing Higher Education Through Income Share Agreements," AEI Series on Reinventing Financial Aid, Center on Higher Education Reform, American Enterprise Institute (AEI), February 2014, http://www.aei.org/wp-content/uploads/2014/02/-investing-in-value-sharing-in-risk-financing-higher-education-through-inome-share-agreements_083548906610.pdf.

47. George Anders, "Chicago's Nifty Pilot Program to Fix Our Student-Loan M ess," *Forbes*, April 14, 2014, http://www.forbes.com/sites/georgeanders/2014/04/14/chicagos-nifty-pilot-program-to-fix-our-student-loan-mess/.

48. Allen Grove, "San Francisco State University Admissions," About Education, 2014년 11월 29일 접속, http://collegeapps.about.com/od/collegeprofiles/p/san-francisco-state.htm; http://colleges.niche.com/san-francisco-state-university/jobs—nd—nternships/, 그 결

과 이 대학은 해당 분야에서 C+를 받았다.

9장 해결책은 있다

1. 사실 정규 규칙에 따르면 필드골이 아니라 터치백에 해당하지만, 극적인 효과를 내기 위해 규정을 다소 수정해 반영했음을 양해하기 바란다.

2. Alberto Alesinaa, Rafael Di Tellab, and Robert MacCulloch, "Inequality and Happiness: Are Europeans and Americans Different?" *Journal of Public Economics* 88(2004): 2009-42.

3. 구체적으로 설명하자면 1800년 미국 평균 소득은 1년에 1,000달러(현재 화폐가치로)이고, 인구의 약 80퍼센트가 농업에 종사했다. 이 수치는 오늘날 모잠비크(http://feedthefuture.gov/sites/default/files/country/strategies/files/ftf_factsheet_mozambique_oct2012.pdf, 2014년 11월 29일 접속), 우간다(http://www.farmafrica.org/us/uganda/uganda, 2014년 11월 29일 접속)의 상황과 거의 똑같다. 소득 관련 데이터는 세계자료은행(World DataBank)의 "GNI per Capita, PPP (Current International $)" 표에서 구했다. http://databank.worldbank.org/data/views/reports/tableview.aspx#, 2014년 11월 29일 접속.

4. 예를 들면, Robert Reich(http://en.wikipedia.org/wiki/Robert_Reich, 2014년 12월 31일 최종수정), Paul Krugman(http://en.wikipedia.org/wiki/Paul_Krugman, 2014년 12월 12일 최종수정), 그리고 최근에 큰 주목을 받았던 토마 피케티의 『21세기 자본*Capital in the Twenty-First Century*』이 있다.

5. 여기 든 예는 미국 통계국의 소득 자료를 기초로 한다(http://www.census.gov/hhes/www/income/data/historical/families/index.html, 2014년 9월16일 최종수정).

6. 어린 시절 초콜릿 담배(종이를 둘둘 말아 싼 얇은 원통 모양 초콜릿)을 사먹던 기억이 있다.

7. 그러나 주택보유율이 높으면 사람들이 직장을 따라 쉽게 이주하기가 힘들어지기 때문에 고용에 상당히 부정적인 영향을 끼친다. 다음 문헌에서 그런 사례를 확인할 수 있다. David G. Blanchflower and Andrew J. Oswald, "The Danger of High Home Ownership: Greater Unemployment," briefing paper from Chatham House: The Royal Institute of International Affairs, October 1, 2013, http://www.chathamhouse.org/publications/papers/view/195033.

8. Marc A. Weiss, "Marketing and Financing Home Ownership: Mortgage Lending and Public Policy in the United States, 1918-1989," Business and Economic History, 2nd ser., 18 (1989): 109-118, http://www.thebhc.org/sites/default/files/beh/BEHprint/v018/p0109-p0118.pdf. 이와 관련한 사례를 자세히 조사한 문헌은 다음과 같다. Michael S. Carliner, "Development of Federal Homeownership 'Policy,'" *Housing Policy Debate*

(National Association of Home Builders) 9, no. 2 (1998): 229-321.

9. Lyndon B. Johnson: "Special Message to the Congress on Urban Problems: 'The Crisis of the Cities,'" February 22, 1968, Gerhard Peters and John T. Woolley, The American Presidency Project, http://www.presidency.ucsb.edu/ws/?pid=29386.

10. 1934년에 만들어진 연방주택관리청(FHA) 보험에는 동네가 '동족집단'이어야 한다는 의무 조항이 들어 있다. 이런 식으로 연방주택관리청은 인종 제한적인 계약 조항을 추가하는 데 필요한 형식을 자연스레 제공했다. Charles Abrams, *The City Is the Frontier* (New York: Harper and Row, 1965).

11. https://www.census.gov/hhes/www/housing/census/historic/owner.html, 2014년 10월 31일 최종수정

12. http://www.epa.gov/airtrends/images/comparison70.jpg, 2014년 11월 29일 최종수정

13. "History of Long Term Care," Elderweb, 2014년 11월 27일 접속, http://www.elderweb.com/book/history-long-term-care.

14. http://www.infoplease.com/ipa/A0005140.html, 2014년 11월 27일 접속.

15. 오랜 기간 경영 일선에 있었던 내 경험에 비추어볼 때 이런 논쟁은 순전히 터무니없다. 페이스북 창업자인 마크 주커버그는 그가 거두어들인 이익 중 극히 일부분만 거두어들였더라도 지금과 마찬가지로 최선을 다해 일했을 것이다. 실리콘밸리 스타트업 역사의 초석을 다진 기업으로 널리 인정받는 페어차일드 반도체의 창업자들은 모회사가 25만 달러씩을 건네며 회사를 사들였을 때 대단한 흥분과 기쁨을 느꼈다. 밥 노이스는 이렇게 밝혔다. "돈이 실제 가치처럼 느껴지지가 않았다. 그저 점수를 적어 놓은 듯한 느낌이었다." (http://www.stanford.edu/class/e140/e140a/content/noyce.html, originally published by Tom Wolfe in Esquire, December 1983).

16. Matt Taibbi, "The Great American Bubble Machine," *Rolling Stone*, April 5, 2010, http://www.rollingstone.com/politics/news/the-great-american-bubble-machine-20100405.

17. 공공산업진흥국(본래 공공사업촉진국이었으나 1939년에 이름이 변경되었다).

18. John M. Broder, "The West: California Ups and Downs Ripple in the West," Economic Pulse, *New York Times*, January 6, 2003, http://www.nytimes.com/2003/01/06/us/economic-pulse-the-west-california-ups-and-downs-ripple-in-the-west.html.

19. http://www.forbes.com/lists/2005/53/U3HH.html, 2014년 12월 31일 접속.

20. 예를 들면 다음 문헌을 참조하라. Heidi Shierholz and Lawrence Mishel, "A Decade of Flat Wages," Economic Policy Institute, Briefing Paper #365, August 21, 2013, http://www.epi.org/publication/a-decade-of-flat-wages-the-key-barrier-to-shared-prosperity-and-a-rising-middle-class/.

21. Robert Whaples, "Hours of Work in U.S. History," EH.Net Encyclopedia, ed. Robert Whaples, August 14, 2001, http://eh.net/encyclopedia/hours-of-work-in-u-s-history/.

22. http://en.wikipedia.org/wiki/Eight-hour_day#United_States, 2014년 12월 20일 최종수정

23. http://finduslaw.com/fair-labor-standards-act-flsa-29-us-code-chapter-8, 2014년 11월 27일.

24. http://research.stlouisfed.org/fred2/graph/?s[1][id]=AVHWPEUSA 065NRUG, 2014년 11월 27일.

25. http://www.bls.gov/news.release/empsit.t18.htm, 2014년 11월 27일.

26. 통계국, 표 P-37, "Full-Time, Year-Round All Workers by Mean Income and Sex: 1955 to 2013," 2014년 9월 16일 최종수정, https://www.census.gov/hhes/www/income/data/historical/people/.

27. 통계국, 표 H-12AR, "Household by Number of Earners by Median and Mean Income: 1980 to 2013," 2014년 9월 16일 최종수정, http://www.census.gov/hhes/www/income/data/historical/household/.

28. http://www.ssa.gov/oact/cola/central.html, 2014년 11월 29일 최종수정

29. 통계국, 표 H-12AR, "Household by Number of Earners." 이 수치가 나오게 된 과정은 다음과 같다. 가구 내에 소득이 있는 사람이 1명에서 4명인 가구의 수에 1에서 4까지를 각각 곱하면, 결과적으로 총 122,460,000가구에서 돈을 버는 사람이 153,488,000명, 다시 말해 2012년 기준으로 가구당 소득자가 약 1.25명이라는 계산이 나온다. 1995년 기준 데이터도 동일한 방식으로 계산하면 가구당 1.36명이 된다.

30. Jonathan Vespa, Jamie M. Lewis, and Rose M. Kreider, "America's Families and Living Arrangements: 2012," Census Publication P20-570, figure 1, August 2013, https://www.census.gov/prod/2013pubs/p20-570.pdf. 성인 1인으로 구성된 가구를 제외하고 계산해서 2.5퍼센트 감소라는 수치가 나왔다(성인 1인 가구는 2.5퍼센트 상승했다).

31. 이는 아마도 이스털린의 역설, 즉 소득이 일정 수준에 도달하고 기본적 욕구가 충족되면 소득이 증가해도 행복에는 큰 영향을 끼치지 않는다는 이론에 대한 당연한 반응일 것이다. http://en.wikipedia.org/wiki/Easterlin_paradox, 2014년 10월 7일 최종수정

32. http://www.federalreserve.gov/apps/fof/DisplayTable.aspx?t=B.100 (2014년 3월 6일 최종수정), 42번째 줄, "2012년, 가계 순자산": 69조 5235억 달러; http://quickfacts.census.gov/qfd/states/00000.html (2014년 12월 3일 최종수정). "2012년 가구 수": 115,226,802, "가구당 인원수(2008~2012년)": 2.61명

33. "A Summary of the 2014 Annual Reports," Social Security Administration, 2014년 11월 29일 접속, http://www.ssa.gov/oact/trsum/. 이 수치는 2013년 말 OASI, DI, HI, SMI 신탁자

금을 합한 것으로 총액은 3조 450억 달러다.

34. "Annual Returns on Stock, T. Bonds and T. Bills: 1928–urrent," 2014년 1월 5일 최종수정, http://pages.stern.nyu.edu/~adamodar/New_Home_Page/datafile/histretSP.html.

35. "World Capital Markets—ize of Global Stock and Bond Markets," QVM Group LLC, April 2, 2012, http://qvmgroup.com/invest/2012/04/02/world-capital-markets-size-of-global-stock-and-bond-markets/.

36. http://finance.townhall.com/columnists/politicalcalculations/2013/01/21/whoreally-owns-the-us-national-debt-n1493555/page/full, 2013년 1월 21일 최종수정

37. Cory Hopkins, "Combined Value of US Homes to Top $25 Trillion in 2013," December 19, 2013, http://www.zillow.com/blog/2013-12-19/value-us-homes-to-top-25-trillion/; "Mortgage Debt Outstanding," Board of Governors of the Federal Reserve System, 2014년 12월 11일 최종수정, http://www.federalreserve.gov/econresdata/releases/mortoutstand/current.htm.

38. "International Comparisons of GDP per Capita and per Hour, 1960–2011," Bureau of Labor Statistics, table 1b, 2012년 11월 7일 최종수정, http://www.bls.gov/ilc/intl_gdp_capita_gdp_hour.htm#table01.

39. https://www.energystar.gov, 2014년 12월 31일 접속.

40. C. Gini, "Italian: Variabilita e mutabilita (Variability and Mutability)," 1912, reprinted in Memorie di metodologica statistica, ed. E. Pizetti and T. Salvemini (Rome: Libreria Eredi Virgilio Veschi, 1955).

41. Adam Bee, "Household Income Inequality Within U.S. Counties: 2006–2010," American Community Survey Briefs, Census Bureau, U.S. Department of Commerce, ACSBR/10–18, February 2012, http://www.census.gov/prod/2012pubs/acsbr10-18.pdf.

42. 이윤의 추이적 폐포(transitive closure) 같은 수학적 계산이 필요할 것이다. 예를 들어 은퇴 자금으로 보유한 주식이 어떤 사람의 이름이 아니라 특정 주식 이름으로 되어 있지만, 측정해야 할 주체는 그 사람이 되는 경우도 있다. 그에 대해 우선 생각해볼 수 있는 해법으로는, 주체가 자연인에 이를 때까지 계산을 거듭하는 방법이 있겠다.

43. William McBride, "New Study Ponders Elimination of the Corporate Income Tax," Tax Foundation, April 11, 2014, http://taxfoundation.org/blog/new-study-ponders-elimination-corporate-income-tax.

44. John Maynard Keynes, Essay's in Persuasion (New York: Classic House Books, 2009).

나오며: 우리 아이들의 미래

1. 이런 단어들은 합성어(portmanteaus)라고 불린다. 재미있게도 합성어란 의미의 영어단어 'portmanteaus' 자체도 프랑스어인 'poter(운반하다)'와 'manteau(망토, 외투)'라는 두 단어가 결합된 단어다.

2. John Philip Sousa, "The Menace of Mechanical Music," *Appleton's* 8 (1906), http://explorepahistory.com/odocument.php?docId=1-4-1A1.

3. 해리 피어슨 관련 내용은 다음 웹사이트에서 인용했다. http://en.wikipedia.org/wiki/Comparison_of_analog_and_digital_recording, 2014년 12월 11일 최종수정; 마이클 프레머 관련 내용은 에릭 드로신이 쓴 다음 글에서 인용했다. "Vinyl Rises from the Dead as Music Lovers Fuel Revival," *Wall Street Journal*, May 20, 1997, http://www.wsj.com/articles/SB864065981213541500.

4. 19세기 후반에는 이런 일들이 비일비재했다. 부유층에서는 기차에 전용 객실을 연결해 이용했으며, 한 발 나아가 전용 기관차까지 보유한 사람들도 있었다.

5. L. J. Blincoe, T. R. Miller, E. Zaloshnja, and B. A. Lawrence, The Economic and Societal Impact of Motor Vehicle Crashes, 2010, report no. DOT HS 812 013 (Washington, D.C.: National Highway Traffic Safety Administration, (2014), http://www-nrd.nhtsa.dot.gov/pubs/812013.pdf.

6. Kevin Spieser, Kyle Treleaven, Rick Zhang, Emilio Frazzoli, Daniel Morton, and Marco Pavone, "Toward a Systematic Approach to the Design and Evaluation of Automated Mobility-on-Demand Systems: A Case Study in Singapore," *in Road Vehicle Automation*, Springer Lecture Notes in Mobility 11, ed. Gereon Meyer and Sven Beiker, 2014, available from MIT Libraries, http://dspace.mit.edu/handle/1721.1/82904.
   다음 문헌도 참조하라. David Begg, "A 2050 Vision for London: What Are the Implications of Driverless Transport?" *Transport Times*, June, 2014, http://www.transporttimes.co.uk/Admin/uploads/64165-Transport-Times_A-2050-Vision-for-London_AW-WEB-READY .pdf; http://emarketing.pwc.com/reaction/images/AutofactsAnalystNoteUS(Feb2013)FINAL.pdf

7. 구글의 자율주행차 컨설턴트인 브래드 템플턴에 따르면, "로스앤젤레스의 경우 부동산의 절반 이상이 자동차를 위해 쓰이고 있다(도로와 그 주변, 주차장과 주차장 통행로 등)." 개인블로그, 2014년 11월 29일 접속, http://www.templetons.com/brad/robocars/numbers.html.

8. 교통 에너지 데이터 북, 표 8.5, 오크리지 국립연구소 교통 분석 센터, 2014년 11월 29일 접속, http://cta.ornl.gov/data/chapter8.shtml.

9. Lawrence D. Burns, William C. Jordan, and Bonnie A. Scarborough, "Transforming

Personal Mobility," the Earth Institute, Columbia University, January 27, 2013, http://sustainablemobility.ei.columbia.edu/files/2012/12/Transforming-Personal-Mobility-Jan-27-20132.pdf.

10. 2012년을 기준으로, 식비는 전체 지출의 12.8퍼센트를 차지했다. "Consumer Expenditures in 2012," table A ("Food" divided by "Average Annual Expenditures"), Bureau of Labor Statistics Reports, March 2014, http://www.bls.gov/cex/csxann12.pdf.

11. Emilio Frazzoli, "Can We Put a Price on Autonomous Driving?" *MIT Technology Review*, March 18, 2014, http://www.technologyreview.com/view/525591/can-we-put-a-price-on-autonomous-driving/.

12. 그런 로봇 관리인들이 무슨 일을 할 수 있을까? 예를 들면 아침에 커피를 가져다주고, 집에 오는 길에는 평소 즐겨 마시던 음료나 술을 준비해놓을 것이다. 그러면 주인들은 비행기 일등석과 비슷하게 작은 테이블과 모니터가 딸린 널찍한 의자에 편히 앉아 쉬며 안락함을 누리게 될 것이다.

13. Alan Turing, "Computing Machinery and Intelligence," *Mind* 59, no. 236 (1950): 433–60, http://mind.oxfordjournals.org/content/LIX/236/433.

14. http://en.wikipedia.org/wiki/Loebner_Prize#Winners, 2014년 12월 29일 최종수정

15. 13번과 같은 책("Computing Machinery and Intelligence") 442쪽.

16. Paul Miller, "iOS 5 includes Siri 'Intelligent Assistant' Voice-Control, Dictation—or iPhone 4S Only," The Verge, October 4, 2011, http://www.theverge.com/2011/10/04/ios-5-assistant-voice-control-ai-features/.

17. Loren Schweninger, *Black Property Owners in the South*, 1790–1915 (Champaign: University of Illinois Press, 1997), 65–66.

18. Vitalik Buterin, "Cryptographic Code Obfuscation: Decentralized Autonomous Organizations Are About to Take a Huge Leap Forward," *Bitcoin*, February 8, 2014, http://bitcoinmagazine.com/10055/cryptographic-code-obfuscation-decentralized-autonomous-organizations-huge-leap-forward/.

19. 이 문제에 관한 깊이 있는 분석은 다음 책을 참조하라. Nick Bostrom, *Superintelligence* (Oxford: Oxford University Press, 2014).

20. http://en.wikipedia.org/wiki/Anti-lock_braking_system, 2014년 12월 30일 최종수정

인간은
필요 없다 개정판

1판 1쇄 발행 | 2016년 1월 29일
2판 1쇄 발행 | 2023년 6월 22일

지은이 제리 카플란
옮긴이 신동숙
펴낸이 김기옥

경제경영팀장 모민원
기획 편집 변호이, 박지선
마케팅 박진모
경영지원 고광현, 임민진
제작 김형식

인쇄 · 제본 민언프린텍

펴낸곳 한스미디어(한즈미디어(주))
주소 04037 서울특별시 마포구 양화로 11길 13(서교동, 강원빌딩 5층)
전화 02-707-0337 | 팩스 02-707-0198 | 홈페이지 www.hansmedia.com
출판신고번호 제 313-2003-227호 | 신고일자 2003년 6월 25일

ISBN 979-11-6007-936-4 03320